21世纪高等院校教材

物业管理原理

主　编　宋建阳　林媚珍

副主编　滕　丽

科 学 出 版 社

北 京

内 容 简 介

　　本书是为物业管理专业和房地产经营管理、不动产管理、城乡规划管理等相关专业编写的 21 世纪高等学校教材。全书结合多年来国内外物业管理理论与实践的发展成果，对物业管理的性质、物业管理的基本理论和相关理论、区分所有建筑物的管理、物业管理的法律责任、物业服务企业、物业服务产品、物业服务市场、物业管理资金等物业管理的一些根本性问题进行了阐述。本书的理论逻辑严谨，观点新颖，资料现势性强，能够启发学生对物业管理的真正面貌和未来发展做出思考。

　　本书既可以作为高等学校物业管理专业和相关专业的教学用书，也可以作为物业服务企业的培训教材，并可以作为政府有关部门和科研机构的参考用书。

图书在版编目（CIP）数据

物业管理原理 / 宋建阳，林媚珍主编. —北京：科学出版社，2016.6
21 世纪高等院校教材
ISBN 978-7-03-048455-0

　Ⅰ. ①物…　Ⅱ. ①宋…　②林…　Ⅲ. ①物业管理–高等学校–教材
Ⅳ. ①F293.33

中国版本图书馆 CIP 数据核字（2016）第 119661 号

责任编辑：杨　红　宁　倩/责任校对：王晓茜
责任印制：赵　博/封面设计：迷底书装

科 学 出 版 社 出版
北京东黄城根北街 16 号
邮政编码：100717
http://www.sciencep.com

北京文林印刷厂 印刷
科学出版社发行 各地新华书店经销
*

2016 年 6 月第 一 版　　开本：787×1092　1/16
2016 年 6 月第一次印刷　　印张：12 1/2
字数：296 000
定价：36.00 元
（如有印装质量问题，我社负责调换）

前　言

2012 年 9 月教育部发布的《普通高等学校本科专业目录》中，"物业管理"成为管理学下属的二级专业，结束了其很长一段时间中只能作为备案专业的历史。这对物业管理教育无疑是一个很好的发展机遇，同时对物业管理教材建设又是一个新的挑战。作为一个本科专业，需要一门阐明学科基本理论的课程，也就是说，需要一本阐述物业管理理论问题的教材。

在我国出版的教材中，对于物业管理的解释，长期以来，都是沿用《物业管理条例》中的定义，但这只是一个适法解释，并非是物业管理的真正面貌。《中华人民共和国物权法》中，把原来习惯的称谓"物业管理公司"改为"物业服务企业"，也不是仅仅为了强调服务意识那么简单。

物业管理的理论与管理学、社会学、法学、经济学、行政学等多个学科的理论密切相关。本书从多学科的角度，从国外一百多年来开展物业管理活动的实践中，提出了从管理范畴和管理结构上诠释物业管理。从市场经济的角度，把物业服务企业定义为"社区服务产品的供应商"，所提供的服务产品是需要拿到市场交易的，但这种交易又是以交易社区公共服务产品为前导，没有社区公共服务产品的交易，也就没有经营性服务产品的交易。其实，把提供服务产品的企业视为供应商，在 ISO9000 的文件中早就有这样的提法，在物业服务招标投标的实践中也在应用，只不过在物业管理教材中鲜见而已。

随着社会经济的发展，服务业与互联网+结合的方式成为企业创新的热门话题，本书也对物业服务企业开展社区 O2O 服务进行了探讨，其目的是让学生了解一些行业发展的新趋势。

本书共九章，第一至三章介绍物业管理概念及有关的理论问题；第四章介绍区分所有建筑物的管理方式；第五章介绍物业管理主体在物业管理活动中可能出现的法律责任问题；第六至八章是介绍物业服务企业作为供应商所提供的服务产品及其在市场进行交易的行为；第九章介绍物业管理资金的类型与使用。第一至三章和第五章由宋建阳执笔，第七至九章由林媚珍执笔，第四章和第六章由滕丽执笔。全书由宋建阳统稿。

本书出版得到广州大学教材出版基金、广东省质量工程项目——人文地理与城乡规划专业综合改革试点和教学团队建设等项目经费的资助，特此表示谢意。本书可作为物业管理以及相关专业学生的教材，也可供从事实际工作的行业人士和研究人员参考。

由于编者水平有限，疏漏之处在所难免，恳请师生们指出，作者将不胜感激。

编　者

2016 年 3 月 5 日

目 录

第一章 物业管理概述

第一节 物业与物业管理

一、物业

物业一词原出于港澳及东南亚一带的地区和国家。"物业"一词译自英语 property 或 estate，由中国的香港地区传入内地。property 一词的意思是财产、财产权，既包括有形财产、财产权，如土地、房屋、货物、金钱等，也包括无形财产、财产权，如版权、专利权等。当它与其他词组合时，可表明"房屋及配套特定的事物"，如"real property"意为真实存在的不动财产或不动财产权，有人翻译为"房地产"、"房地产权"，这里的"产"字是指财产，而不是产业。在特定的范围内，如在不动产的范围内，省去 real，则 property 皆是指不动财产，简译为不动产。estate 意为财产、状态、不动产。虽然它有财产的含义，但有两点与 property 不同：一是它侧重于有形财产的涵义，如 real estate 仅指不动产、房地产；二是有"产业"的涵义。因此，房地产开发往往用 "real estate development"，而不用 "property development"。

(一)物业含义的界定

物业是一个广义的范畴，目前在国际上，无论是法学界或经济学界，均未有一个公认的、严谨的辞义解释。在物业管理领域，物业是特指正在使用或已经可以投入使用的各类建筑物及其附属设备、配套设施、相关场地等组成的单元性的房地产以及依托该实体上的权益。中国香港特别行政区的业界认为物业是单元性的房地产，也可指单元性的建筑物。物业可大可小，可以是群体建筑物，如住宅小区；也可以是单体建筑物，如高层住宅楼、写字楼等。物业还可以分割，大物业可以划分为小物业，住宅小区物业可以划分为几个小的单体住宅楼物业，甚至是若干住宅单元物业等。

根据国务院《物业管理条例》第二条的规定，物业是指"房屋及配套的设施设备和相关场地"。其中的"房屋"是指"土地上的房屋等建筑物和构建物"，即指能够遮风避雨并供人居住、工作娱乐、储藏物品、纪念和进行其他活动的空间场所，既包括住宅房屋，如居民楼、公寓、别墅；也包括非住宅房屋，如工业厂房、仓库、商店、宾馆、医院、办公楼等。因此，物业管理中的"物业"一般是指已建成或已投入使用的集中在一定范围内的各类房屋建筑，以及配套的公用设施、设备及相关的场地。

从实体形态来看，一个完整的物业，应至少包括以下几个部分：①建筑物。包括房屋建筑、构筑物(如桥梁、水塔)、道路、码头等。②设备。指相应配套的专用机械、电气等设备，如电梯、空调、备用电源等。③设施。指配套的公用管、线、路，如上下水管、消防、供电、弱电(通信、信号网络等)、路灯等。④场地。包括建筑地块、绿化地、停车场、室外活动场等。从物业权益上看，这些"物业"应该有明确的所有权人，即说明物业处在一定的建筑用地范围内，已建成并确定业主权益，有特定四至界限。"已建成"是形成可供使用、需要物业管理的前提；"已确定业主权益"表明已建成的物业是经过法定竣工验收程序验收合格，并对物业的权益归属已从法律上给予确定。业主，指房屋所有权人和土地使用权人。业主可以是个人、法人、国家。

物业的权属主要是指物业的所有权及其相关权利的归属。如果一幢建筑物或一个建筑群，只有一个所有权人，即只有一个业主，那么事情就很简单，这位业主享有全部建筑物及建筑红线范围内的场地的所有权、使用权、抵押权、处分权和收益权等权利，物业的权属关系清晰。而当一幢建筑物中有多个业主，每人对物业空间的某些部分依据法律法规分享所有权时，物业的权属关系就变得复杂，这种一个物业中有多个业主的建筑物，称为区分所有建筑物，同时也伴随产生了区分所有权的问题，要对区分所有权人界定包括专有所有权、共有所有权和成员权三部分的权利。专有所有权，又称"专有权"或"特别所有权"，是指区分所有权人对专有部分予以自由使用、收益及处分的权利；共有所有权，或称共用部分持分权，是指建筑物区分所有权人依据法律法规或房屋买卖契约的约定，对区分所有建筑物的共用部分享有的占有、使用和收益的权利。成员权，亦称为构成员权，是指建筑物区分所有权人基于在一栋建筑物的构造、权利归属及使用上的不可分割的共同关系而产生的，作为建筑物的一个团体组织的成员所享有的权利和承担的义务。

（二）物业的性质

1. 物业的自然属性

物业的自然属性又称物业的物理属性，是指物业的物质实体或物理形态相联系的性质，主要有以下几点：

（1）物业的二元性。物业多为土地和建筑物的统一体，兼有土地和建筑物两方面的物质内容和自然属性。物业的二元性，是其他任何商品都不具备的。

（2）物业的有限性。物业的有限性是由土地的有限性所决定的。土地的自然供给有限，用作兴建建筑物的地段更有限，人类只能在有限的土地上开发建设。由于现代建筑技术要求高、耗资大，因此物业的数量和规模还受制于社会经济力量和技术水平。

（3）物业的差异性和多样性。物业的差异性和多样性，一是由土地的差异性所决定的；二是由建筑物的差异性所决定的，虽然建筑设计可以标准化，但施工的时间和位置不同，导致建筑物也有些差异。

（4）物业的固定性。物业的固定性主要是指物业空间位置上的不可移性。人们无法将某一物业从偏远区位移动到商业中心，更无法把西部的土地移到东部的城市。

（5）物业的耐久性。土地具有不可毁灭性，而建筑物虽然可能逐渐损耗，直到丧失物理寿命，但其寿命也相当长，一般都有几十年乃至几百年。

（6）物业的配套性。物业的配套性是指物业以其各种配套设施，满足人们的各种需要的特征。人们的各种需求从客观上决定了物业的配套性。配套越齐全，物业功能发挥得就越充分。

2. 物业的经济属性

(1) 稀缺性。物业的稀缺性是指物业的供给难以满足人类的需求。它一方面表现为土地资源供应的绝对稀缺；另一方面表现为建筑资源供应的相对稀缺。

(2) 商品性。物业作为一种商品，具有商品的属性。物业的商品性由物业的稀缺性、使用价值和市场的有效需求所决定，并具有几方面的实质性内容：物业的交换价值通过市场交易活动得以实现，物业的买卖、租赁、抵押，土地使用权的出让与转让，都是体现物业商品性的具体方式；物业的开发建设、经营管理都属于商品经济活动，必须遵循价值规律。

(3) 保值、增值性。由于土地资源的有限性、人口的不断增长和社会经济水平的不断提高，从长远的角度看，物业具有保值、增值性。增值是一种长期的趋势，而不是直线式的运动。从某一时期来看，物业的价格可能有升有降、上下波动，但从长期来看，它无疑呈现出在波动中上扬、呈螺旋式上升的趋势。

(4) 易受政策的调控性。由于物业的固定性，它不像其他商品可以随意地从一个区域移动到另一区域，因此，它难以回避地区和宏观政策对它的影响；并且由于物业的稀缺性，以及物业对国计民生、社会稳定的重要性，各级政府对物业市场的调控就显得尤为重要。

(5) 交易的契约性。购置一宗房地产不像购置其他商品一样可以将物品带走，购入物业就意味着购入一宗房地产物权，带走的是房地产交易的契约，是一些文书。房地产物权，在我国是指物权人在法律规定的范围内享有的房屋所有权及其占有土地的使用权。而且，物业的所有权及相关的其他权利，如占有、使用、限制使用、买卖、租售、抵押等，形成一个完整的、抽象的权利体系。在这一权利体系中，各种权利可以采用不同的形式进行组合，也可以相互分离，单独行使、享有。显然，房地产物权比其他商品财产权的结构更为复杂，交易中物业交易的契约条文更显得重要。

(三) 物业的类型

物业的类型可以从以下几种角度划分。

1. 按物业的使用功能分类

从统计学角度，房屋面积是按照其社会功能分配的，共十大类：①居住；②厂房（主要指标准厂房、仓库、货场）；③办公；④商业；⑤交通运输；⑥邮政、通信、广播、电视；⑦宾馆、饮食、服务、旅游；⑧文化、教育、科研；⑨卫生；⑩体育等。就普通城市而言，居住用房占房屋总面积的 50%～60%，厂房、仓库占 15%～20%，办公占 6%～8%，其他占 30%左右。可见，居住功能占一半以上。

2. 从物业管理的角度分类

1) 居住物业

居住物业是指以个人或家庭为生活单位供人们长期居住用的房屋。居住物业一直以来都是人类最基本的居住与生活空间，它包括住宅小区、单体住宅楼、公寓、别墅、度假村等。

2) 商业物业

商业物业是指以从事商业贸易、房屋出租经营及其他营业性经营为目的的物业，包括综合楼、写字楼、商业中心、酒店、宾馆、康乐场所等。

3）工业物业

工业物业是指为采取自然资料、生活资料或对农产品、半成品等进行加工的生产工作提供活动的场所，以及为生产活动储备原材料和储藏产品的建筑物，即工业厂房和仓库。

4）其他物业

除上述讨论的居住物业、商业物业和工业物业，还有一些尚未包括的物业类型，一般称为其他物业。一般人们经常接触到的如车站、码头、机场、医院、学校等都属于此类，它们中有的是公益性的物业，有的是营业性的物业。

3. 按物业所有权性质的不同分类

按物业所有权性质可以划分为私人产权物业、共用部位产权物业、共有产权物业、集体产权物业、国家产权物业等。

4. 按物业的所有权人多少分类

按物业所有权人的多少可分为单一产权物业和多元产权物业。

二、物业与不动产、房地产的区分

"物业"、"不动产"、"房地产"等三个概念在业界常常被不加区别地使用，可见这三个概念之间有着密切的联系。

"不动产"一词最早译自英语"real estate"，这个词实际源于西班牙语，含义是"皇室的"。各国关于不动产的定义及其范畴，较多是从民法的角度来界定。尽管各国对不动产的表述有差别，但都包含了土地、建筑物及土地上的定着物。我国《中华人民共和国物权法》（以下简称《物权法》）第九十二条将不动产定义为："不动产是指土地以及房屋、林木等地上定着物。"最高人民法院《关于贯彻执行〈中华人民共和国民法通则〉若干问题的意见》第一百八十六条所作的解释认为："土地、附着于土地上的建筑物及其他定着物、建筑物的固定附属设备为不动产。"从上述的定义中，可以看到不动产包含了这样几层含义：首先，不动产是一种财产，它可能是自然财富如土地、植物资源，也可能是人为创造的财富如建筑物。其次，这种财产是不能够移动的。土地作为不动产的基础，总是固定在地球的某一位置。这类财产一旦移动位置就不是原来意义上的财产，因为这类财产一旦移动位置后，就会影响各种经济利益以及由此而形成的各种权利，如所有权、使用权、租赁权等，引起性质、形状的改变或者降低其价值。最后，这种财产是通过法权形式来进行交易的，其管理有异于其他的一般动产。

"房地产"则是经济法和行政法及商业事务中常用的称谓，房地产可以泛指某地域范围内的房屋建筑、土地及其定着物，也可以是一个具体的建筑、土地及其定着物。从法律意义上来说，房地产本质上是指以土地和房屋作为物质存在形态的财产及其权益，是指寓含于房地产实体中的各种经济利益及由此而形成的各种权利，如所有权、使用权、租赁权、抵押权等。从经济学的角度看，房地产还可以指一个国家、地区或城市所拥有的房产和地产，多用于宏观经济统计、分析等领域。

"房地产"一词有狭义和广义两种解释：狭义的房地产是指房屋、屋基地以及附属土地。这些附属土地是指房屋的院落占地、楼间土地、道路占地等空间上与房屋和屋基地紧密结合的土地。广义的房地产是指某区域全部土地和房屋。

物业涵义比较宽泛,因此,不同的国家、不同的行业对物业的理解是有一些差异的,在国外,特别是在东南亚地区,物业是作为房地产的别称或同义词而使用的。中国香港地区则称为"单元性房地产",即既可指单元性的地产,也可指单元性的建筑物。在我国大陆区域,物业的内涵在各类著述中的提法至少有几十种,概括起来,主要包括以下要素:

(1)已建成并具有使用功能的各类供居住和非居住的屋宇;

(2)与这些屋宇相配套的设备和市政、公用设施;

(3)屋宇的建筑(包括内部的各项设施)相邻的场地、庭院、停车场、建筑群内的各种交通道路。

王青兰根据"物业"一词的产生,以及汉语和英语的词意,对物业一词作出如下的定义:物业是指人工形成、有使用价值和价值、有业主的建筑物与场地,包括为发挥其功能相匹配的设备、设施、环境等。

其中,"人工形成"指投入劳动,包括活劳动与物化劳动。

"有使用价值和价值"指不仅能使用,还可以进入市场,有其价格。

"业主"指物业的所有权者。

"建筑物"指有顶、有墙、有内部空间的实体,古称"六合",通称房屋。但随着社会经济的发展,现把构筑物(包括桥梁、隧道、塔祠、陵墓)、道路、码头、停机坪等均称为建筑物,原因是其力学原理、建筑材料、装饰材料、施工工艺、手段,以及使用期维修、管理等与房屋基本相同。

"场地"指已开发待建之地,或露天堆放货物之地。其中待建之地可视情况作为临时建筑用地。

"功能"指建筑物、场地在人类需求中的作用。需求包括生理需求,以及学习、工作、购物、交往、娱乐、休闲、游览等。

"设备"指为充分发挥功能而相应匹配的专用机械、电气等设备,如起重机、电梯、采暖通风、备用电源等。

"设施"指为充分发挥功能而相应匹配的公用管、线、路,如上水、下水、水加压、水处理、气体燃料输送、消防、强电(供、变电、配电)、弱电(通信、信号网络、智能管理系统)、道路与照明、车辆停放与进出,以及室外文、教、卫、体等公共场所。

"环境"指垃圾收集与转运、清洁、绿化、景点、空气、噪声等,也可以说是室外生态环境。

物业的上述涵义表明物业有如下特征:

(1)物业构成的主体是建筑物与场地。

(2)因为是人工形成,所以具有使用价值和价值。其中,使用产生磨损,价值可以转让。

(3)物业作为财产,应有明确的产权所有人——业主,以便享有权利和承担义务。

国内的物业管理业界,从物业管理的角度出发,倾向于把物业定义为"已建成投入使用或可以投入使用的各类建筑物及其相关的设备、设施和场地"。

　　从上述中可见，"不动产"一词的词义明确，国内外对其理解均无歧义，因此在正式的法律条文中经常采用。不动产涵盖的范畴也是最广的，我国的物权法所称的不动产，是指土地以及房、林木等地上定着物。

　　"房地产"一般均指房屋建筑物和建筑地块组成的有机整体，房地产位置固定、不可移动，因而在习惯上也称为不动产，实际上，这是对狭义的不动产的解释。狭义的"不动产"与"房地产"概念可以认为是同一语义的两种不同表述，只是两个概念的侧重稍有不同："房地产"倾向于表明这种财产以房屋和土地作为物质载体，而"不动产"侧重于表明这种财产具有不可移动这一特殊属性。然而，不动产的广义概念还包括其他不能移动但又具有使用价值和价值的物体，如森林、水坝等。因此，严格意义上"房地产"与"不动产"是不能等同的两个概念，"房地产"只是"不动产"的一部分。习惯上不把房地产与不动产作严格区分，不过是为了强调房地产的不可移动性而已。

　　"物业"是英语 property 或 estate 的一种约定俗成的意译，范围原也仅限于东南亚地区和中国香港、澳门特别行政区，后传入中国内陆。"物业"通常仅限于已建成并可以投入使用的房屋及其附属设备、设施和相关场地，是属于进入具体消费领域的房地产最终产品，也是房地产产业链中的末端环节，因此，其涵盖的范围最小。"物业"和"房地产"在某些方面可通用，但"物业"一词多指一个单项的"房地产"单位，如单项的房产、地产。然而，它主要使用于房地产的交易、售后服务，以及日常物业服务等阶段或领域。因此，相对于开发建设单位而言，用"房地产"更能体现一次性的房地产商品交易特性；对于物业管理主体，如业主、物业服务企业，则用"物业"更能体现基于"物"基础上的物业服务产品的持续交易特性。

　　从以上的分析可以看出，虽然"不动产"、"房地产"、"物业"等三个概念有时在业界会不加区别地使用，但实际上这几个概念在涵盖领域和适用范围都是有区别的。"不动产"和"房地产"都有广义和狭义的解释，而有时允许通用的情况也仅限于这些概念狭义解释的范畴。

三、物业管理

（一）物业管理的渊源

　　物业管理起源于 19 世纪 60 年代的英国，当时英国工业正处于一个发展的高速阶段，对劳动力的需求很大，于是，大批的农业工人及其家属被吸引到作为工业中心的大城市来，这样不仅原有城市布局和交通设施已经不能适应大工业的发展和人口流动的需要，住宅也面临严重短缺的问题，同时也伴随产生了由房租价格暴涨、住房拥挤、设备老旧而引发的"社会问题"，于是，英国第二大城市伯明翰的一位名为奥克维娅·希尔(Octavia Hill)的女物业主迫不得已为其出租的物业制定了一套规范约束租户行为的管理办法，要求承租者严格遵守，同时，女房东希尔女士本人也及时对损坏的设备、设施进行修缮，维持了起码的居住环境。此举收到了意想不到的良好效果，使得当地人士纷纷效仿，形成了一定的气候，因而被视为最早的物业管理。

　　但有一点需要说明，即人们往往只注意到希尔女士在微观物业管理史上的开拓者地位，忽略了英国政府在宏观物业管理史上的开创性作用，而这种作用有多方面的表现：其一，19 世纪 60 年代的伯明翰市政府为了适应当时工业发展的需要，从城市建设的角度出发，开创了由政府出面主持房地产即物业的成片开发、经营租赁、管理的先例。该市政府围绕市中心进行统一规划，开发了大片简易工人住宅区和部分中、上阶层的住宅，并以低廉租金给贫民和工人家庭居住。其二，1885 年，英国政府颁布了世界上第一个对住宅问题产生重要影响的物业管理法令——《1885 年工人阶级住宅法》(*Housing of the Working Classes Act 1885*)。而 1832 年制定的住宅法规《乔利拉法案》和 1868 年制定的《工匠及劳工住宅法》等，均可视为《1885 年工人阶级住宅法》的前身。此法要点是鼓励地方政府建造公共住房，对入住的低收入家庭实行控租政策及维修管理。其三，1868 年组建英国房地产专业协会——英国皇家测量师协会(半官方、半民间性质)。它实际上也可视为一个"准"全国性的物业管理协会。因为其所辖的 7 个技术专业小组成员，除履行各自与房地产有关的专业技术职能外，均要同时兼负物业管理职能，这一特征尤为集中地表现在基础测量组的测量师身上。测量师的业务专长就是为所有居住类型和商业房地产的置业和投资提供咨询和管理服务，也作为中介人代表客户从事房地产的出售、购买或租赁。专业服务内容还包括机器、设备的配置和室内装修服务。其四，包括物业"大型维修储备基金"在内的各类投资基金起源于英国。1868 年在英国建立了世界上最早的投资基金组织，定名为"投资托拉斯"，后又改称为"单位型信托投资基金"。这些都是宏观物业管理的内容。由此可见，无论是物业管理的宏观运作还是微观运作方面，物业管理的萌芽应当是在 19 世纪 60 年代左右起源于英国。

（二）现代物业管理的形成

物业管理起源于英国，但真正意义上的现代物业管理却是在 20 世纪 30 年代的美国形成并发展的。

1. 专业性物业管理机构和物业管理的行业组织出现

19 世纪末至 20 世纪 30 年代首先在美国形成和出现专业性物业管理机构和物业管理的行业组织。

公寓大厦、摩天办公大楼是现代物业管理的催生剂。19 世纪末 20 世纪初，美国进入垄断资本主义经济阶段。金融托拉斯和官僚垄断资本的跨国经营在为自己积累巨额财富的同时，也带来大规模的国内民工潮、国际移民潮和求学潮，这就加速了美国城市化和规模化的进程。同时，美国政府出于环境保护和长远考虑，在出台的土地制度中，将城市土地的使用面积控制在美国国土面积中很低的一个百分比(20 世纪 90 年代初仅为 4.6%)，再加上建筑新材料、新结构、新技术的出现及不断进步，提高建设用地的容积率已成为可能，于是一幢幢高楼大厦迅速拔起，组成蔚为壮观的摩天大楼群体景观。然而，高层建筑附属设备多，结构复杂，防火、安保的任务重，特别是一些标志性建筑大厦的清洁保洁工作，技术要求高，工作面广。所以，大厦的日常管理、服务、维修、养护工作的专业要求和技术要求均大大超出传统物业管理的要求。而尤为棘手的是，摩天大厦的业主常不是一个或几个，而是数十个甚至数百个，面临着该由谁来管理的难题，一种适应这种客观要求和能够解开这道难题的专业性物业管理机构应运而生。该机构应业主的要求，对楼宇提供统一的管理与系列服务，开启了现代物业管理运行的大门。

现代物业管理的另一标志是物业管理行业组织的诞生。随着物业管理机构的增加，为协调、规范众多机构运作和促进物业管理事业的发展，物业管理行业组织也逐渐形成，并于 1908 年在美国的芝加哥城诞生。1908 年，芝加哥建筑物管理人员组织（Chicago Building Managers Organization，CBMO）举行了第一次全国性会议，有来自美国各地的 75 名代表参加，这实际上是宣告了世界上第一个专门的物业管理行业组织的诞生。而功劳则应归于芝加哥摩天大楼的所有者兼管理者乔治·A.霍尔特。霍尔特先生在管理工作中遇到各种问题，有些问题他能很快解决，而有些问题解决起来有难度。但他发现和同行们经常一起探讨，既能相互学习，又能交流信息，于是，他筹划举行了一个宴会，邀请同行们参加，结果催生了 CBMO。

CBMO 的诞生和运作，又推动了另外两个重要的全国性物业管理组织的诞生。1908 年之后的三年中，CBMO 先后在底特律、华盛顿和克利夫兰等美国大城市举行年会，不仅促进了自身的发展，扩大了其社会影响，而且由此直接导致了世界上第一个全国性的业主组织——建筑物业主组织（Building Owners Organization，BOO）问世。CBMO 和 BOO 的成立及其工作，对美国物业管理的发展起到了积极作用。而后，在这两个组织的基础上，美国又成立了"建筑物业主和管理人员协会"（Building Owners and Managers Association，BOMA）。这是一个地方性和区域性组织的全国联盟，代表物业管理过程中业主和房东的利益，同时也维护了管理者的权益。业主和管理者的追求目标原本是一致的，都是为了物业保值增值和创造一个良好的居住、工作环境，而通过组织活动，就能进一步加强二者之间的情感、理解和协作关系。而且，BOMA 经常提供许多行业内的信息，开办一些专题讲座和培训课程，提高业主参与管理的积极性和管理人员的服务效率，因而颇受各方欢迎。所以，BOMA、CBMO、BOO 一起将美国的物业管理首先推入了现代化轨道。

2. 科学管理理论的产生推动物业管理从传统走向现代

指导一般管理工作的科学理论体系于 19 世纪末 20 世纪初由美国工程师泰罗（F.W.Tayler，1858—1915）研究并问世。泰罗从 19 世纪 80 年代初就开始长期进行企业管理的研究试验，创立了一套进行定量作业管理的科学方法。另外，他还在科学管理的其他方面提出了很多理论和原理，如计划与作业分离的原理（即把管理职能和执行职能分开，对管理人员和操作工人适当分工）；职能管理的原理（管理职能专门由管理部门进行）；经营控制的原理（即高级管理人员把日常事务授权给下级管理人员去处理，自己只保留对例外事项的决策和监督的权力）。这些原理以后发展为著名的管理分权化的事业部制。物业管理工作是各类管理中的一种，它在发展过程中必然要受到科学管理思想的影响。大厦物业管理如同社区管理，也是现代城市管理的基础环节和组成部分。高水平管理实践离不开科学理论的指导，而这种科学理论——现代城市管理学也在泰罗和同时代的法国管理科学家法约尔的科学理论影响下，于 20 世纪的早些时候率先在美国出现和发展。

3. 现代物业管理的另一个重要特征是宏观管理手段配套运作

在 20 世纪初，美国政府就在实施经济手段的结合运用时，突出了政策和法律手段在其中的引导和规范性作用。例如，物业中介、估价等是现代物业管理的业务内容之一，而美国在 1908 年就成立了受政府支持的"全国房地产协会"。政策规定，只有会员才有资格获"房地产师"头衔，此头衔可作其营业的"注册商标"，协会成立的宗旨就是提高物业从业人员的专业水平和职业道德水准。

建筑物区分所有权的出现是物业管理进入现代化轨道的一个重要标志。建筑物区分所有权的形成与高楼大厦出现业主的多元化有着直接的渊源关系，而美国的摩天大厦无论是问世时间、高度、个数、单体规模和群体总量，在当时均堪称世界之最，故由此推知：美国建筑物区分所有权制度建立的时间、管理的规模及运营方式的改进和完善等，也必定领先其他西方国家。

计算机技术在物业管理中的运用与普及，是物业管理由传统方式走向现代化、由手工操作转入科学运作的又一个重要标志，而美国是最先实现计算机技术在社会生活各个领域，包括物业管理领域广泛应用的国家。所以，现代物业管理不仅首先在美国形成，而且实现了持续性发展。

（三）物业管理的发展

物业管理萌生于 19 世 60 年代，现代物业管理形成于 19 世纪末至 20 世纪 30 年代，而从第二次世界大战结束后则进入了物业管理的发展阶段。在第二次世界大战中，很多国家的大量房屋毁灭于战火，城市住房严重不足成了一个世界性现象，而且工业化和城市化程度越高的国家，该现象越严重，就连英国这样具有两个多世纪现代城市建设的积累和几十年物业管理经验的国家，在 1951 年仍短缺 80 万套住房。因此，欧洲国家在 20 世纪 40 年代后期至 50 年代，都在大规模进行城市的重建工作，而住房的建设显然成为重点。例如，法国 1945～1950 年共建房 20 万套，1953～1958 年，平均每年建房 20.39 万套，平均年增长率为 14%，缓解了住房极度紧张的状况。在住房建设的过程中，各国政府都在城市规划、房屋建设政策、住房分配政策等方面做了大量的工作，例如，对新建住宅有明确的配套设备、设施的要求，供暖、供水、供电、供热以及通信、电视等管线设施齐全，屋前屋后的绿化等内容在城市建设规划中都有明确规定；为解决中、低收入人群的住房问题，同时也为了提高土地的利用效率，政府兴建了一批多层住宅，作为公租房，以补贴租金的形式出租给中、低收入者。同时，也拿出一部分的多层住宅作为商品房出售。例如，英国 1959 年的公租房面积约占全部住宅面积的 1/4，到 1979 年甚至还提高到 1/3。总之，20 世纪 60 年代以前，欧洲国家（也包括一些亚洲国家）都在一门心思解决住房总量严重短缺的问题。以多层建筑和联排别墅为主体的商品房，以及大量的公租房，都迫切需要有人来提供管理服务，以解决共用部分和共用设备设施的使用、维护等管理问题，客观上推动了以提供物业服务为主的微观物业管理的发展。

到了 20 世纪 90 年代，发达国家城市住房需求态势又一次应验了马斯洛的需求发展理论。城市住房在数量（供房总量、单元套房面积、人均居住面积）和质量方面（基本使用功能的齐备性、方便性）达到一定标准后，居住者们又开始追求更高水准的住房消费，这种住房水准的"全方位式提高"包括单元套房总面积、房间数（西方一般以 1 人拥有 1

间房为"合格"标准)、房间布局、住房功能、附属设施和设备配置、室内装修和室外景观、居住区综合环境等的提高,简言之,就是要使住宅的适用性、舒适性、安全性、智能性等诸方面都得到提高。

与此同时,物业管理体制与运行机制也不断完善、发展,进入 20 世纪 90 年代后已日益健全、成熟起来。美国和西欧的一些国家,一方面随着电视广播系统、网络服务系统的形成而兴起了现阶段城市美化运动,城市郊区化趋势将郊区新市镇建设成为诱人的花园式城市;结合国家信息化的建设情况,将新市镇建设成为"生态智能型居住区"。另一方面依据国家经济发展水平、信息社会发展要求和社会不同人群的住房需求,推行住房类型的多样化、高标准化和管理形式的多样化。例如,美国位于纽约市郊的合作住房城(简称"合作城")是以高层公寓为主、占地 140 公顷、建有 13720 套住宅、居住着 4 万多位居民的新型居住小区。因其拥有多处汽车停车场、各类球场、设施完善的医疗中心和商业服务中心、学校、文化娱乐设施,以及电视广播系统、网络服务系统等,从而形成了一个绿色、优美、舒适、现代的居住环境,再加上小区内的全方位、现代化和网络化、系列式的物业服务,所以合作城被称为"美国式花园城"。物业管理公司的雇员多半是清洁工和警卫,其专业性管理采用签订合同的方式,委托社会上的专业公司来承包完成,成为美国城市小区建设与管理的典范。

而德国的有效做法是公众自觉和政府的相关部门一起实施对房屋和周围环境的美化、维护和管理。大多数德国人对住宅整修和环境美化怀有高度的兴趣和热情,人们将之概括为"德国人的房屋是住一辈子,自己动手修缮一辈子"。这是一种"政府与民众共建共管"的德国式物业管理方式。目前德国有住宅两千多万套,其中自有住房占 40%、私有出租房占 10%、公有出租房(含合作社集体所有的出租房)占 50%,即住房产权结构体现了公有和私有平分秋色的混合所有制特征。德国的公有住宅由半官方组织——住房协会即房协来管理,合作社住房由合作社的权力机构——监理会管理,自有住房(大多数是独立的住宅或别墅)由业主自己管理,房客联合会(即承租人协会)则参与公有出租房的物业管理,主要任务是与住房协会商议、协调有关具体政策,如"可比租金"的确定与执行问题。所以德国的物业管理组织体系中虽然没有突出专业性物业管理公司的地位和作用,但"政府与民众共建共管"形成了独特的德国式物业管理方式。

总之,关于发达国家的物业管理组织体制,在第二次世界大战后至 20 世纪 90 年代初期,应该说基本形成了良性构架与运行方式。物业管理的行政机构体系、与之平行的监督机构体系、物业管理的同业公会体系等三者之间形成一种权限职能不同但相辅相成、相互制约的,又彼此促进的、良性的、有机的结构关系,其综合作用的结果是共同促进了物业管理的健康发展。各类组织体系尤其是同业公会体系的运作已经产生了亲和力,业主们也乐意与此类组织打交道,以寻求指导和支持。因为从这里可以获得很多信息和可学习、借鉴的资料,而且业主或物业管理公司之间在这里也可以相互交流,以得到对方的信息与经验,从而促进自己事业的成长。另外,许多协会还办有定期刊物,开设教育性专题讲座和课程,颇受各方欢迎,也有利于提高住户参与管理的水平,使业主和物业管理公司之间的"契约加伙伴"的关系更加密切。

发达国家的各类物业管理机构,无论是行政管理机构,还是中央监督机构或同业公会,在运作的过程中,常常是突出或是兼顾市场调节的基础作用,所以对物业管理行为的影响,一般不采取直接干预方式,而主要是通过法律和制度进行规范与引导。另外,不少国家还十分注意民间或民众参与政府的决策与管理,有的还形成惯例和制度。这样做不仅有利于形成物业开发与管理上的合力,而且激发了一种参与机制、凝聚机制或动力机制的形成。也就是说,在发达国家物业管理体制运作过程中,存在着行政管理机制与市场机制、中央监督机制与行业自律机制、法律规范机制与公众参与机制等数对机制共同发挥作用并形成一种化互斥为协调、化冲突为平衡、化消极为积极的有机运作关系,促进了物业管理经营和运作的健康发展。因为专业性物业管理是一种经营行为,其经营过程既要接受市场的基础性调节作用,也要按法规、政策和所订的契约行事,还与业主发生一种利益互换的、带有一定互斥性的商品经济关系,为了在激烈的市场竞争中站住脚或扩大社会影响,追求公司的品牌形象,还要接受行业协会的指导和章程约束。这说明物业管理行为是在众多因素及其运行机制的作用下而发生作用的,如果这些机制的聚合作用呈现平衡和协调状态,那么受到这种聚合作用影响的物业管理行为也就具有了"先天"的良性化潜质,再加上管理者的良好素质,其管理行为的潜在良性化就会变成现实的良性化;如果管理者的素质层次不够,不能与这些机制的作用相适应,那么就会发生优胜劣汰现象,一批素质较高的管理者就会取而代之,从而实现管理行为的良性化。

因此,提高管理人员的素质也就成为物业管理运作的重要组成部分,发达国家专业性物业管理公司的经理层人员基本上都具有大学本科以上的学历,操作层人员中符合专业和技术要求的高学历出身者的比例也相当高。这两个层次的优秀者即注册物业管理师和物业管理师,都经过了行业协会的定期培训、严格考核和权威认定。不仅对专业知识结构提出较高要求,而且协会的规章制度也对职业道德进行规范和常规性检查,这些措施对促进物业管理工作者综合素质的提高起了很大作用。

(四)现代物业管理方式的基本特征

1. 统一性

指居住小区或公寓大厦的管理主体不是数家,而是由一家进行集中性或统一性管理。这样可克服"政出多门" 的掣肘现象,使管理措施一致、行为协调,从而有利于管理目标的实现。

2. 专业性

这里有三层涵义:一指物业管理业务的开展,既不是由物业开发公司"监督"或"直管",也不是由业主或用户"自行管理",而是或者聘请专业性物业管理公司统一管理,或者由开发公司分权出去的具有独立法人资格的管理公司进行专业性管理。二指任何人从事物业管理经营都必须经过严格的综合条件考核后,才能获得营业执照,并且物业管理公司的经理人员和管理工程师的任命,需获得权威部门或法定组织颁发的、经过定期培训和严格考核后才能获得的资格证书。三指物业管理公司只有通过设置按专业划分的管理职能部门来从事相应的管理业务,并进行配套运作,才能完成涵盖范围十分广泛的、技术性颇强的全方位的服务工作。"专业性"管理的好处是可以有效保证物业服务的质量和效益。

3. 综合性

即物业管理和服务范围，除了传统的维修、绿化养护、保险、安保、保洁、租赁、信息资料管理和财务管理等业务可承包给专业公司外，又增加了中介、代理、家政、医疗、养老、办学(培训班)、电子通信等方面的服务内容，而且将建房、住房、环保兼顾，将城市社区管理、物业小区管理和单元性物业管理统一起来，将"为房服务"和"为人服务"在运作中统一，从而为促进整个地区的经济、社会、环境的可持续发展起到积极的保障作用。

4. 社会性

包括两层涵义：一指物业管理公司在完成内容十分广泛的服务时，一般不是通过"小而全"方式，而是利用现代社会本已存在的企业间高度专业分工的有利条件，通过发挥自己的中介、代理作用去完成，即采用契约运作方式，将有关专项管理任务交给社会上的专业性经营服务公司去完成。例如，机电设备维修承包给专业设备维修企业；物业安保可以向保安公司雇聘保安人员；园林绿化也可以承包给专业绿化公司等。物业管理表现在这些方面的社会化运作方式既可更好地保证服务质量，还可精简公司的机构和人员设置，从而降低管理成本。二是指通过物业管理活动，在住宅成为人类进步和文明的体现或载体，居住区成为舒适、方便、美丽的"花园城"的同时，还要为小区居民创造有利于自身进步与发展、有利于提高物质文明和精神文明的条件，促成不同民族、家庭、文化、年龄的住户行为和谐与融洽相处。

5. 科技性

指通过物业管理活动，使住宅建设和居住生活方式成为人类科技进步和文明的体现或者载体，同时要施行"以人为本"的人性化管理，维持生态环境和环境优化的"绿色管理"，以及运用ISO9000系列的质量管理标准体系和信息化、数字化、网络化的信息技术手段来实现管理活动本身的科学性。"管理出效益"，只有科学的管理，才能创造理想的效益。

6. 契约化

指通过具有法律效用的经济合同和公共契约的运作方式，来约定物业服务双方的权利和义务，明确服务项目的标的，包括经济利益的标的。契约化管理是实现规范化管理的一种具体形式。物业管理的形式和关系的规范化，是物业管理走向现代化、科学化的显著标志之一。物业管理活动中需要规范的还有：物业的接管、产权产籍管理、中介代理行为、物业管理中的技术性操作、公司成立与营运手段等。这些方面均要通过政策法规以及约定俗成的规章制度来实现规范化运作。

7. 市场调节与行政调节相结合

物业管理的业务运作都必须按市场经济的基本经济规律实行公开、公正、等价性质的有偿交换，但只要是有偿交换，就是市场经济行为，就要遵循市场经济规律。如果完全不按市场经济规律去运作，物业管理也就会成为无源之水、无本之木，也是难以为继的。但市场机制面对物业管理中出现的一些问题，往往表现乏力或"失灵"，如居住区的人文环境与生态环境建设，若仅从市场调节去考虑恐怕也是难以落实的，所以还得发挥法规、制度等行政管理手段的调节作用。另外，对于物业服务双方出现的一些纠纷，也并非事事都要诉诸法律，有些事可通过行政介入调解或仲裁来解决。也就是说，以市场调节为基础，市场调节与行政调节有机结合起来，才能真正达到物业管理的目的。毕竟，对于一个城市来说，城市中占比重最大的建筑就是住宅；对于很多城市居民而言，最大的财产就是住房，因此，住房问题是一个城市中最重要的民生问题之一，城市的管理者对住宅的建设与管理都会投入相当的精力。所以，物业管理就不能像其他很多行业一样，以市场调节作为主要甚至是唯一的支配力量，而只能是市场调节与行政调节相结合。

所以，统一性、专业性、综合性、社会性、科技性、市场调节与行政调节相结合是现代物业管理方式的七大基本特征。

（五）对物业管理含义的理解

从物业管理的发展以及国内外物业管理现状的纵横两个坐标中，可以从管理范畴和管理结构两个角度阐述物业管理的含义。

1. 从管理范畴上，物业管理可有狭义、广义、泛义的解释

狭义的物业管理是指物业服务企业通过公开、公平、公正的市场竞争机制接受业主的选聘和委托，依据物业管理法律法规的规定和物业服务合同的约定行使管理权；广义的物业管理除上述物业管理服务企业受托进行的专业化管理外，还包括业主直接对物业进行的自主型管理；泛义的物业管理则是在广义的基础上还包括政府对物业管理活动的指导和监督。

2. 从物业管理的管理结构上，可以认为物业管理是一个系统

从系统论的角度，物业管理其实是一个层次分明、结构紧密的系统。

由政府及相关的行政主管部门构成第一个子系统，通过制定法律法规、规章规范等，调整物业管理各权利主体之间的权利和义务，规范从事物业管理服务的企业和个人的资格，并要对物业管理活动进行调控和指导，实行宏观管理。

由物业管理相关权利主体的社团组织构成第二个子系统——业主的区域性（或全国性）组织，如美国的建筑物业主组织（BOO）和中国深圳市业主联谊会等；以及物业管理服务者的组织，如美国的建筑物管理人员组织（CBMO）、中国的物业管理协会等，实行自律性管理。

第三个子系统由业主及其组织业主大会、业主委员会以及提供形式多样的物业管理服务的物业服务企业组成，是具体物业管理活动的实施者。业主及业主组织根据业主的共同意愿，选择自治管理的方式，可以自主管理，也可以委托管理或两者混合；物业服务企业按照物业委托合同，提供各种服务，满足业主的要求。

以上三个子系统，构成了一个相互联系、相互作用并处于运动状态的系统。

第二节　物业管理的性质

一、经济学和管理学对物业管理的解释

物业管理，如果仅从词义上来解释，就是对物业实施管理的活动。接下来，就是要回答"谁来管"、"管什么"、"如何管"等问题。对于第一个问题，谁拥有对物业的所有

权，谁就享有物业的管理权，也就是说，业主对自己拥有的物业实施管理，是天经地义的事情，业主可以制定一些规章制度，要求使用人遵守；也可以聘请其他人为其分担部分管理活动，甚至是全部委托给其他人代为管理，欧美国家的一些古老的私人住宅，就是由业主自己管理的。中国在改革开放前的私有房屋，大部分也是这样管理的（小部分由政府的职能部门代管），正如当年的奥克维娅·希尔女士一样。但这类物业管理，往往被人称为"早期物业管理"、"物业管理萌芽"或"物业管理雏形"等，显然，由单个业主所进行的管理活动，仅适合于房屋面积不大、产权关系单一的物业。随着社会经济的发展，特别是大型的、多个产权人的各类建筑的出现，这种早期物业管理的方式已经根本无法承担管理的责任。

当一幢物业有多个业主，而建筑物的体量又比较大时，尤其当高层大厦普遍出现后，就出现了产权复杂化，既有业主自己的专有产权部分，又有多个业主的共有产权部分，还有共用的设备、设施。这样，就引发了一个问题"谁来管"？办法一：由业主推举其中一个人来管理，像上面所提及的美国芝加哥摩天大楼的乔治·A.霍尔特，既是业主又是管理人，但在业主中，具有霍尔特先生那样管理能力的人毕竟还是少的。办法二：在业主中选举一些人，形成一个管理组织，利用集体力量实施管理，聘请一些操作人员或专业公司执行具体事务，或聘请一个职业管理人，通过管理人组织具体的操作人员完成具体的管理事务。办法三：就是由全体业主委托一家专业性公司，按照业主的要求，并通过契约形式，明确双方的权利和义务，由这家公司提供综合性的管理服务。

可见对于不同的学科，对物业管理都会有不同的解释，而在各种不同的法律法规文件中，"被定义"的物业管理式样就更多了。这只能说明，不同的学科、不同的法律法规，它们切入的角度不同，因此，对物业管理的解释也有差别。

从经济学的角度，对物业管理的理解有广义与狭义之分。广义的物业管理泛指一切有关房地产开发、租赁、销售及售后服务的管理；狭义的物业管理主要是楼宇的维修养护，以及管理好房屋的机电设备和公共设施，还包括安全防范、环境绿化、设备设施维修、信息传送、环卫服务等项目。显然，这种解释实际上认为物业管理是为了满足物业服务产品需求者主体的需要，达成经营者的经济效益，围绕物业服务产品交易实现的管理活动。例如，物业服务企业为业主提供安全防范服务，是基于业主的需求和公司的利益的一宗等价的交易。物业服务企业要依据物业服务合同中对安全防范的要求，开展对安全防范方面相关工作的计划、组织、协调和控制等管理活动。从这个意义上来说，物业管理并不反映这些管理活动的本质，在这里，管理活动只是实现经济活动的手段而已，将其称为物业服务公司的经营更贴切。另外，房地产开发公司委托物业服务企业来提供房地产产品的售后服务活动，属于房地产产品交易活动延续的一个环节，应该也属于房地产开发经营的范围，与一般的物业管理活动是有所区别的。这两种情况都只是从经济学角度揭示了物业服务企业的经营活动和房地产经济活动的规律而已。

而管理学的观点，认为管理是作为资源配置的方式和手段，还要关注资源效率、社会效益、环境效益、心理效益等其他更多有价值的领域，物业管理正是需要对这些领域有所关注的一个特殊的管理事业或管理工作范畴。

物业管理作为管理工作的一项具体活动，所包含的内容是多层次的。从物业管理权的来源和实现的角度来分析，物业管理主要包括了四个层面的活动：一是业主基于物业产权的自主管理，如中国香港地区的业主法团对所持有物业的自治管理。二是基于产权分解后的物业公共事务管理权委托的物业服务企业或其他管理人进行的委托管理活动，其中也包括了物业服务企业利用小区公共资源和自身经营资源进行的经营活动，这就是人们通常所见的专业的物业管理活动，即业主通过选聘物业服务企业，由业主和物业服务企业按照物业服务合同的约定，对房屋及配套设施设备和相关场地进行维修、养护、管理，维护相关区域内的环境卫生和秩序的活动。三是基于公权的政府主管部门的行政管理和行业协会的自律管理，如政府发布的物业管理政策、法规等宏观的行政管理行为；政府对小区业主自主管理组织及活动，对物业服务企业的管理活动依法进行指导和监督等。行业协会则对企业资质进行管理、组织，对从业人员进行培训、学习等活动。四是基于管理权力的交叉性、关联性的物业区域的综合治理，主要是物业业主、社区居民、经营单位和公用事业单位、专业公司、基层政府组织或非政府组织(主要是业主联盟、协会等)进行的互动式、渗透式管理协调活动。

因此，从管理学的角度，物业管理应该指合法的物业管理主体(物业产权主体及相关组织或人员)为实现物业产权人和物业相关利益主体的权益，达到经济效益、社会效益、环境效益等综合效益的最大化，以物业或物业区域为界限而开展对物业本体、物业关系和物业管理区域内的环境秩序管理活动的总和。显然，这样的界定并不影响物业经营价值的实现，只不过是将其放在更广的层面上，在协调各方利益和实现各方面工作的平衡中去实现。

物业管理还充分体现了管理活动的科学性和艺术性。一方面物业管理既需要按体现物业的自然属性的自然规律办事，又要按体现物权人的社会属性的社会规律办事，即尊重物业管理科学规律，按物业管理规律所决定的内容、逻辑、程序、要求、方法办事；另一方面物业管理环境的高度复杂性、动态性，需要管理人员权宜应变，即物业管理的艺术性。

二、对共用部分、共同事务的管理方式

从物业管理发展的历程中也可以看出，物业管理也是一种与时俱进的管理活动，随着大型建筑共有部分、共用设备、设施管理问题的出现，物业管理成为主流，并且很多对"物业管理"术语的解释都压缩到"共用部分、共同事务"的定义域区间，有些法律法规文件更是把"物业管理"的定义局限在"共用部分，委托管理"的一个更狭窄的范围，例如，2007 年 8 月 26 日国务院修改后的《物业管理条例》第二条对"物业管理"所作的界定：物业管理是指"业主通过选聘物业服务企业，由业主和物业服务企业按照物业服务合同约定，对房屋及配套设施设备和相关场地进行维修、养护、管理，维护物业管理区域内的环境卫生和相关秩序的活动"。显然，《物业管理条例》这样定义"物业管理"的范围，主要是该法规要调整的是这类物业管理权利主体之间的权利义务关系，是一种"适法范围"的定义。我国《物权法》第八十一条规定："业主可以自行管理建筑物及其附属设施，也可以委托物业服务企业或者其他人员管理。对建设单位聘请的物业服务企业或者其他管理人，业主有权依法更换"。显然，这里讲的物业管理又是包括

业主自行管理和通过物业服务企业或者其他物业管理人提供专业服务的物业管理。

从国外的情况来看，对"共有部分，共同事务"的管理，大致可归纳为三种主要形式：

(1) 契约式专业公司管理。是指开展日常物业管理活动的机构主体是专业性的物业管理公司，其下设有多个按专业划分的职能管理部门，可从事多方面、全方位的物业管理工作。它通过与业主委员会签订具有法律约束力的契约或合同，来开展日常管理业务和物业服务工作。这种管理形式体现了法制性、规范性、专业性、社会性等多种现代化物业管理特征，也是目前最主要的一种应用形式。

(2) 事业部制式管理。是一种集权与分权相结合的管理形式，其开展日常物业管理活动的机构主体是总的综合性管理机构下分设的物业管理机构。主要包括三种类型，即住房合作社理事会下设的物业管理机构、房地产开发公司下设的物业管理机构和城市公房管理局下设的物业管理机构。其中以"房地产开发公司下分设的物业管理机构"这一管理形式的集权和分权相结合的属性最突出，因为其物业管理分支机构既在人事和战略目标上与总公司有联系，又在经营管理上有高度的自主权，即责、权、利关系对称明确，而且又从事专业化物业服务工作。所以在三种类型中，它应是事业部制式管理的代表。

(3) 业主自治管理。指开展日常物业管理活动的机构主体是业主委员会这种具有一定行政和法律背景的民间组织形式。其行政背景表现在业主委员会的工作要接受政府官方或半官方组织的直接指导。其法律背景表现在其管理公约一经制定生效，所有住户都要执行，可对违规者进行民事诉讼，而司法机构则要按相关司法程序受理。这一管理体制也包括两个类型：一种是管理活动的决策权和组织权在业主委员会，管理事务的开展也是由业主委员会成员轮流承担（以日本为代表，这一形式的最大优点是节约管理开支，最大缺点是许多专业性或技术性强的管理业务完成不好或完成不了，所以目前它已向"兼容式管理"方向发展，即一部分管理项目委托专业管理公司负责，一部分项目采取自主管理）。另一种是管理活动的决策权和组织权在业主委员会，并通过"大厦公契"形式来约束、规范住户的住房消费行为，但具体的管理活动则聘用一个专门的具有政府认定资格的物业管理经理来全面负责。

从以上的情况可以看出，当"共有部分，共同事务"成为物业管理的主要内容时，虽然委托专业物业管理公司提供管理服务已经成为物业管理活动的主流形式，但业主的自治式管理形式仍继续存在，只不过是由于现代建筑体量大，设备设施多，运行维护要求的技术性、专业性都很强，一旦有疏忽，很可能形成事故，轻则会影响物业的正常使用，严重的还会造成生命财产损失。所以，其管理难度并非一般的业主委员会所能胜任的，因此，就出现了上述的"兼容式管理"的模式。

至于事业部制式的物业管理形式，主要来源于欧美国家的公有住房管理（包括住房合作社的住房管理）。第二次世界大战以后，欧洲国家为尽快解决住房问题，政府一方面动用财政资源，兴建公有住房，以租赁的形式提供给低收入群体居住；另一方面，以贴息、低息贷款和减免税收等政策，鼓励私人建房。住房合作社就是在这种政策下建立起来的非盈利组织。入社者合作建房、共同管理、房产和地产归合作社集体所有，实行产权股份制，股金额一般相当于住宅价格的10%～20%，住进房后按月缴纳房租，可享受政府给予的低息贷款和减税等。对入社者的经济收入不作限制，中低收入者均可入社，参加住房合作社一般要比个人购房、建房支出小些。

德国是欧洲最早成立住宅合作社的国家之一。这种以城市居民为主体的，以解决劳动群众住房为目的的非营利互助组织在德国已有一百多年的历史。住宅合作社只有低收入的工薪阶层才能加入，不接纳高收入者。住宅合作社的建房资金主要来自社员交纳的股金、政府的贴息贷款及社会上的捐助。住宅完工后，社员可按合作社规定的条件和自身的实际需要提出申请，再由合作社的权力机构监理会根据社员入社时间的先后顺序及合作社规定的住房标准进行分配，保证住宅真正分给低收入家庭居住。住宅的产权归住宅合作社所有，使用权可以继承，但不可转让。社员自愿迁出另觅住房的，可退给原缴纳的股金。合作社住宅由合作社监理会经营管理，并对房屋使用者收取低廉的租金，以维持房屋管理费用的开支。

英国的"房协"全称是"建房社团协会"，它是一个非盈利性的经营住房的群众团体，是投资者和借债者共同拥有的互助机构。任何一个人只要投资于建房社团，事实上就成了其成员，就对社团事务有一部分作用的权利。英国从 20 世纪 80 年代后期开始，就由房协代地方政府充当直接负责住房物业管理的角色。英国中央政府认为，公有住房转移到房协手中，由它来出租或出售都比地方政府灵活。英国的房协相当于通常所说的住房合作社，其基本特征是社员先共同建房，建好房后共同管房。房协的不同之处在于它承担半个政府行政管理职能，并兼有金融机构专项业务功能，是一个从属于特殊法律的独特的合法实体。

英国不少住房合作社管理的规模相当于其他发达国家的居住区业主委员会的管理范围，但其他国家业主委员会可采取自主管理加外聘专业企业执行专项业务服务方式，或用契约委托专业性物业管理公司负责提供全面的管理服务的方式，而英国的专业性物业管理公司还未形成大气候，这说明英国物业管理的专门市场还不够发达，从而影响了管理的层次和效能。德国的住房合作社的物业管理组织体系很简单，就是由监理会全权决策和实施。德国政府直接扶持和领导住房合作社开展物业建设与管理工作，德国的住房合作社实际上可视为准政府机构，管理组织简约、人少、精干，职能部门少而办事效率高，具体工作主要借助于社会专业性服务公司来完成。

综观欧美国家的住房合作社，其物业管理应属经营与管理服务并重，住房合作社成员的住宅只有使用权，而没有所有权；只有股权而没有产权，所有权归住房合作社成员共同所有。除房屋建设阶段筹集少量资金外，大部分都靠贷款。房屋建成后，偿还贷款是合作社监理会必须考虑的大事，因此收取租金、偿还贷款被放在首要地位，然后再考虑物业管理的事务。

中国香港特别行政区的开发商下属的物业管理公司尤为独特，它是政府批准建设用地的附带条件。在香港回归以前，当时的香港政府仿效英国的公共住房政策，制定了早期的"公共房屋计划"，开发商也积极投资大型屋村的建设。当第一个大型私人屋村向政府申请规划许可证时，政府一方面乐意采纳这种建屋的要求，另一方面也担心人口如此密集的大型屋村，如果缺乏良好的管理，一旦出现问题后果难以预料。所以，在批准其发展计划时，要求开发商承诺在批地契约后的整个年期内要妥善管理该屋村。这样，就出现了由开发商为私人屋村提供专业化物业管理的形式。后来，这些开发商下属的物业管理部门就逐渐注册成为具有独立法人资格的物业管理公司。除为母公司开发商所开发的物业提供管理服务外，也参与物业服务市场的竞争，为其他人的物业提供服务。

随着社会经济的发展，尤其进入 21 世纪以后，市场竞争越来越激烈，企业也纷纷采用各种提高效率的应对措施，原本只为母公司开发商服务的事业部式的物业管理公司，也降低姿态参与物业服务市场的竞争；而契约式专业公司，则进一步开展外包业务，把一些服务项目如清洁卫生、安全防范、设备维修等外包给专业服务公司，以降低成本。而业主自治管理的形成，也倾向于聘任职业管理人，三种管理形式的差别越来越小。而且在管理服务内容上，也不局限于"共有部分，共同事务"方面，而是拓展到租赁、中介代理、房屋代管等经营服务领域。

三、物业管理的双重属性

那么，物业管理的性质是什么？当前在我国理论界中仍然有争议。主要有两种看法：一种看法认为物业管理是公共行政管理；另一种看法认为其是私人管理，即经营性管理。

前者的看法认为，物业管理就是房屋管理，是房地产综合开发的延伸与完善，因此，物业管理应从属于房地产管理。这种观点认为物业管理应以社会公共利益为导向，忽视物业业主或非业主使用人的公共利益，使"管"住业主和非业主使用人的方式占据上风，不能体现出业主应有的权利。同时，又会使管理者不计成本，不足部分更依赖开发商。

但是，如果从完整的物业管理活动的四个层面（业主自治管理、委托物业服务企业或物业经理人管理、国家行政管理和行业协会自律管理、区域综合治理等）来看，物业管理显然就属于公共管理的范畴，公共管理可以定义为政府与非政府公共组织在运用所拥有的公共权力，处理社会公共事务的过程中维护、增进与分配公共利益，以及向民众提供所需的公共产品（服务）所进行的管理活动。

美国学者罗伯特·C.凯尔等认为，物业管理者的具体职责就包括"作为社区成员的管理者"和"业主利益的促进者"。他们也指出了"政府控制"、"干预"对物业管理领域的影响，以及"伦理道德"的遵守。物业管理四个层面的活动中，真正体现经营性的只有物业公共事务委托管理的微利经营、物业服务企业利用小区公共资源和自身经营资源进行的经营活动，以及其他企业与物业管理相关的经营活动（包括专业物业服务、金融服务、中介服务、公用服务等），而且从根本上讲，只有后两者才反映了经营性的本质。绝大多数研究物业管理的中国学者，都认为物业管理的经营方针是"保本微利"。这些观点都说明了除物业管理的公共管理性和私域管理性（经营性）双重性外，还有公共利益、伦理道德和公共管理被放在首要或重要的位置，只是没有区别哪个属性是基本属性，哪个属性是从属属性。

因此，从以上的分析可以看出，物业管理实际上兼有公共行政管理和经营管理的双重属性。从四个层面的物业管理活动来看，第一个层面的业主基于物业产权的自主管理，是通过业主自治管理组织来实施的，而业主自治管理组织是属于非政府组织性质的公共组织，所开展的物业管理活动是公共管理活动。第二层面的业主委托物业服务企业或其他管理人进行的物业管理活动，实际上也是作为公共管理组织的业主委员会，把部分公共管理活动委托给经营性企业或个人，让其提供公共服务产品。这样，从业主委员会的角度看，物业管理属于公共管理活动，而对于物业服务企业，则是由企业组织来实行公共管理项目活动，依照合同的约定，提供服务产品，并取得相应的报酬，维持企业的生存和发展，因比，它对企业就是一种经营活动。至于第三和第四层面的管理，则明显属于公共行政管理。

第三节　物业管理与物业服务

物业管理行业属于服务性行业，它的基本职能就是为业主、住户提供服务。从物业管理引入我国起，对于应该称"物业管理"还是称"物业服务"就存在着争论，一种意见认为，应该称"物业服务"，因为服务是第一位的，称"物业服务"有利于提高物业服务行业从业人员的服务意识；另一种意见认为，管理与服务是物业管理的双重职能，管理也是服务，寓管理于服务之中，称"物业管理"可以更好地体现这一行业的特性。不管这两种意见最后达成怎样的结果，物业管理的服务特性是大家一致认可的。特别是在我国《物权法》中将"物业管理企业"的称谓改为"物业服务企业"，似乎有一锤定音的感觉。但是，在理论上并没有实质的意义，因为从理论上而言，管理和服务是两个不同角度介入同一事物的方法，它们既有区别又有联系。

从区别上，首先是概念的解释方法不同。物业管理是从管理权的来源或取得、管理权的实现、管理功效等角度解释物业管理活动的方法；而物业服务是从服务产品交易的经济学角度来解释物业管理活动的方法。

其次是立足点不同。物业管理立足于物业、物业关系、物业区域环境秩序管理的组合效益，是全方位、全过程的管理活动，包括实体管理、资产管理和秩序管理等所有方面；而物业服务立足于物业服务项目效益目标的达成，管理活动只是取得服务产品效益的手段。

再次是判断标准不同。管理强调以工作为中心，围绕管理事件展开管理活动；而服务强调以人为中心，围绕人性激发和人的满意度来展开管理活动。例如，物业服务企业是以物业功能正常发挥、环境优美、物业区域安宁为判断标准，还是以物业效用、业主满意度、小区生活品位为判断标准，反映了不同的管理理念。

最后是使用的领域不同。物业管理可以使用到与物业相关的社会活动的领域，包括物业服务领域。例如，物业服务企业的服务活动不但要受到宏观、中观(地方政府的物业行政管理及同业协会的行业管理)物业管理的影响与制约，而且物业管理目标的达成要通过具体的物业管理活动来实现；而物业服务只是在商业化的物业服务产品交易活动中才出现。

从联系来看，管理与服务两者密不可分。首先，服务是管理的一种表现形式。从管理学意义上讲，管理本身就包含平等关系下的管理和不平等关系下的管理(即管制)两个方面。通常讲的服务是平等关系下的管理。平等关系下的管理即基于平等民事关系(通常是经济交易关系)管理模式，这种管理模式从理论意义上讲只可能产生于市场经济条件下的物质产品或服务产品的交易活动中。其主要有三层含义：一是平等主体，二是等价交换，三是自由竞争。随着物业管理行业的市场化进程加速，人们对这种平等交易模式越来越期盼，以至大家急切盼望将"物业管理"改为"物业服务"就不足为奇了。但是在物业服务中有大量的活动是在不平等的管理方式下实现的，例如，个别业主不按物业用途使用物业，物业服务人员就要以全体业主委托的公共事务管理权实现者的身份，对其实施管制措施。此时双方虽然在法律上是平等的，方式上可以人性化一些，但双方在这一具体行为中的地位显然是不平等的，物业服务人员代表的是全体业主，而个别业主只代表自己，并且要服从包括自己在内的全体业主制定的管理规约的约束。其次，服务内容具体表现为管理活动，或者说服务是由管理活动来帮助实现的。如要满足业主对"环境优美"的服务需求，就需要对环境资源进行配置管理活动来实现。再次，两者都反映了管理风格。管理的两种模式在不同时代或不同情景条件下都可能成为最佳的选择，体现适应环境的管理风格的差异，是可组合可优化的关系，不是排斥关系。不平等关系下的管制实际上最早产生于落后社会形态的专制体制下的管理活动中，同时也存在于现代社会的各个领域，最主要体现在国家治理，特别是在行政管理等宏观活动中，而在机关、事业、企业单位的微观管理中也大量存在管理手段，如对不规范的行为、不符合要求的产品或服务实行纠正和惩处措施。反过来，上述组织在现代社会也在推广人性化的服务。当关系不调、运行无序、社会不和谐时，更需要管制或管理；当关系协调、运行有序、社会和谐时，则强调更多的是服务。因此，可以说"管理"中有"服务"，"服务"中有"管理"，服务提高管理的效果，管理保障服务的稳定提供和服务的质量。

但是，当物业管理的从业人员缺乏服务意识，以管制作为一种重要管理手段时，强调服务意识，提倡"物业服务"有利于提高物业管理从业人员的服务意识，是改善物业管理行业形象的一种举措。有鉴于此，从物业管理的微观层面而言，专业的物业管理主要是从服务交易角度来理解，物业管理不应是居高临下地"管制"业主，而是受业主委托，以平等的民事主体的身份管理业主委托的物业公共事务。当然对发生在物业管理区域内不符合约定的违法违规行为，也要依法或依合同行使适当的管制手段。从企业内部经营管理角度，物业服务企业也要加强自身的内部管理，通过服务专业化，提高为业主服务的意识和服务质量，尽量满足业主多样化的需求，从而实现物业服务的目标要求。

由于物业管理项目和内容之广，因此，必须严格区分抽象意义上的无边界的物业管理和具体服务业务或服务产品意义上有明确界限的物业服务。在物业服务过程中，一方面服务项目与范围必须有约定，服务等级、服务标准、收费标准要一一对应，界限清晰，不可任意扩大；另一方面物业服务的质量必须有保证，不能"偷工减料"。

作为物业管理活动主体之一的物业管理企业，《物权法》将其称为物业服务企业，其意思是明确的，也就是把它作为提供物业服务产品的供应商。其实，把提供服务产品的企业视为供应商，在 ISO9000 文件中已经提出，在物业服务招标投标的实践中也在应用。《物权法》只不过以法律形式，从建立社会主义市场经济体系的角度出发，给予其在物业管理活动中的角色定位，以利于物业服务行业的自身发展。

复习思考题

1. 试解释物业、不动产、房地产这三个概念的异同？
2. 为何认为现代物业管理是从美国开创的？
3. 如何从管理范畴和管理结构两个方面理解物业管理？
4. 经济学与管理学对物业管理的理解有何差别？
5. 如何解释物业管理的本质？
6. 物业管理与物业服务是否相同？

第二章 物业管理的基本理论

现代建筑物区分所有权不仅是现代民事法律制度的一项基本的不动产所有权形式，而且构筑了现代物业管理的理论体系。作为一项重要的民事法律制度，建筑物区分所有权已经为包括德国、法国、奥地利、日本、意大利、美国、英国、新加坡、葡萄牙、西班牙、乌拉圭、比利时、荷兰、墨西哥、瑞士、巴拿马、洪都拉斯、秘鲁、加拿大魁北克、波兰、巴西、希腊、罗马尼亚及我国台湾、香港、澳门地区在内的世界众多的发达国家和地区民事立法所普遍确立，成为英美法系与大陆法系的一项重要制度。《中华人民共和国物权法》通过立法的形式把土地所有权、建筑物区分所有权、相邻关系确立为我国不动产所有权的三种法律制度。

现代建筑物区分所有权这项法律制度是现代经济高度发展和工业化过程导致城市化的产物，在促成人类最大限度地利用极为有限的土地资源，解决人类自身的居住、生活、经营等问题上显示出了重大功能，并且已经成为现代物业管理的法律基础。因此，深入学习和研究现代建筑物区分所有权制度，用现代建筑物区分所有权理论指导物业管理实践工作，对依法处理在物业管理工作中所遇到的各种实际矛盾和问题都具有十分重要的意义。

第一节 物权法与建筑物区分所有权

一、物权的概念及主要特征

物权，指的就是由法律确认的民事主体对物依法所享有的支配权利，即权利人在法定的范围内直接支配一定的物并排斥他人干涉的权利。所谓直接支配，是指权利人无须借助他人的行为，就能够行使自己的权利，即权利人可以依据自己的意志依法占有、使用、收益、处分其物，或采取其他的支配方式行使对其物的权利。所谓排斥他人干涉，是指物权具有排他性，即任何人都不得侵害或妨害权利人对其物的支配权利，即排除他人对其物的非法占有、非法使用、非法收益、非法处分。

作为一个法律范畴，物权这项权利从一开始就与债权作为相对的范畴存在，是绝对的、对世的、静止的。在民法的体系里，规范财产归属关系和保障财产归属秩序的，是物权法；规范财产流转关系和保障财产流转秩序的，是债权法。物权法确认的为"静的安全"，债权法所维护的是交易秩序里"动的安全"。依赖物权法巩固财产归属、定纷止争，基于信赖的商品交换方能成为现实。

物权是财产归属秩序的法律表现形式，物权的基本内容是支配和排他，其中的支配是物权的本质，也是物权与另一种重要财产权——债权的本质区分。物权的本质是不必请求他人，权利的实现完全依靠权利人自己的意思；而债权作为请求权，本质就在于请求，故债权的实现有赖于相对人的意思。因此，由于本质的不同，物权和债权形成了一系列各不相同的制度。

物权是在法律规定范围内，对特定物的直接管理和支配、享有利益并排除他人干涉的权利。物权具有以下主要特征：

(1)物权为直接支配物的权利，各种物权均以直接支配物作为其基本内容。此处"直接"的意思，即权利人实现其权利不借助于他人，不必有他人的意思或者行为的介入。此处的支配，就是占有、使用、收益和处分这些权能的总和。物权的这一特征，是其与作为请求权的债权的区分标准。

(2)物权权利主体是特定人，而义务主体则是权利主体以外的不特定的任何人。因此，物权也称为对世权或绝对权。物权为绝对权的意思，是指物权作为不借助于他人的支配权的性质，意味着物权人完全可以按照自己的意愿行使权利，除遵守法律之外，物权人行使权利完全基于自己的意愿直接行使。物权作为对世权的意思，是指其他一切人均应该尊重物权人行使其权利的意愿，物权人根据其权利可以排斥任何第二人的干涉。

(3)物权的客体是物，物权就是权利人对于物的权利，而不是行为、智力成果或人身利益，它独立于人身之外，可为人力支配，能够满足人的物质或精神需要。人力不能支配、控制的物，如日月星辰，不能进入民法的财产范畴的，则不能称为民法物权的物。因此，在物权法中规定任何人不得对无法控制的物主张民法权利。此外，对于没有必要控制的物，如空气之类，对其主张民法上的权利没有意义，不能成为物权的标的。鉴于科学技术的发展及高层建筑和地下建筑的出现，特定空间可以成为物权客体，因此，空间被视为物。由于电气的广泛运用，处于人力控制之下的电气也被视为物。

(4)物权的标的为特定物。仅以数量和种类约定的物，只可以成为债权的标的，而不能成为物权的标的。在法律有明确规定的情形下，权利也可以成为物权的标的。

(5)物权的内容是对物的直接支配和管理，只要符合法律的规定，不需要他人积极行为的协助，就可以直接实现支配和管理的目的，且权利义务内容的主旨在于排除他人的干涉。

(6)物权为享受物的利益的权利，即权利人是从物本身获得利益。这一利益可以分为两类，即获得实际利用的利益与获得价值取得的利益。

(7)物权的效力具有排他性、优先性和追及性。排他性是指在同一客体上不能同时设立两个完全相同的物权，且物权的行使是排他的，除权利主体以外的任何人都不得侵犯或妨碍权利人行使权利。优先性是指在同一物上有数种权利同时存在时，物权具有较其他权利优先行使的效力。物权的优先效力，包含物权相互间的优先效力和物权与债权之间优先效力两个方面。物权相互间的优先效力按物权形成方式以及时间的先后顺序确定。物权与债权之间的优先效力以成立于债权标的物上的物权优先于债权确定。债权原则上不具有优先的效力，在同一物之上可以设立多个债权，各个债权在受清偿时应当适用"债权人平等"的原则，即债权人平等地接受清偿，就是在债务人破产时，应就债务人的财产总额，在数个债权人之间按照各个债权数额的比例进行清偿分配。而物权则不适用债权这种平等清偿原则。物权的效力优于债权，某一债务人在宣告破产前，对属于债务人所有的财产有抵押和留置权等担保物权的，可就其财产先于破产债权人受偿，即所谓别除权，也称为优先受偿权。追及权是指物权的标的物不论转移到任何人手中，物权的权利人均可向实际占有人主张。

二、物权制度与物权法的作用

物权法是民法的重要组成部分。物权法通过调整各类社会物质财富的归属和利用关系，直接影响社会生产的过程和社会经济的结构。人类要进行物质资料的生产，首先必须完成人与生产资料的结合。这种结合具体体现为人对物的支配关系，在法律上就表现为物权制度。

民法是始于市场、终于市场的法律。市场概念的核心是"交换"。为了保障市场的存在和运作，民法必须明确两个要素：第一，物的支配；第二，物的交换。前者的法律表述构成物权；后者的法律形态就是债权。物权在顺序上略为优先，因为交换双方尊重对方的财产权利是交换得以进行的首要条件。

物权法是规范财产所属关系的法律，而所有权则是由物权法所确认的对物进行全面支配的典型物权。物权法不仅是确认和保护所有权关系的法律，而且是规范市场经济的基本法律规则。对交易物品享有合法的物权是任何市场交易的前提基础，市场交易的结果实际上就是交易物品的物权发生移转。只有依据物权法确认交易物品的物权，才能建立物品交易。只有对物有支配权才能行使对物的占有、使用、收益或处分，才能进行物的交易、出让、赠与、继承、出租、签订合同等流转活动。因此，从物的支配权的意义上看，《中华人民共和国物权法》（以下简称《物权法》）的法律效力、地位和等级仅次于《中华人民共和国宪法》和《中华人民共和国民法通则》，而高于《中华人民共和国合同法》、《中华人民共和国消费者权益保护法》等其他的国家法律、法规。由于物权法中确立了建筑物区分所有权作为我国不动产所有权的法律制度，构筑了物业管理的理论体系，因此，物权法所确立的建筑物区分所有权法律制度必然成为我国物业管理最高等级的法律规范。

三、物权法与所有权

在我国民法理论上，物权通常被分为所有权和他物权两大类。所有权是指以财产所有人依法对物占有、使用、收益、处分的完整权能为内容的权利。所有权是物权中最完整、最充分的权利。所有权是财产所有人对特定财产的权利，是所有制的法律表现。我国民法的所有权制度作为社会主义公有制的最直接体现，当然也是我国物权制度的核心。

所有权，是指在法律规定的范围内自由支配标的物，并排除他人干涉的权利。所有权是对物进行全面支配的典型物权。这体现在所有权人有权概括地对物进行支配，包括占有、使用、收益或处分，并排除他人的干涉。而其他物权如用益物权和担保物权，仅能在某方面或一定范围内对物进行支配。

所有权受法律的限制，所有权不是毫无限制的、绝对的权利，它的行使不得超越法律许可的范围。法律的限制又分为私法的限制和公法的限制。私法的限制又可分为两种，其一为权利行使的限制，其二为相邻关系的限制。权利行使的限制包括权利滥用的禁止、诚实信用原则、私力救济和其他权利的限制。所有权的滥用，是指所有权的行使以损害他人为目的。禁止权利滥用是我国民法的基本原则之一。所有权滥用在物业管理实际运作中是经常可以见到的，嫉妒建筑就是一个最显著的例子，最常见的嫉妒建筑是故意建筑高墙，以阻挡他人的通风、采光或眺望。诚实信用原则也是我国民法的基本原则，不仅适用于合同的订立、履行和解释，也是所有权行使所应当遵循的原则。私力救济，包括自助行为、正当防卫和紧急避险，也是对所有权行使的限制。物上设有其他物权如基地使用权或抵押权时，所有权的使用、收益权能或处分权能就受到该物权的限制。公法对所有权的限制，是以保护社会公益为目的，一般以国家法律和行政法规的形式出现，如土地管理法、城市规划法、水法、环境保护法、矿产资源法、森林法、草原法、渔业法等。

　　所有权是民法物权法所直接确认的一项民事权利，其他法律部门，如行政法、刑法、经济法对所有权的保护和限制都是以民法物权法的规定为依据的，民法物权法集中而概括地调整财产所有关系，是关于所有权的归属、产生、变更和消灭的一般性规定，具有普遍的适用性。所有权关系具有民事法律关系的一般特征，即平等性。具体表现在不同所有权人的法律地位平等；不同所有权人之间的经济往来贯彻自愿、等价的原则；在所有权受到侵害时，法律上以平等的责任形式(停止侵害、返还财产、恢复原状、赔偿损失等)予以保护。

　　所有权的权能包括积极权能和消极权能。占有、使用、收益和处分，属于所有权的积极权能。所谓占有，指对物的实际支配或持有。所谓使用，指依物的常用方法，不毁损该物或变更其性质，以供生活上需要而对物进行的利用，如居住房屋、驾驶汽车等。所谓收益，指收取所有物的天然孳息及法定孳息。天然孳息如种植树木收获果实、饲养鸡鸭收取禽蛋等；法定孳息如贷出金钱收取利息、出租房屋收取租金、设立广告牌收取广告费等。所谓处分，广义上包括事实处分和法律处分。事实处分指有形的变更或毁损物的本体，如食用稻米、燃烧麦秸等；法律处分包括买卖行为、赠与行为和所有权的抛弃及设定其他物权等。

　　排除他人干涉，为所有权的消极权能。此权能可以针对任何人主张，其排除方法除依关于侵权行为的规定请求损害赔偿外，主要是物权的请求权。所谓干涉，指对所有权的不正当的侵夺、妨害或干扰。

四、物权的不动产所有权与土地所有权

　　众所周知，所有权包含了不动产所有权和动产所有权两类。对于不动产与动产的概念已经有不少解释。民法关于不动产与动产的分类方法，是先决定不动产，然后把不动产之外的物均属于动产。一般认为不动产是指土地以及地上定着物。定着物是指尚未与土地分离的地上物，主要是指建筑物，从建筑学的角度来看，建筑物又可分为房屋和构筑物，构筑物一般是指道路、桥梁、地下隧道、人造广场等，另外，植物与土地分离之前仍属于不动产。不动产的特点在于，在不动产中土地是核心，而土地又是其他自然资

源的载体，与其他自然资源共同构成人类赖以生存的基础。

在民法中，首先强调的是权利本位，那么不动产权利的本质、内在结构和存在形式又是什么呢？权利实际上是法律赋予民事主体为保障其利益而实现其自由意志的资格。因此，不动产权利就是法律赋予民事主体为保障其在不动产上的利益而实现其自由意志的资格。不动产权利的主体既可以是国家、集体，也可以是自然人、法人或其他组织，但必须是特定的。根据《中华人民共和国宪法》第九条和第十条的规定，国家拥有我国整个包括土地在内的自然资源的所有权，而其他主体享有的只是利用权。因此，国家是我国不动产最强大的权利主体。在除国家以外的其他主体享有的不动产权利中的自由意志是受限制的，《中华人民共和国宪法》第十条第4款规定："一切使用土地的组织或个人必须合理地利用土地。"其中所谓"合理利用"应该解释为基于可持续发展的要求而合法地使用土地。

《物权法》在借鉴德国、瑞士和我国台湾地区民法的立法体例的基础上，与国际惯例接轨，建立了我国新的物权制度，而这个崭新的物权制度将不动产所有权构筑为由土地所有权、建筑物区分所有权以及不动产相邻关系产生的相邻权三者所构成的物权形态。

土地所有权是指土地所有者对其所有的土地依法享有的占有、使用、收益和处分的权利。我国的土地所有权则是指国家或集体经济组织对其所有的国有土地或集体土地依法享有的占有、使用、收益和处分的权利。土地所有权制度是我国现代一切土地制度中的根本性制度。

物权法是以人对物的支配关系为规范内容的法律体系。尽管可纳入物权法规范的物权种类很多，但以房产、地产和物业建筑物为核心的不动产却始终是物权法调整的主要对象。不动产法是物权法的主体部分。对于不动产法律的规范只能以物权法为依据，不能与之相冲突，更不能替代物权法。物权法的核心是不动产物权，而不动产的核心又是土地。依据传统民法理论，土地所有权应该是最完整的物权，是其他物权建立的基础，自然是典型的私权。但是，根据《中华人民共和国宪法》第十条的规定，我国的土地属于国家所有或者集体所有，土地所有权不得转让，只有土地使用权才能依法转让。《中华人民共和国民法通则》第七十三条和第七十四条对此也作了相应规定。国家土地所有权的主体具有唯一性，故不存在交易的可能。集体土地所有权的主体虽然为数众多，但依宪法规定除国家征收外也不得转移。

五、房屋所有权与建筑物区分所有权

通常所说的房屋所有权是指房屋所有人对房屋所享有的占有、使用、收益和处分的权利。在我国，基于宪法和民法通则对土地所有权的限制，长期以来对土地所有权的财产属性得不到承认，因此，对于不动产所有权，人们最关心、最重视的只能是房屋所有权，而且在土地所有权与房屋所有权分离的情况下，作为房屋所有权人也必然更关心属于自己所有的房屋所有权。

房屋所有权是一种典型的物权，它具有所有权的完整权能。自古以来房屋所有权就最大限度地体现了物权的绝对性和排他性。在现代社会，虽然土地所有权的绝对性和排他性受到了很大的限制，但房屋所有权因其与居住权、生存权相关联，受到了宪法的保护，其法律地位非但未受贬损，反而有所提升，在一定程度上已突破了财产权的意义。

房屋所有权是一种要式物权。一般动产物权的取得、转移和存续虽然要以法律允许的方式实现，但其具体形式是多种多样的和可以选择的。而房屋所有权作为典型的不动产，其取得、转移和存续，均须严格遵守法定的方式，以特定形式确定和证明其存在。与大多数国家一样，《中华人民共和国城市房地产管理法》明确规定国家实行土地所有权和房屋所有权登记发证制度，根据现行法律规定，除继承之外，新建的房屋所有权的取得必须依房产管理部门核发的房屋所有权证书确认，其他房屋所有权的取得、转移、抵押及房屋的出租，均以政府有关部门的登记为成立要件，以领取或变更房屋所有权证书为表现形式。除非有法院认定的相反证据，否则，政府房产管理部门核发的房屋所有权证就是房屋所有权的唯一合法证明。2014年中华人民共和国国务院令第656号公布了《不动产登记暂行条例》，规定了房屋等建筑物、构筑物的所有权，从2015年3月1日起，当事人要向不动产登记机构申请不动产登记。不动产登记机构完成登记，应当依法向申请人核发不动产权属证书或者登记证明。

与房屋所有权对应的另一个常用的法律概念就是房屋使用权。所谓房屋使用权，是指使用人对房屋依法占有和利用的权利。当房屋由房屋所有人自己使用时，房屋使用权作为所有权的占有、使用、收益、处分这四项权能之一而存在；当房屋由非所有权人使用时，房屋使用权因租赁、拨用、借用等原因而与所有权分离，成为一项独立的权利。因此，在物业管理实践中，对业主、住户的法律地位要分别对待，住户只能是非业主的使用人，不能混为一谈，更不能以使用人取代业主的法律地位。

房屋所有权的概念是从我国传统的农家独门独院的房屋建筑物所有权产生的，随着现代化建筑向高空立体化发展，随着我国城镇住房制度的改革，更多的个人拥有了房屋所有权，但是昂贵的建筑物造价使某一个人不可能拥有整栋建筑物，而是由许多人分别购买或租赁建筑物其中的某些单元，这个单元通常被人们俗称为"某一套房"。从而产生了许多个所有权人共同拥有一个建筑物的所有权的情况，这种拥有与物权的共同所有并不完全相同，而是由这些所有权人分别拥有建筑物中的某一部分，即将一栋建筑物区别划分为某些单元，使这些所有权人分别拥有这些被区分的单元，一栋建筑物就由传统单一所有变为由多个所有人分别区分拥有对整栋建筑物的特定专有部分所有权。这就使传统的房屋所有权的概念受到了挑战，由此就产生了一种突破传统房屋所有权概念的新型不动产物权——建筑物区分所有权。在此，建筑物区分所有权也就自然地取代了房屋所有权的概念。

目前尚未建立完整的物权体系，就建筑物区分所有权法律制度制定单行法规的条件还不成熟，因此，《物权法》在不动产所有权方面的一个最重要的改变是，将建筑物区分所有权与土地所有权并列，分别规定。因此，物权法就确立了建筑物区分所有权作为我国不动产所有权的一项重要的法律制度。

深入学习和研究现代建筑物区分所有权制度，用现代建筑物区分所有权考察分析我国物业管理的现状、面临的问题，完善现行的物业管理法规，解决物业管理立法滞后、立法档次不高、法规政策不够严密、法规不配套等一系列问题，用现代建筑物区分所有权理论指导物业管理实践工作，依法处理在物业管理工作中所遇到的各种实际矛盾和问题都具有十分重要的意义。

第二节　建筑物区分所有权理论

作为物业的所有权人，其所有权既包含着对于建筑物独立使用用途部分的所有，也包含着对建筑物的全体所有权人共同拥有的共享部分的共同所有，同时也包含着因共同关系而形成的管理团体的成员权。在这种特殊的所有权中，标的物是建筑物，但该建筑物各个独立部分效能的发挥，离不开楼梯、供水、供电、供气、电梯、中央空调等设施设备共用部分的共同使用，即该建筑物中各个具有独立使用用途和功能的部分，虽然可以成立所有权，但该所有权的行使，是要以整个建筑物共享部分的用益权为前提，否则不能成为完全独立的所有权。这种单独所有与共有以及共同关系成员权的结合，便构成了现代民法中逐步发展起来的一种新所有权类型——建筑物区分所有权。

一、区分所有权建筑物管理制度

（一）区分所有权建筑物管理制度的产生与发展

建筑物区分所有权是工业革命和城市化的产物。在原始社会，由于生产力水平低下，人们只能居住在巢洞，故不可能形成建筑物区分所有权的观念。通常认为，建筑物区分所有权观念的萌芽，开始于人类文明之始的奴隶社会。在奴隶社会，由于生产和交换的发展，人口大量集聚于城市，城市得以形成。为满足城市人口居住和经营的需要，公元前两千年的古巴比伦王国，产生了类似于现代区分所有权建筑物的建筑物形态，标志着建筑物区分所有权的正式出现。在罗马法中，由于贯彻了"一物一权"主义的原则，尤其是确认了所谓"建筑物所有权属于建筑物所附着之土地所有人"或"地上物属土地所有人"的原则，所以并不存在建筑物的区分所有权问题。其后的日耳曼法，曾经形成所谓的"阶层所有权"，在某种程度上承认了建筑物区分所有权，但并不完整。自 19 世纪上半叶开始，英国、法国、德国、意大利、瑞士等国先后进行了工业革命，加速了城市和工业中心的发展。随着建筑材料和建筑技术的发展，高层建筑拔地而起，多个业主或承租人共同使用同一楼宇的现象出现，与此相关的楼宇管理问题日显突出，要求建立建筑物区分所有权法律制度的呼声高涨。1804 年，《法国民法典》第 644 条的规定开创了近代民法建立建筑物区分所有权制度的先河。此后，意大利、葡萄牙、西班牙、瑞士以及当时的中国国民政府的民法典等先后建立了建筑物区分所有权法律制度；进入 20 世纪，两次世界大战堪称人类浩劫，原有建筑物遭到极大破坏。同时，由于人口激增，并纷纷涌向城市，致使住宅问题更趋严峻。但与此同时，科学技术的进步客观上又为建筑物向更高的立体化方向发展提供了基本条件。为了解决日益复杂的建筑物区分所有权法律关系，各国或重新检讨已有的法律制度，或积极创设新的理论体系，促进了建筑物区分所有权制度的发展。

在我国，随着住房制度改革，越来越多的城镇居民拥有了自己的房屋，而且大量集中在住宅小区内，业主的建筑物区分所有权已经成为私人不动产物权中的重要权利。

2007 年 10 月 1 日起施行的《物权法》，对物业管理行业的最重要影响肯定了建筑物区分所有权存在的价值，明晰产权关系，从法律上明确保护私人财产，为物业管理服务活动提供了法律保障。物权法从维护业主的合法权益出发，明确规定业主对建筑物内的住宅、经营性用房等专有部分享有所有权，对专有部分以外的共有部分如电梯等共享设施和绿地等共享场所享有共有和共同管理的权利；还对小区内的车库、车位的归属，业主委员会的职能，业主和物业服务机构的关系等作了规定。这些规定明晰了产权关系，为规范物业服务市场提供了依据。

（二）建筑物区分所有权的含义

随着住宅商品化，建筑物向多层、高层化发展，一栋建筑物通常为众多住户所有，这种现象就是建筑物区分所有。对于建筑物区分所有权的概念，历来也有诸多争议。主要有一元论、二元论和三元论说。一元论说依专有和共有的不同，将区分所有权分为专有权说和共有权说。专有权说认为建筑物区分所有权是指区分所有权人对建筑物的专有部分享有所有权，而共有权说则认为建筑物区分所有权是区分所有人对建筑物的一种共有。二元论说则综合一元论的两种观点，认为区分所有权是共有权和专有权的集合。而三元论说在二元论说的基础之上又增添了一个非常重要的因素，就是因共同管理所产生的成员权。三元论的学说比较全面地反映了建筑物区分所有权的概念。我国《物权法》采用了三元说，该法第七十条规定："业主对建筑物内的住宅、经营性用房等专有部分享有所有权，对专有部分以外的共有部分享有共有和共同管理的权利"。因此，建筑物区分所有权是指两个或两个以上的区分所有权人共同拥有一栋建筑物时，各区分所有权人对建筑物所享有的复合权利，是拥有同一高层建筑物的多个所有人对其在构造上和使用上具有独立性的建筑物部分所享有的专有所有权，对供全体或部分所有人共同使用的建筑物部分所享有的共有权，以及因共同管理建筑物的维护和修缮等共同事务而产生的共同管理权的总称。

建筑物区分所有权包括下列三种权利。

1. 专有所有权

每一独立单元的所有人就该独立单元享有单独的所有权（亦称为专有部分的所有权）。

专有所有权是指区分所有权人对专有部分予以自由占用、使用、收益及处分的权利，为建筑物区分所有权结构中的单独所有权要素。专有所有权的性质实际上可以认为是一种空间所有权，是指区分所有权人对独自专门使用的建筑空间所拥有的所有权。但是，由于区分为各单元的房屋，仍然构成一个整体，而且一个单元房及其使用都离不开整个房屋共享设施的支撑，因此建筑物的区分有相对性，由此形成的独特的对独立的单元享有专有部分所有权与对共享部分享有共同所有权相结合的一种房屋所有权形式就是建筑物区分所有权。

建筑物区分所有权人的专有所有权的客体就是其专有权人的权利义务指向的对象，即区分所有建筑物的专有部分。专有部分的范围也就是指专有部分相互之间或与共享部分相互之间的分割界限究竟在哪里？如何确定境界部分相接点，这是建筑物区分所有权法律制度的核心问题，也是物业管理的核心问题。直接影响到各区分所有权人所能自由使用、装修、改良房屋建筑物的权利，决定着物业管理服务的性质、内容、方式、权利、义务、责任、费用的承担等诸多物业管理的具体问题，在一定程度上间接影响到维持建筑物整体的安全。

针对专有部分的范围在法学的争论中形成了四种学说，这就是中心说、空间说、最后粉刷表层说、壁心和最后粉刷表层折中说。

1) 中心说

中心说认为区分所有建筑物专有部分的范围达到墙壁、柱、地板、天花板等境界部分厚度的中心。这种学说的优点是便于在物业房产交易中测量计算建筑面积，并且中心说赋予各区分所有权人充分自由使用分隔境界的权利。业主作为建筑物区分所有权人具有专有部分所有权。按照中心说的观点，既然业主具有专有部分所有权，业主就可以对其所拥有的专有部分进行使用、处分，而拆除作为使用、处分的一种方式，业主可以对其所拥有的专有部分进行拆除，这是一件很自然的事情。专有部分范围如果以壁心来确定，业主自然可以对没有超过壁心部分范围的楼板、墙体进行自由拆除。但如果个别业主有这样的拆除行为，可能会导致建筑物的安全受到影响。而且，如果每一个业主都将自己所属的专有部分从壁心拆除，那么，不仅会严重危害建筑物的安全，同时可能导致建筑物整体就不复存在了。因此，中心说以壁心确认专有部分范围的观点有悖于现实生活。

2) 空间说

空间说从专有部分是由建筑材料所围限的空间这一观念出发，认为专有部分的范围仅限于四墙壁（共同墙壁）、地板、天花板所围成的空间部分，而边界线点上的分隔部分，如墙壁、地板、天花板等则是全体或部分区分所有权人的共享部分。

空间说的优点在于能够反映出建筑物区分所有权的专有权客体所具有的空间性特征。空间说的缺点也有悖于社会实情，使区分所有权人感到生活上的不便。因为按照空间说的观点，境界部分的墙壁、地板、天花板等都是共享部分，那么如果区分所有权人要粉刷墙壁，或在墙壁上钉钉子，或在地板上铺地砖，就必须事先征求其他区分所有权人的同意，否则就违法侵权。显然这种做法也是不符合社会实情的。

3) 最后粉刷表层说

为了修正空间说，一些人就提出墙壁、柱、梁、地板等部分表层所粉刷的部分作为专有部分的范围，而墙壁、柱、梁、地板等境界部分的本体则属于共享部分。最后粉刷表层说的优点在于修正了空间说不可以在自己专有部分自由装潢的缺陷，赋予了区分所有权人可以自由在自己专有部分装潢的权利，同时也有利于对整栋建筑物的管理和维修。最后粉刷表层说的缺点在于忽视了现实区分所有建筑物按壁心为界限的物业房产交易习惯。目前，房屋出售中所定的实际使用面积就是以最后粉刷表层说作为依据的。

4) 壁心和最后粉刷表层说

壁心和最后粉刷表层说将上述三种学说折中在一起，认为专有部分的范围应分别从内部关系到外部关系两个方面来考虑。对于区分所有权人相互之间有关建筑物的维持、管理等内部关系上，专有部分的范围包含至壁、柱、梁、地板、天花板等境界部分的最后粉刷表层部分；在对于外部关系上如对第三者的买卖、保险、税金等，专有部分的范围则应包含至壁、柱、梁、地板、天花板等境界部分厚度的中心线。壁心和最后粉刷表层说的优点在于避免了上述三种学说的缺陷，一方面赋予了区分所有权人可以自由使用、装潢分界部分表面的合法权利，另一方面又顾及了建筑物整体的维持和管理，同时也顾及了人们通常以壁心为界限交易的现实社会生活习惯。

中心说、空间说、最后粉刷表层说以及壁心与最后粉刷表层说这四种学说都只是从建筑物的建筑结构方面对专有部分范围的划定。事实上在建筑物中除了建筑结构方面需要界定专有部分以外，建筑物中还有各种各样的管道、线路、尤其现代建筑中存在着供电、供水、采暖、液化气、电话、中央空调、闭路电视、对讲机、消防报警系统、互联网网络等，这些供现代化建筑正常使用的智能化设施、设备，必然要从区分所有权人的专有部分的空间穿越，这些设施、设备有的是供业主独立使用的专有部分，有些是供部分或全体业主共同使用的共用部分，因此有必要对这些设施、设备的范围准确地界定。通常是将计量表前的第一个阀门(或开关)以及通向业主独立使用的专有部分的空间并供业主独立使用的管线直接界定为业主独立使用的专有部分。专有部分以外的，应属于全体业主或两个及以上业主共同所有、共同使用的场所、空间、设施、设备。

2. 共有所有权

共有部分的范围采取排除法确定，即规定区分所有建筑物除专有部分之外的其他部分为共有部分。对于建筑物及其附属物的共有部分，除当事人另有约定外，由业主按其专有部分占整个建筑物的比例享有不可分割的共有所有权。

共有部分还可以分为法定共有部分和约定共有部分；按份共有部分和共同共有部分。只要构造上没有独立性，就属于法定共有部分，通常包含基地、外墙壁、共享墙壁、地板、屋顶、电梯、楼梯、通道、走廊、出入口、梁、柱、煤气管、水电系统、电话线、冷暖气系统、庭院绿地、空地、围墙、游泳池、停车场、运动场等。法定共有部分按照用途不同可分三类：一是建筑物的基本构造部分，如楼房的外墙、地板、楼顶、楼层通道、楼梯、支柱；二是建筑物的附属设施，如电梯、中央空调或暖气设施、水电管道系统、地下停车场；三是建筑用地，如基地、绿地、庭院及围墙等。约定共有部分本来具有结构上和使用上的独立性，只是根据区分所有权人之间的自愿约定将其变为共有部分。当然，这种约定不得损害其他区分所有权人的利益。因此，对建筑物内的各部分是否属于共有部分要依具体情况从使用性上区别对待、具体分析。

按照《物权法》第九十三条，共有包括按份共有和共同共有。按份共有是指数人按其应有部分，对于一物共同享有所有权。按份共有作为"共有"的一种形态，各共有人分别按其应有部分，对于共有物的全部有占有、使用、收益、处分权。按份共有的共有人对共有物有明显的应有部分。在一个住宅小区如有多栋楼房，则每一栋楼房的共享部分和共享设施设备只归该栋楼房的业主共有，而每个业主所共有的份额是其专有部分的面积占整栋楼房的建筑面积的比例，所以又称为共有持份权。同样的道理，该栋楼房的楼梯、电梯损坏，也只能由该栋楼房的业主负责分摊维修费用，与其他楼房的业主毫无关系。共同共有是指各共同所有物的全部所有权属于共有人全体，而非按应有部分享有所有权。各共有人对于共有物不仅有占有、使用、收益权，而且也有管理、处分权。如住宅小区的小区道路、绿化地等。

3. 成员权

当整栋建筑物或整个小区的全体所有人成立管理组织以便有效管理相关事务时，各个所有人即享有成员权，包括对重要管理事项的表决权、参与订立规约的权利、选举管理者的权利、解除管理者的权利和请求停止违反共同利益行为的权利等。

建筑物区分所有权人的成员权也称为构成员权，是指建筑物区分所有权人基于在一栋建筑内的构成、权利归属及使用上的不可分离的共同关系而产生的，作为建筑物的团体组织中的一个成员而享有的权利与承担的义务。实质上，建筑物区分所有权的共同共有，是因各区分所有权人所拥有物业建筑在结构上联系在一起，而形成的一种权利义务关系，在一定程度上是以拥有的共同的部分为支撑点的。但这种共同关系所包含的权利义务，远远超出一般财产共有中的权利义务，是经过提炼出的另一种权利，这就是成员权。成员权的概念具有以下四个法律特征：

(1)成员权是一项关于专有所有权与共有所有权之外的权利。成员权与专有所有权及共有所有权不同，主要是对其他区分所有权人共同事务所享有的权利和承担的义务，成员权不仅仅是单纯的财产关系，其中更主要的是管理关系。

(2)成员权是基于区分所有权人之间的共同关系而产生的权利，建筑物区分所有权的法律制度的成立是基于建筑物整体的，在建筑物之中，各区分所有权人的专有部分通过共同墙壁、地板、天花板等共同部分相互连接，其结构就如互相重叠的火柴盒一样，密不可分。每一个区分所有权人要实现使用专有部分的目的，就必须使用大堂、楼梯、电梯、走廊、基地等共享部分。同时要求每一个区分所有权人使用专有部分时，不得妨碍其他区分所有权人对其专有部分的使用；在使用共有部分时，不得违反管理规约或共有部分的本来用途和使用目的。这种在建筑物的构造及权利的归属和使用上的不可分割的相互关系，使各区分所有权人在事实上总有该栋建筑物的共同使用的建筑空间，自然就使各区分所有权人形成一个共同体关系。

(3)成员权是一种具有永续性的权利。由于建筑物区分所有权在管理团体法律制度的成立是基于建筑物整体的，那么，只要建筑物存在，区分所有现象存在，区分所有权人之间的团体关系就会存在，原则上就不能解散，更不能因个别区分所有权人的单独行为而解散。因此，基于共同关系而产生的成员权，也同样与共同关系共存始终，具有永续性。

(4)成员权是一种复合的权利。成员权的复合性体现在：一是成员权中既包含了权利，又包含了义务；二是成员权中既包含了实体权利和义务，又包含了程序法上的权利和义务。在管理团体中，各区分所有权人有权参加全体区分所有权人的集合并享有管理共同事务的表决权，有权参与制定管理规约，有权监督管理人及管理服务人的工作，对共有部分的收益有请求权等。各区分所有权人也有参加其区分所有权人集会，服从多数人通过的决议，遵守管理规约，服从管理人及管理服务人管理等义务。建筑物区分所有权人为了保障实体权利的圆满实现和正确行使，必然也要参与诉讼活动，从而自然就产生了程序法上的权利和义务。

(三)构成建筑物区分所有权的条件

基于物权标的物必须具有独立性原则,一栋建筑物之所以能被区分成为区分所有建筑物,应该具备以下条件:

1. 构造上的独立性

即被区分的部分在建筑构造上可以被区分,与建筑物其他部分完全隔离,具有明确的界限而且互不重叠,这也是成为所有权直接支配的充分条件。能否具有构造上的独立性,应该按照一般的社会观念确定。例如,我国传统的四合院内的一排房屋可以通过固定的墙壁间隔成为独立的一户,一栋楼房可以通过固定的楼板分隔成为一层,一栋住宅楼宇或大厦可以通过固定的楼板和固定的墙壁分隔成为一户独立的住宅单元或俗称的套房,这些都属于构造上所具有的独立性。对于商场内的商铺而言,商铺必须相隔成为固定的独立性商铺位,才能具备构造上的独立性。反之,对于住宅,若用屏风相隔成为各间,由于屏风的不固定,就不可能具有构造上的独立性。同样对于停车场,停车场的整体在构造上具有独立性,但以线条所划分的停车单位,却不具备构造上的独立性。因此,不具备构造上独立性,也就不具备物权"一物一权"的特性,自然不能成为所有权的客体。

2. 使用上的独立性

是指建筑物被区分后,每一个区分单位必须可以作为一个建筑物单独使用,与独立的建筑物相同,有完全的经济效用和功能,这是成为所有权直接支配的必要条件。使用上的独立性,主要区分标准在于该单位有无独立的使用空间,有无独立的出入门户,若该区分单位,必须利用相邻的区分单位的门户才能出入,那么该区分单位就不具备使用上的独立性。但若各区分单位都需要共享一楼梯或大门进出者,则并没有丧失使用上的独立性,仍然可以构成区分所有。

构造上的独立性和使用上的独立性,共同成为建筑物区分所有权成立的充分必要条件。在一栋建筑物上的不同部分虽然设立了多个所有权,但互相独立且没有重复,没有违反物权"一物一权"原理,仍然体现出物权的排他性原则。建筑物区分所有的各部分为独立的权利客体,各所有人对其所有部分享有所有权,但不能对全部建筑物行使权利,全部建筑物的权利行使必须通过业主大会及业主委员会这种管理团体组织共同行使。因此,建筑物区分所有的实质是财产分别所有,就整栋建筑物的权利性质而言,是数个独立的专有部分所有权以及共有部分共有权的集合。

(四)建筑物区分所有权的特征

建筑物区分所有权作为现代民法中一种重要的不动产所有权形式,具有以下区别于一般不动产所有权的特征:

(1)复合性。复合性指建筑物区分所有权由专有所有权、共有所有权和成员权构成。一般不动产所有仅指权利主体对不动产享有占有、使用、收益和处分的权利。

(2)主导性。在建筑物区分所有权所包含的三项内容中,专有所有权具有主导性,其主导性表现在区分所有权人只有取得专有所有权,才能取得共有所有权和成员权;区分所有权人专有所有权的大小,决定了共有所有权和成员权的大小。

（3）一体性。一体性即构成建筑物区分所有权的三要素的专有所有权、共有所有权及成员权必须结为一体，不可分离。在对专有部分进行处分时，其他部分同时处分，不可能对某一部分进行处分而保留其他部分。

（4）多重性。建筑物区分所有权因由专有所有权、共有所有权和成员权三个要素构成，因而区分所有权人的身份也具有多重性。对专有部分的所有权主体而言，区分所有权人为专有所有权人；对共有部分享有所有权而言，区分所有权人为共有所有权人；对区分所有建筑物的行使管理权而言，区分所有权人为成员权人。

（五）建筑物区分所有权的类型

建筑物区分所有权的类型一般包括以下三种：

（1）纵切型区分所有权。纵切型区分所有权指一栋建筑物以纵向垂直分割，垂直各段分属于不同区分所有权人。对于这种形态的区分所有建筑物，各区分所有权人的共同部分包括共有的墙壁、柱子。

（2）横切型区分所有权。横切型区分所有权指一栋建筑物以横向水平分割，水平各层分属于不同区分所有权人。对于这种形态的区分所有建筑物，各区分所有权人的共同部分包括共有壁、屋顶、楼梯和走廊等。

（3）混合型区分所有权。混合型区分所有权指一栋建筑物以上下横切、左右纵割分套。这种形态的区分所有建筑物，各区分所有权人的部分以分间墙、楼和地板等与他人所有部分分隔，在构造上形成独立性。二层以上区分所有权人的所有部分与基地不直接接触，而是通过走廊、楼梯或电梯与外界相通。

二、业主在建筑物区分所有权方面的权利与义务

1. 业主在专有所有权方面的权利与义务

（1）权利。在法律、法令和管理规约的限制范围内，自由行使对专有部分的占有、使用、收益和处分的权利，并排除他人(包括其他业主)的干涉。业主可直接占有、使用专有部分，以实现居住和营业等目的，可将其出租收取租金，也可设定抵押或转让等。

（2）义务。主要有按照专有部分的本来用途和使用目的使用；维护建筑物安全和美观；不得随意变更通过专有部分的水管、电线、电话线和煤气等维持建筑物正常使用的各种管线；独立出资修理其专有部分；维护环境卫生和安宁以及所在地的风俗习惯；业主之间相互容忍。业主为使用、修缮、改良其专有部分必须使用其他业主的专有部分或不属于自己所有的共有部分时，其他业主负有彼此间相互容忍的义务。

2. 业主在共有所有权方面的权利与义务

（1）权利。一是使用权，对业主共有部分的使用权不具备排他性，任何人不能阻止其他业主的合理使用；二是收益权，对于业主共有部分，在利用有剩余的情况下，可以出租，由全体业主共享收益；三是修缮改良权，各业主基于居住或其他用途的需要，可对共有部分作必要的修缮改良。

（2）义务。按共有部分的本来用途来使用该部分。所谓本来用途是指依据共有部分的种类、位置、构造、性质、功能和目的以及依据管理规约规定的共有部分的目的或用

途，正常、合理地使用共有部分。具体包括：一是分担共同费用。要使建筑物发挥正常作用，就必须对建筑物进行管理、修缮、维持和改良，这些就必然发生费用，这些费用当然要由全体或部分业主共同分担。二是维护和保存共有部分。三是不单独处分共有部分。

3. 业主在成员权方面的权利与义务

（1）权利。一是表决权。表决权是指业主参加建筑物管理团体的集会，对业主大会讨论的事项所享有的投票表决权。二是参与订立管理规约权。管理规约是指业主为了调整相互之间权利义务关系，通过业主大会制定的、对全体业主具有普遍约束力的书面形式的自治规则契约。三是选聘、解聘和监督管理人以及管理服务人的权利。业主作为管理团体的一个成员，有权选聘、解聘管理人以及管理服务人，有权对管理人以及管理服务人的管理行为进行监督。四是请求权。请求权主要包括以下四项，即请求召集业主大会的权利，请求正当管理共同关系的事务，请求收取共享部分应得的利益，请求停止违反共同利益的行为。

（2）义务。一是执行业主大会所做出的决议。业主大会所通过的决议，是管理团体的集体意志，对于全体业主都有约束力。二是遵守管理规约（即业主公约）。业主应当依照管理规约的规定行使权利，履行义务。三是接受、服从管理人以及管理服务人的管理。四是支付共同费用。共同费用实际上就是物业管理活动中的物业管理费用。

第三节　公共选择理论

一、公共选择的含义

公共选择理论主要研究社会中如何对公共商品需求作出选择，并作出集体决策的理论，是公共经济学的重要理论之一。

在主流经济学中，"公共"是指"社会"，并认为"社会"是个人之间的契约组织，"政府"就是"契约"的表达方式。"契约"是个人之间共同遵守的准则，相当于"看不见的手"或"万有引力"，是在不知不觉中被共同遵守的准则。但"政府"却是"看得见的手"，是个人之间协商的产物。在公共经济学中就是"协商"公共商品的需求问题。公共选择是在西方政治制度的条件下公共需求的形成过程。根据洛克理论，政府是个人意愿一致的产物，因此，个人意愿一致的公共需求同样符合资源配置的效率理论。在政治制度中，个人意愿是通过"投票"方式表达的。按照效率的要求应该是全体一致通过，事实上全体一致通过的情况是很难出现的，因此在政治制度安排中通常采取少数服从多数的原则，即多数人的意见就成为公共选择。

二、公共选择的基本单位

既然"公共"就是"社会"，那么"社会"的基本单位应该是什么？本质上说，"社会"的宏观概念是"国家"，微观基础是"社区"。所谓社区，是指具有相同风俗、习惯以及相同价值、道德的群体。这里的风俗、习惯、价值、道德就是"社会准则"，或者说就是"社会关系"。这种"社会关系"是客观存在的，无论私人需求还是公共需求都是"社会关系"的表达方式。显然，"政府"应该是这种"社会关系"的反映，因为"政府"和"社会"是表达和被表达的关系，"社会"应该有自身存在的基础和发展规律，而"政府"应该与此相适应。

三、公共产品和混合商品

1. 公共产品

公共产品是指该产品消费收益不可能私人化的产品。反过来说，消费收益全部私人化的产品就是私人产品。私人产品是排他的，即消费者甲消费了某产品，消费者乙就不可能再消费该产品，例如，食品、衣服、家庭住房等通常作为纯私人产品看待。而公共产品是非排他的，即消费者甲消费了某商品，但并不影响消费者乙不同时消费该商品。主流经济学通常把"国家安全"作为纯公共产品看待。国内居民人人都能同时享受国防提供的安全劳务。此外的例子还有道路、海上灯塔等。

因为私人产品是排他的，所以消费者必须采取出价竞争的方式才能获得，这是市场经济有效率的必要条件。而公共产品是非排他的，因此出价竞争方式无效。从商品生产上来看，效率市场要求产权明确，这就是说生产产品的成本全部由生产者负担。同样，生产产品的收益也全部由生产者获得。由于公共产品采取市场经济出价竞争的方法无效，生产者不可能获得公共产品的所有收益，也就是说市场经济不可能提供公共产品。

2. 混合产品

混合产品是指既具有私人产品特征，又具有公共产品特征的产品。有很多产品要在私人产品和公共产品之间找出明确的边界是很困难的，于是就产生了混合产品的概念。例如，教育劳务通常被作为混合产品来看待。教育是提升个人人文素质、道德水准的必要环节，具有公共产品的特征；同时，教育又是提高个人就业能力所必需的，具有私人产品的特征。混合产品也可以从资源配置方式的角度来理解，即全部依靠市场经济资源配置会导致市场失效，全部依靠公共经济资源配置也会导致无效率。这类产品也可以称为混合产品。例如，"社会治安"是公共产品，由政府提供警察劳务，另一部分的治安措施，如门卫、保安、报警系统、门锁、保险柜等则由市场经济进行资源配置。又如，"环境卫生"是公共产品，但政府通常只提供马路的清洁，房屋四周的环境卫生则由房屋的业主及使用人负责等。

四、"俱乐部"模型

公共选择是个人之间的"契约"，也就是说需要个人之间相互协商达成共识。这个协商过程是需要成本的，这个成本就是公共选择的交易费用。

主流经济学在讨论公共选择的时候仍然是以"个人"为基础的，因此公共选择的成本最终要归结为个人选择的成本。他们认为公共选择的成本是"俱乐部"模型的拓展。

"俱乐部"被定义为偏好相似、利益相同而自愿组合的一群人。这表明"俱乐部"具有以下三个特点：第一，俱乐部成员的偏好是相同的，即具有相同的消费无差异曲线；

第二，消费的排他成本是很低的，即非俱乐部成员不能消费俱乐部的公共产品；第三，俱乐部是自愿组织起来的，是个人偏好的充分表达。在上述的假设中，"俱乐部产品"就是"俱乐部"的"公共产品"。例如，共寝室的四个人都受到蚊子的侵扰，对于个人来说，睡觉可以用蚊帐、看书可以用驱蚊油，这就要支付相应的成本。如果四个人协商一致同意将房间安装上纱窗门，并每周用一次杀虫剂，也能解决蚊子侵扰的问题，这同样需要支付相应的成本。如果两者成本比较，纱窗方案比蚊帐方案更有利，那么"俱乐部产品"就会产生。同样，如果某个村子只有十几户人家，供水靠井水解决，如果经协商共同开掘一口井共同使用比各自开一口井个人自用的成本要低，那么具有"俱乐部产品"特征的公用井就会产生。在上述的例子中，"俱乐部"的规模是不大的，"协商"的成本很低，因此容易产生俱乐部产品。但如果协商成本过高，那么俱乐部产品就难以产生，这就是说俱乐部产品的成本和收益与规模有关。

　　俱乐部产品和私人产品之间的资源配置可以达到效率状态。对于收益曲线来说，消费收益随着俱乐部产品数量的增加而下降，因为对于个人来说，私人消费和俱乐部产品消费之间有替代关系。对于成本曲线来说，俱乐部产品的成本与俱乐部产品的数量成正比。在俱乐部规模既定的情况下，提供俱乐部产品的最适条件是边际收益等于边际成本时的产量。如果俱乐部规模增加，那么相对于原规模来说，收益曲线就下移。这是由拥挤所造成的，但是人均分摊的成本也下降，因为有更多的人来承担总成本。根据效率法则，就可以获得俱乐部规模的最适共享产品。这样，设定各种不同规模，就可以获得一条最优俱乐部产品供给曲线。

　　同样，我们可以在给定俱乐部产品的前提下分析最优人数的俱乐部。在这种情况下，俱乐部产品的消费收益曲线随着俱乐部人数增加而增加，同时拥挤成本也增加。成本曲线随着俱乐部人数的增加而减少。当成本收益相等时，就可以获得一定量俱乐部产品条件下的最优俱乐部人数。假设不同量俱乐部产品，就可以获得不同的最优俱乐部人数。这样就可以获得不同量俱乐部产品的最优俱乐部人数曲线。

　　显然，不同规模最优俱乐部产品的供给曲线和不同俱乐部产品的最优俱乐部人数曲线的交点，就能满足俱乐部产品的最适条件。

　　如果在一个小社会中，假定社会成员的消费偏好相同，且不愿为公共产品支付成本的人被排斥在消费之外，那么，因为偏好相同，所以分摊成本相同。这样就可以在这一群人中找一个代表，获得愿意为该公共产品支付的边际价格。这个代表之所以要真实表达他的需求信息，是因为不正确表达会导致不能消费那种公共产品的结果。

　　要把俱乐部模型拓展到"社会"会遇到困难，因为随着人数的不断增加，偏好表达机制就有可能被破坏；而且在人数众多的"社会"中，消费偏好不可能完全相同。主流经济学认为，可通过投票方式来解决公共选择问题，原因是可以节约公共选择的成本。

五、公共选择原则

1. 公共偏好存在

　　主流经济学的公共偏好是指个人偏好的集合，即"公共"是指个人偏好相同的一群人。由于公共偏好是个人偏好的集合，所以，只要让个人偏好充分表达，就可以获得公共偏好。这样的公共偏好具有如下特征：第一，公共选择的完整性。公共选择的范围包括一切可选择的对象，公共选择就是其中的个人选择相同。如果存在两种公共选择，而且两者之间的偏好强度是一样的，即不存在偏好序列，也就是说不存在一种选择优于另一种选择，那么这两个公共选择是无差异的。第二，公共选择符合合成推理原则。如果公共选择 A 的状态优于 B 的状态，B 的状态优于 C 的状态，那么 A 的状态必然优于 C 的状态。

2. 独立性原则

公共选择是个人选择相同的集合，而个人选择完全是个人偏好的表达。因此，只要个人选择的偏好序列不发生变化，那么公共选择的偏好序列也不会发生变化。换句话说，如果公共选择 A 和 B 之间关系是已定的，尽管 B 和 C 之间或 C 和 D 之间的关系发生了变化，那么也不影响 A 和 B 之间的关系。

3. 帕累托原则

如果社会中每一个人都宁愿选择 A 而不是 B，那么公共选择也必然是 A。如果社会中除一人之外其他所有人对于选择 A 和 B 都是无差异的，那么，那个人的选择就代表公共选择。这就是说，如果某种公共选择不损害社会中任何其他人的利益而能使某一个人的利益有所增加，那么这种选择有利于效率的提高。

4. 广泛性原则

公共选择是以个人选择为基础的，因此个人选择不受限制。当然，这样的"不受限制"是指在道德约束下的个人选择。一切与现行法律法规有抵触和违背社会道德标准的产品一概不能列入公共选择的范畴。

5. 平等性原则

个人之间的选择是平等的，即不能把某个人的选择强加给其他人，这就是说公共选择是每一个个人的共同选择。

六、公共选择的规则

1. 多数票规则

公共选择是通过投票方式决定的，即个人通过投票表达公共需求的偏好。假定在 N 种公共需求中要决定一种公共需求，那么每个个人都参与投票选择。对个人最满意的投"赞成票"，对都不满意的投"反对票"；对每一种都"无差异"的投"弃权票"。投票完全符合公共选择的原则，然后统计投票结果。如果某种选择的"赞成票"占多数，那种选择就是公共选择。如果没有多数票，即"反对票"加"弃权票"占多数，那么就形成不了公共选择。所谓多数，通常是指超过所有"公共"成员的一半，即简单多数规则。根据投票原则，多数票并不是指参加投票人数中的多数，而是所有成员中的多数。例如，如果约定 60% 的人参加投票所产生的公共选择有效，那么"多数票"仍然是指所有成员的半数以上。这就是说虽有不参加投票的人，但并不影响公共选择的结果。

2. 多数票规则形成的公共选择未必是最优的

多数票规则形成的公共选择未必是最优的。多数票规则形成的公共选择取决于"中间人"。"中间人"是对"公共偏好"没有强烈倾向的称谓，是社会中庞大的群体。公共产品的消费是非竞争性和非排他性的，但公共选择需要成本，如了解信息、与他人协商等，因此中间投票人存在从众心理，以便节约公共选择的交易费用。在公共选择中，争取中间投票人的支持是获得多数票的关键，这涉及公共选择的话语权、舆论导向等问题。公共选择模型假设每个投票人根据自己的偏好独立自主地选择，事实上这个条件并不存在，因此多数票规则未必产生最优选择。

七、"用脚投票"模型

"用手投票"的理论旨在说明西方的政治民主制度能产生资源配置效率。但这一理论受到"地方"之间"差别性和流动性"的严峻挑战。"用手投票"的理论是以"国家"作为"社会"的基本单位来分析的，因此不存在"差别性和流动性"问题。但作为公共选择的单位如果是"地方"，那么，对于公共选择来说，实际上存在"差别性和流动性"。何谓差别性，是指地方之间的公共选择是不同的；所谓流动性，是指资源在地方之间可以自由流动。这意味着地方集居的居民都有相同偏好。而实际情况并非如此，因此"用手投票"能产生效率的观点是有疑问的。

"用脚投票"模型是由经济学家泰伯特首先提出来的，被认为从理论上回答了公共选择可以有效率的问题。泰伯特认为，由于公共选择存在差别性和流动性，所以个人可以从不符合其偏好的地方退出，进入符合其偏好的地方。这样就能使资源配置更有效率，并称之为"用脚投票"。

如今随着时代的发展，用脚投票这一词已经广泛地运用于其他领域，但用脚投票追根表达的是人们对某事件、某现象、某局面不高兴了，不满意了，不答应了，选择"三十六计走为上策"。

"用脚投票"的可能不仅使平民挺直了腰杆，更是他们自我价值及有权选择更好生活的无声宣言。

第四节　委托-代理理论

一、委托-代理理论概述

从经济学意义上讲，"委托-代理"的前提是委托人和代理人均是理性的。委托人是理性的即委托活动将增加委托人的利益，或减少委托人的损失；代理人也是理性的行为，将从委托代理中获得报酬。

委托是指受托人以委托人的名义为委托人办理委托事务，委托人支付约定报酬（或不付报酬）的活动。委托关系之所以能够成立，是因为受托人能够解决委托人在生产、生活中自己不能解决或处理不好的事务。例如，对缺乏物业管理知识的人，可以委托物业服务企业办理有关物业管理事务；缺乏法律知识的人，可以委托律师或熟悉法律的人办理有关法律事务等。代理是代表他人从事某项活动。根据我国《民法通则》第六十三条规定，代理是指"代理人在代理权限内，以被代理人的名义实施民事法律行为，由此产生的民事权利和义务直接由被代理人承受的一种民事关系"。代理在法律活动中具有以下四个特征：

（1）代理活动必须是具有法律意义的行为，行为符合合同的约定和国家的法律法规的要求。

（2）代理人以被代理人的名义实施民事法律行为。

（3）代理人在代理权限内实施代理行为。

（4）被代理人对代理行为承担民事责任。

在代理关系中，主体有代理人、被代理人和相对人。没有相对人则不能发生代理关系。代理人以被代理人的名义与相对人发生民事行为关系时，代理人与被代理人之间的代理关系才能实现。在物业管理实践中，可以认为代理人为物业服务企业，被代理人为业主或业主委员会，相对人则为专业公司，如房屋维修公司、设备维修公司、绿化公司、清洁公司等。物业服务企业与各专业公司签订各种合同，以满足被代理人的需求。

此外，分散业主和承租人也可被认为是"相对人"。物业服务企业代表业主委员会或产权人与分散业主或承租人签订房屋使用合约或公共契约，以规范分散业主或承租人使用行为。

《民法通则》第六十四条规定："代理包括委托代理、法定代理和指定代理。"物业服务是一种委托代理，它区别于其他代理。委托代理是指代理人在被代理人的委托和授权之下产生的代理行为，委托方处于主体地位，由双方共同根据市场规则形成委托-代理关系；它属于委托-代理双方行为，仅凭被代理人一方授权的表示，代理人就取得代理权，故委托代理又称为意定代理。从委托方的组成来看，委托-代理有两种情况：

第一，单独代理。它是指代理权属于一个业主的代理，例如，单个业主委托物业服务企业复印文件。

第二，共同代理。它是指代理权属于两人以上的业主的代理，例如，目前多个业主委托业主委员会选聘物业服务企业的代理。

委托-代理之所以能够存在，主要原因有两个方面：一是源于代理人能够解决被代理人无法自己处理的事务。如专业物业管理活动，对于没有专业的机构、设施设备、人员和资质的业主来说是无法自己提供的；二是代理人代理被代理人的事务比被代理人自己处理事务时成本费用更低或收益更多。例如，单个业主自己处理物业公共服务问题，不但难以处理好，而且成本会比专业物业服务企业规模经营成本高得多。

二、物业管理中的委托-代理

（一）物业管理委托-代理的产生 —— 交易费用及分工问题

在物业管理实践中，业主为了使物业保持一个良好的状态，使居住（或办公、商业）环境更加舒适，生活品位更高，要对物业进行管理，如清洁、绿化、保安、空调、消防、楼宇自动化等。这时，他们有两种选择：一是业主直接在市场上购买各种所需劳务或实物产品；二是委托一家物业服务企业对所有物业管理相关事项进行专业服务。

第一种情况下，业主需要分别聘请园丁、清洁工、维修工、保安员，购买空调机电设备等，要与多家企业（或个人）进行交易。这种方式虽然直接，但是缺少集体谈判机制，单个业主面对供应商在谈判中会因信息不对称而成为弱者,价格往往会很高;同时在没有规模的产品及服务交付条件下,固定成本摊销也会导致价格提高。虽然有越来越多的途径使人们能较容易地找到所需信息(如互联网的出现),这种搜寻成本有可能减少,但不可能消除。这种情况对以独立别墅或单一业主的物业有一定价值,但对建筑物区分所有权人就不适用。这些业主所需的物业服务主要内容不仅仅是清洁、维修、保安等"硬件"管理,更多是社区公共秩序管理、关系维护、文明建设、精神和心理需求等"软件"需求。

第二种情况下,物业服务企业的引入将大大降低业主管理的复杂程度。按科斯(Coase)的理论,业主只需与物业服务企业签订一个合约,不必与各个专业公司(如清洁公司、园林绿化公司、电梯公司、机电公司等)签订一系列繁杂众多的契约,一系列的契约就被一个契约替代了。并且如果签订一个较长期的契约替代若干个较短期的契约,那么签订每一个契约部分的费用就将被节省下来。这种方式既有利于降低交易成本,又有利于简化业主对供方的管理难度,便于监督与控制。由此可见,物业管理的产生有其必然性。业主将物业管理工作委托给专门的物业服务企业完成,这样一方面可以充分利用外部资源(物业服务企业)提供的专业化管理和高生产率,使物业的价值最大化;另一方面,业主也不用为非自己专长的物业管理事务分散了精力,从而在分工条件下提高了整个社会的产出水平。另外,开发商从事房地产的投资、修建及销售,但他们并不一定直接进行物业管理。如果在市场上聘请物业服务企业来管理的效益大于开发商自己筹建物业服务企业进行管理的效益,那么开发商就倾向于委托其他的物业服务企业。

我国《物业管理条例》提倡房地产开发与物业管理"分业经营",但目前这种进程似乎很缓慢,甚至于倒退。这其中的主要原因是"混业经营"对开发商有利。另外,我国的工商业界同样存在相类似的问题——混业运营,即物业及物业管理的价值从属于工商企业运营的价值,物业及物业管理没有体现独立价值。直到工商企业破产时才发现资产(主要是各种房地产物业及设备)的价值。因此,委托代理制在物业管理活动中存在的重要前提是"分业经营"和"分开运营"。而"分业经营"和"分开运营"的前提又是物业服务提供商让开发商和工商业运营商看到物业独立运营所创造的更多的价值。

(二)物业管理的效率来源——专业化分工与学习效应

"一体化"运作模式是工业经济时代企业组织中普遍存在的一种现象,其特点是沿着产业链顺序作业,强调所有工序整体"面"上的改进,主张加强产业链条,依靠自身的力量,信守"肥水不流外人田"理念,将所有环节的利润收于同一家公司。从企业竞争力角度来看,这种传统的一体化作业的策略思考已经落伍,世界已进入分工整合的新阶段。如今,许多国家和产业正在向分工整合模式转变。在分工整合的环境下,没有任何公司可以什么都做,并且做得都好。企业必须集中资源和力量,选择一个或几个最具优势或专长的领域,在专业化的基础上形成技术优势和规模优势,成为专业领域的领头羊。在我国物业管理行业成长的初期,主要实行的是"小而全"、"大而全"一体化运作模式,相当一部分物业服务企业偏向在企业内部建立各种部门,聘请相关人员以应付在管理中碰到的各种问题。而物业管理本身具有综合性,涉及治安、绿化、清洁、智能化、会所经营、房屋修缮等各方面，这些项目中有部分是专业性较强、科技含量较高的项目，如电梯系统、监控系统、消防报警系统的安装、维修和保养等。由单一企业包揽所有业务的做法会使企业内交易费用(特别是专业化费用)过高，工作效率较低。所以，越来越多的物业企业采用外包的形式来进行管理。

"外包"(outsourcing)是分工整合模式下的一种有效的组织方式。外包可以看作是劳动分工的延伸。企业把非自己专长的业务外包出去，充分利用最优的外部专业化资源，可降低生产的复杂性与管理的难度，减少经营成本，增强核心竞争力，并提高对环境的应变能力。

专业化分工使企业产生学习效应。对于物业服务企业及外包企业(供应商和分包商)而言，适当的外包能使企业集中精力专注于生产某个特定的产品，并使大规模生产成为可能，这样一来就可产生学习效应，能带来巨大的外溢效果。

经验曲线效应指的是一项任务越是经常执行，做它的代价越小。任务可以是任何的产品或服务，数量每翻一番，代价值(包括管理、营销、分销、制造费用等)下降一个常量百分比。这个效应是二十世纪六十年代末由布鲁斯·亨得森在波士顿咨询集团公司(Boston Consulting Group，BCG)首次提出的。BCG 在二十世纪七十年代的研究观察了不同行业的经验曲线效应，发现这个值在 10%～25%之间。

学习效应的产生是因为不仅可以通过"干中学"这种免费的非正式教育直接在工作中学习，更可以通过学习别人来积累自己的经验，这种直接与间接知识、经验的积累可以积累人力资本，降低生产成本，最终会带来巨大的外溢效果与经济效益。

三、物业管理中委托–代理应注意的问题

在物业管理中，委托-代理关系是通过一系列连续性的合约得以实现的。任何合约缔约方的目标，都可归结为寻求自身利益的最大化或损失的最小化。与一次性的交易合约不同，物业服务合同目标的实现包含了一个很长的持续期。在这期间，存在着三个层次的决定关系：第一个层次是委托-代理关系的制度设计，决定了双方的权利与义务；第二个层次是委托人所采取的监督和激励的有效性，决定着代理人行为按照委托人的要求开展工作；第三个层次是最终代理人的敬业精神和工作努力水平，也决定着物业管理的实际效率。因此，可以得出影响管理效率和效益的几个主要环节：

1. 产权利益

在委托-代理关系中，对代理人进行监督或激励的原动力来自初始委托人对产权利益的追求，包括业主在自用时对使用效益的追求，在经营时对租金收益的追求或在转让时对价值的追求。在物业管理中，委托人可以是一个产权人，也可以是多元产权所构成的利益共同体。作为利益共同体，成员越多，规模越大，每个委托人分享的份额就越小，多元产权主体"搭便车"的倾向就越严重。于是，导致委托人监督的积极性下降。

2. 监督距离

在物业管理活动中，业主对物业服务企业的监督环节较为复杂。首先，"物业管理"是针对各类物业和环境的专业性管理，对管理质量的评价和判断具有较大的不确定性，相应的，代理人较委托人处于更强的信息优势；其次，物业管理的委托-代理，是由若

干个连续性的合约组成的，包括初始委托人（众多产权人）—业主委员会—物业服务企业—最终代理人（公司员工），其中存在着因产权性质而异、为数不等的中间层，因而每个中间层同时具有代理人与委托人的双重身份。可见，从初始委托人到最终代理人有相当长的"监督距离"，而监督距离越长，中间层越多，监督积极性就越小。

3. 激励手段

"激励"一词，作为心理学的术语，指的是持续激发人的动机的心理过程。通过激励，在某种内部和外部刺激的影响下，使人始终维持在一个兴奋状态。激发人的动机的心理过程模式可以表示为需要引起动机、动机引起行为、行为又指向一定的目标。即人的行为都是由动机支配的，而动机则是由需要所引起，人的行为都是在某种动机的策动下为了达到某个目标的、有目的的活动。

心理学的一般规律同样适用于物业管理。物业服务企业最大的需要是通过提供自己的管理与服务活动，获得企业的最大利益。只有在可以获取最大利益的"动机"驱使下，物业服务企业（代理人）才能不断提高自己的努力水平。委托人要刺激代理人的工作动机，自己也才能获得最大的产权利益。对于那些管理较好的物业服务企业，通过合约期满后的续约、再聘用等方法给予激励，在心理学上称为"正强化"。正强化的另一面是负强化，这是激励中采用的另一种手段。物业管理中的负强化就是要有一种"替代威胁"，即代理人如果管理服务不好，委托人可解雇或改换代理人。

4. 行为能力

在合约关系中，委托方与代理方必须具备谈判和履约能力。委托方重要的职责是把业主的意见统一为一致的意思表示，因此在选举业主委员会的过程中务必做到两点：一是严格挑选条件适合的业主组成业主委员会；二是充分调动业主委员会各成员的积极性。在这方面，不光要充分利用业主对自身利益的追求，还应有相应的激励措施，如信任、尊重并赋予相应的权力。

代理方应履行维护业主工作和生活秩序的职责，并依法及依合约对越轨者采取相应的制止措施。因此自律性的业主公约、业主自觉的物业管理意识、业主委员会的支持以及健全的法律法规成为推动物业管理行业健康发展的重要条件。

第五节 基本理论在物业管理活动中的作用

建筑物区分所有权理论、公共选择理论、委托-代理理论等，构成了支撑物业管理活动中最重要的主体——业主的权利获得、管理组织的本质及决策原则、管理权的委托等问题的基本理论框架。

一、建筑物区分所有权理论明确了物业管理活动的主体和客体

在物权法中，明确了作为物业产权人有完全按照自己的意志直接行使支配物的权利，也就是明确了物业产权人对物业所拥有的所有权。所有权是指以财产所有人依法对物占有、使用、收益、处分的完整权能为内容的权利。这样，就明确了作为一个业主所应有的对自己物业可以行使的权利，如果一幢建筑物只属于一个物业产权人，那么他就

有直接支配该物业的权利，也就是法律赋予物业产权人为保障其在物业方面的利益而实现其自由意志的资格。通常所说的房屋所有权就是指房屋所有人所享有的占有、使用、收益和处分的权利。在我国土地所有权和房屋所有权分离的情况下，人们最关心、最重视的只能是房屋所有权。

随着社会经济的进步和建筑技术、建筑材料的发展，以及土地资源的紧缺，在城市中，无论是商业楼宇，还是住宅楼宇，都向高层方向发展，一栋高层建筑有三四万平方米的建筑面积已成为常态。但建筑物的造价昂贵使某一个人很难拥有整栋建筑物，而是由许多人分别购买或租赁建筑物中的某些单元，从而就产生了许多个所有权人共同拥有一个建筑物的情况，多个所有人分别区分拥有对整栋建筑物的特定专有部分，同时又共同拥有共有的设施设备和基础、外墙、走道、楼梯、附属场地等共有部分。这样，这栋建筑物就称为区分所有建筑物，而拥有其中的单元的业主，就成为建筑物区分所有权人。

建筑物区分所有权理论，明确了建筑物区分所有权人对建筑物内的住宅、经营性用房等专有部分享有所有权，对专有部分以外的共有部分如电梯等共有设施和绿地等共有场地享有共有所有权和共同管理权。建筑物区分所有权人所享有的权利，是一种复合权利，对专有部分享有所有权，与物权法对房屋所有权人所赋予的所有权是一样的，即有占有、使用、收益、处分的权利。而共有所有权则是对共享部分享有使用权、收益权、修缮改良权。成员权则是建筑物区分所有权人有权参加全体区分所有权人的集合并享有管理共同事务的表决权。

建筑物区分所有权理论明确划分了区分所有权人的权利，同时也就明确了物业管理活动就是对区分所有建筑物的共有部分的管理，这样，就明确了物业管理活动最重要的主体就是业主及其集合，而客体则是主体的权利义务所指向的对象，即共有设施设备和共有部分，以及其产生的共同事务。

二、公共选择理论为物业管理服务的性质和决策选择方式提供了理论支持

公共选择理论(public choice theory)主要是运用经济学工具，揭示公共产品的供给和分配的集体决策过程。

(1) 界定了物业管理服务产品属于混合产品。公共经济学根据排他性和竞争性这两个标准，把产品划分为私人产品(private goods)和公共产品(public goods)。公共产品具有非排他性和非竞争性。然而进一步研究表明，同时绝对具有非排他性与非竞争性的物品在现实生活中少之又少，拿得出手的纯公共产品也只有国防安全、灯塔等。而现实世界中大量存在的是介于纯公共产品与纯私人产品之间的一种产品，称为混合产品，或准公共产品、不纯粹的公共产品。这种现实产品所表现的总体特征是纯公共产品特征与纯私人产品特征的线形组合，有时体现出强弱不一的非排他性或非竞争性，或只是具有其中一种特性。

公共产品的存在形式包括有形与无形、抽象与具体等各种类型。按照混合产品的概念，物业管理服务所提供的公共服务产品，绝大部分都应属于混合产品的范畴，它们的

上游提供者，一部分是政府直接提供，如前述的社会治安、环境卫生，而另一部分的上游则是由直接生产混合产品的公用事业企业提供，如给排水、供电、供气、供暖、电信邮政、污水垃圾处理等。

（2）公共选择理论把"社区"视为可以对公共产品需求进行"协商"的最基层单位。通常，在物业管理活动中，把物业管理区域视为一个社区，这样，公共选择理论就支持了物业管理区域对混合产品的需求进行选择的正当性。

（3）"俱乐部模型"明确业主团体的性质。布坎南于 1965 年发表的《俱乐部的经济理论》中，把"俱乐部"定义为因偏好相似、利益相同而自愿组合的一群人。在物业管理区域，区分所有建筑物的所有权人集合，也可以说是业主团体，他们都具有相似的消费偏好，即希望通过购买公共服务产品，维持小区的整洁、优美、安宁、和谐、文明的生活工作环境。"业主公约"就是业主的个人偏好集合成的公共偏好的表达，而公共服务产品就是业主追求的"俱乐部产品"。

（4）多数票规则成为业主对公共产品选择的主要规则。公共选择是通过投票方式决定的，即个人通过投票表达到公共需求的偏好，以"少数服从多数"的规则，形成公共选择。所谓多数，通常是指超过所有"公共"成员的一半，即简单多数规则。多数票并不是指参加投票人中的多数，而是所有成员的多数。如果对某种选择的赞成票达不到多数，那么就形成不了公共选择。在物业管理活动中，业主对某项公共事务进行表决选择时，所遵循的就是公共选择的多数票规则。

三、由代理人提供物业管理服务是可供业主选择的一条重要途径

现实生活中，区分所有建筑物由于物业的不可分割性、整体性和产权的多元化的特点，由众多业主自己直接进行物业管理，或各自寻找物业管理者来管理物业的公共区域，都会带来很多弊端，由代理人来完成多业主区域物业管理方面的工作就成了一条可供选择的重要途径。物业管理的委托-代理关系是指业主为了使自己名下的物业能正常使用、保值升值，需要在市场中寻找合适的"代理人"，将其物业的管理权委托给代理人行使，当物业服务通过委托合同获得该物业的管理权时，业主和管理者之间的委托-代理关系即告成立。整个行为是物业服务企业依照国家有关法律法规、合同的约定行使管理权，业主和物业服务企业之间是建立在法律和经济平等基础上的契约关系。委托-代理理论支持了业主委托物业服务企业为代理人，为自己提供物业管理服务的正当性和合理性。

根据委托-代理的分类，物业管理的委托-代理关系有两种类型，即多元产权的委托-代理和单一产权的委托-代理。

单一产权的委托-代理关系的建立比较简单，由业主通过委托-代理合同，委托管理单位(物业服务企业)，再由管理单位委托单位员工或相关专业公司。多元产权则首先要通过多个业主委托业主委员会，再由业主委员会与物业服务企业签订物业服务委托合同，建立委托-代理关系，然后再由物业服务企业委托单位员工和相关专业公司执行委托任务。

在实际过程中，不管是多元产权委托-代理还是单一产权委托-代理，业主与物业服务企业的合约关系都是由若干个连续性的合约构成的。业主是最初委托人，业主委员会

或物业服务企业构成中间合约环节，物业服务企业员工或相关专业公司是最终代理人。代理关系实现的效率如何，主要在于此合约关系环节中的最初委托人与最后代理人这两个节点。最初委托人是委托-代理关系产生的源起，其监督与激励决定代理水平。同样，最终代理人的工作水平，也决定了物业管理活动的有效程度。

复习思考题

1. 何谓区分所有建筑物？
2. 区分所有权包括了哪几种权能？其相互关系如何？
3. 物业管理活动中哪些行为是公共选择行为？
4. 物业管理活动中的委托-代理行为有哪些？
5. 在相关搜索网站中输入词条"以脚投票"，根据搜索资料你认为在物业管理活动中该模式有何作用？
6. 考察一个超过 2000 户的住宅小区，描述其内部的区分所有权关系。

第三章　物业管理相关理论

第一节　行政管理理论

一、行政管理理论概述

(一)行政管理的含义

最广义的行政管理是指一切社会组织、团体对有关事务的治理、管理和执行的社会活动。这里的行政管理，不仅包括政党和国家的立法、行政、司法组织活动，还包括企业、事业、社会团体等各种各样的社会组织的执行。

广义的行政管理是指国家政治目标的执行，包括立法、行政、司法等社会组织领域内特定组织的指挥活动及其机关内部的总务、后勤工作等。

狭义的行政管理是指国家行政机关及其工作人员在管理国家事务、社会事务和机关内部事务的过程中进行的计划、组织、指挥、协调和控制等各项管理活动。政府从宏观的角度对物业管理与服务活动进行调控也属于行政管理。

(二)行政管理的特点

作为一种特殊的社会管理活动，行政管理具有以下三个特点：

(1)执行性。在我国，实施行政管理必须执行党的路线、方针、政策，同时执行国家权力机关所赋予的任务，对权力机关负责，并受权力机关的监督。行政管理不仅要"有令必行"，而且要"雷厉风行"，注重科学管理，讲求高效率，亦即执行性要求高效率。

(2)政治性。行政机关的使命是执行国家权力机关的意志，国家权力机关具有强烈的阶级性，行政机关也不例外。社会主义国家的行政机关是人民政府，政府主要通过大量的组织工作来保证国家的安定团结和社会主义现代化建设事业的发展。

(3)权威性。行政管理活动是以国家名义进行的、代表国家并以国家强制力为后盾的。一切管理对象，对行政机关及其工作人员的管理行为都有服从的义务。但行政机关在执行任务时要依法行政，做到"有法可依，有法必依，执法必严，违法必究"，这种法制集中性体现了行政管理的权威性。

(三)行政管理主体、客体及活动原则

行政管理的主体是国家权力机关的执行机构，即行政机关。在我国，行政管理的主体是国务院和地方各级人民政府及其职能部门。根据国务院《物业管理条例》规定，我国物业行政管理主体是国务院、省(自治区、直辖市)人民政府和市、县人民政府房地产行政主管部门。在特定事项(如业主委员会的成立)上街道办事处、乡镇人民政府也是行

政管理的主体，规划、城管、环卫、公安、工商、物价、税务等与物业管理相关并行使部分物业行政管理权的部门也是物业行政管理的主体。

行政管理的客体是国家事务、社会事务和行政机关的内部事务。行政管理的范围遍及国家和社会生活的各个方面和全体国民。任何一种社会管理都没有行政管理这样广泛的外延性和关系国家、社会的全局性。涉及国家、社会、城市社区的物业公共管理事务都是行政管理的客体。

行政管理的基本依据是行政权力。行政权力是国家行政机关为有效实现国家意志，依靠特定的手段和宪法原则，对国家事务进行管理的权力。

行政管理活动的根本原则是依法管理。行政管理，特别是现代行政管理必须是以法律为根本的活动准则，在法律规定的范围内实施管理。任何机关和行政人员都只有依法行政的义务，而没有超越宪法和法律的特权。依法行政是依法管理必须严格遵循的重要原则。

二、政府对物业管理领域的宏观调控

物业管理领域宏观调控的目标是通过一定宏观政策、手段和工具的操作来实现的。物业管理中宏观调控的政策手段主要包括经济手段、法律手段、计划手段、行政手段等。

（一）产业政策

通常意义上，产业政策是指政府为了提高本国经济增长和发展水平，运用政策手段引导和调整国民经济中各产业间的资源分配，或者干预特定产业部门内部的组织形式的完整的政策体系。政府通过产业定位、产业发展规划和政策导向，对引导物业管理行业稳定、健康的发展具有十分重要的意义。

1. 物业服务产业政策目标和实施手段

产业政策一般包括政策目标和政策手段两个方面。物业服务行业政策目标是指一国政府为了物业服务行业本身健康、稳定、持续发展，根据物业服务行业不同时期的产业状况所设定的一系列经济变量体系，具体来看，物业服务行业政策目标主要从以下几个方面来考察：一是物业服务行业发展水平目标。物业服务行业作为相对独立的产业，在产业结构体系中必须确定整个产业部门的发展规模和水平。二是物业服务行业效益水平和行业竞争力目标。主要是设定物业服务行业劳动生产率水平的提高幅度、投资回报率的提高幅度、资源配置效率、社会贡献率和社会累计率等目标。三是物业服务行业内部结构调整目标。使产业部门内部的各种物业类型的物业服务在不同时期和不同地域上实现平衡。

物业服务产业政策是一种方向性、导向性的政策措施体系，因而其实施应主要运用间接的、经济性的手段。具体的实施手段包括三个方面：一是间接经济调节手段。即政府可以运用财政政策手段、货币政策手段、投资政策手段等间接性的经济手段对物业服务行业整体发展方向进行诱导，促使物业服务行业的发展按照政府设定的方向进行。二是直接行政控制手段。即政府可以运用直接的行政权力对物业服务行业的发展方向进行调节和控制，促使物业服务行业的发展符合国民经济整体发展的要求。三是信息引导手段。即政府可以利用所掌握的产业发展现状、技术水平、需求变化方向等信息引导物业服务行业进行技术、结构、组织等方面的调整和优化。

2. 产业政策的主要内容

产业政策的主要内容包括产业结构政策、产业组织政策、产业技术政策、产业布局政策和产业联系政策等。物业服务行业的产业政策是由产业结构、组织、技术、布局等政策而形成的体系。作为整个产业政策的组成部分，物业服务产业政策是指在科学地确定物业服务行业同国民经济各部门之间的比例关系的基础上，运用适当的产业组织措施，分别对不同的市场层次、企业状况所采取的包括促进产业内部竞争、限制垄断等产业经济政策。

由于行业本身的特殊性以及产业政策本身具有间接指导性，物业服务产业政策一般划分为两个层次：第一层次是从国民经济全局出发的物业服务产业政策，主要是物业服务行业发展政策，即确定物业服务行业所属的国民经济产业分类、其在国民经济中所占的地位和应有的比重、发展的规模和速度等方面。第二层次就是根据物业服务行业的具体情况制定的政策，一般包括：以土地有偿有期限使用为主体的土地使用制度政策体系；物业行业内部地区、产品比例结构调整政策；物业服务行业综合经营政策；物业服务行业经营的资金融通政策；培育和完善物业服务市场政策；以住宅商品化为目标的住房制度政策；针对物业服务经济的发展预测和战略对策的政策；涉外物业服务经济发展政策等。

（二）财政政策

所谓财政政策，主要包括财政收入政策和财政支出政策。具体来看，就是国家利用财政收支的各种工具，通过有规则地调节国民收入分配的方向和规模，以达到预定的社会经济目标的各种政策手段。

财政收入政策主要是税收政策，通过税种和税率的变动，来调节社会总供给和总需求。对消费者减税，可使消费增加，社会总需求增加；对生产者减税或免税，则可以使生产者投资增加，生产增长，社会总供给增加。物业服务企业应缴纳的税款应视其具体业务而定，正常情况下，物业服务企业应缴纳的税费包括营业税、城建税、教育费附加税、印花税、企业所得税（或个人所得税），如有自有车辆、房产或出租房产的还应缴纳车船使用税、房产税、土地使用税，并依法负有代扣代缴公司员工工资薪金个人所得税的义务。有数据表明，目前全国27300多个物业服务企业普遍亏损，这与税费计算不合理有关。

财政支出政策的运用，主要通过财政支出结构的变动来调节积累与消费的比例关系；通过财政支出量的变化，来影响社会总需求的变动。由于积累性或消费性的支出都会转化为投资品和消费品的购买，增支可以扩大社会总需求，节支可以缩减社会总需求，从而实现产业结构调整。物业服务行业作为房地产相关行业，其发展速度和内部结构同国家的财政支出政策存在一定关系。财政支出重要原则是责任划分与辖区居民受益紧密衔接。财政支出在或大或小的程度上代表辖区居民所付，而公共物品的提供则是辖区居民所得。业主在购房时或作为公民交付各种税后就应该享受公共物品。在物业管理财政支出上，地方政府应负主要责任，应为投资者、经营者创造尽可能良好的治安环境、生态环境、基础设施条件和行政服务。例如，社区治安、垃圾清理、市容美化、公用物业设备设施在小区延伸部分的管理等社区服务支出，应由城市区、乡村镇政府负责；应该改变目前这类支出摊派给物业服务企业，实质是最终由业主自费管理的不合理状况。

（三）投资政策

投资政策是指政府作为宏观经济的服务者，根据国民经济发展的总体目标以及产业政策的导向，对投资方向、投资规模和投资数量进行调节的政策手段。

1. 物业服务投资规模控制

对投资规模的控制首先要考虑投资规模选择的技术界限，其次要考虑投资规模选择的经济界限。在投资规模控制中最重要的是投资规模适度性的政策准则，这一准则主要由以下几个因素构成：一是投资品保证准则。投资品是投资的物质基础，当投资规模大于投资品时，表明投资规模处于膨胀状态；反之，如果前者小于后者，则表明投资规模不足。也就是说，在有投资品保障的前提下，现实的投资规模才是合理的。二是投资目标准则。任何一个产业的投资规模，都必须服从于宏观经济总目标，即一定时期国家经济发展和结构调整的总体目标的要求。三是投资的市场需求准则。任何投资都会形成现实的和未来的生产能力和市场供给，最终都要受到市场需求的制约。当投资规模超过市场需求的规模时，便会造成因生产能力闲置而浪费社会劳动和资源。我国物业管理行业的投资规模还要考虑居民支付能力的需求。目前情况是，一方面物业服务企业平均服务面积过小，另一方面业主对物业服务的有效需求不足。

2. 物业服务投资结构控制

所谓物业服务投资结构是指物业服务行业内部的各种资金的使用方向及其各方面的比例关系。一般包括物业服务投资主体结构，即制定正确的物业服务投资决策、进行投资和提供资金单位构成；物业服务投资客体结构，即各类物业和项目类型；物业服务投资时间结构，即物业服务投资各要素在时间上的分配关系；物业服务投资空间结构，即物业服务投资要素在各地域中配置的比例关系。在我国，物业服务投资中投资主体主要有政府和企业，但政府投资仍占有相当大的比重。从发展趋势来看，今后政府投资的重点应主要放在基础设施、基础产品和支柱产业方面，政府有关物业服务的投资则将集中在具有社会保障性的廉租房、安居房等方面。目前物业服务企业对高档物业的投资过多，对普通物业，特别是旧城物业的投资过少；对住宅物业、商业物业和公共物业服务投资多，对工业物业投资少等是典型的投资结构与需求不一致问题的反映。

（四）法律手段

对物业服务行业进行宏观调控的法律手段是指政府通过立法和司法，运用法律和法规来规范经济运行秩序，服务物业服务经济活动的一种方法。运用法律手段服务物业服务经济，主要是通过物业服务立法和法律适用实现的。

法律服务方法具有强制性、规范性、稳定性的特点，并具有普遍约束性，是物业服务经济活动的准则。它通过规范物业服务市场的主体行为、市场竞争行为和政府物业服务经济行为，来协调各方面利益，引导物业管理行业的健康运行。因此，法律手段是实施物业服务行业宏观调控的重要手段。随着《物权法》的实行和《物业管理条例》的修订，我国物业管理法律法规体系逐步完善，进一步应借鉴发达国家对物业服务行业实行法制管理的经验，建立完善的物业管理法律服务体系，并设立与服务职能相对应的物业管理执法机构。

（五）行政手段

行政手段就是政府通过街道居委会、公安、交警、规划、城建、工商、税务等行政管理部门对小区内的居民和单位实施的行政管理措施。其权力来源于政府的行政权，主要任务是贯彻执行政府的政策、法令和各种法规，包括街道办事处和居民委员会的民政、征兵、计划生育、侨务等各项工作，公安交警部门的社会治安、户籍管理、交通管理工作，规划、城建部门的城市规划管理和工程质量管理工作，工商税务部门对经济活动的管理工作，等等。

行政作为国家的基本职能之一，是依法对国家事务实行的一种组织的管理活动，包括抽象行政行为和具体行政行为。抽象行政行为是指针对不确定的多数人制定和发布的、可反复适用且不能直接进入强制执行过程的行政管理规范性文件的行政行为，具有普及性和后及性。具体行政行为是指依据行政管理法规，针对特定对象行使行政管理职权，规定和采取一定的行政处理手段或行政措施的行政行为，具有具体性和前溯性。所谓具体性指该行为必须指向特定的事项或行政相对人；前溯性指该行政行为对已经发生的情况有效。例如，对违反物业服务企业资质管理规定的行为做出行政处罚决定书这一具体行政行为，处罚的对象必定是某个具体的违规者，而该项处罚又必定是溯及处罚决定书做出以前已经发生的未取得物业管理资质证书而从事物业服务业务，或者所管理物业与所持资质证书等级不相符的违规行为。物业管理具体行政行为是指具有管理物业服务活动的行政职权的行政机关，法律法规授权的组织及其工作人员，在针对物业服务活动行使行政管理职权过程中所实施的所有的具体行为。

三、物业服务行政管理

（一）物业服务行政管理的涵义及工作内容

物业服务行政管理是国家行政机关依据有关的法律、法规，对物业服务活动实施的行业管理。其实质是国家通过法律手段、行政手段，规范物业服务活动，建立物业服务市场正常秩序，改善人民群众的居住和工作环境。其工作内容如下：

（1）行政立法。物业行政管理部门的首要职责就是制定政策法规，根据国家法律规定的基本原则，针对物业服务中出现的新情况和遇到的新问题，制定物业管理规章制度。

（2）执法监督。行政管理部门根据行政立法进行执法监督，是约束、制止物业服务诸多主体不当行为、不法行为的重要环节，是整顿物业服务市场秩序、促进物业服务行业健康发展的有力手段。行政管理部门要根据行政法规赋予的行政执法职权进行行政执法，对物业服务中出现的违法行为依法给予查处。

（3）协调管理。对物业服务活动中出现的业主之间，业主与业主委员会之间，业主与物业服务企业之间，业主、业主委员会、物业服务企业与各行政管理部门之间的关系进行协调；对物业服务企业与房地产、建筑装修、市政环保、金融等行业进行协调；同时，要提供各种服务，包括政策咨询，人才交流、培养，信息沟通等。

(4)宣传引导。物业管理行政管理部门还要履行一些宣传引导方面的工作，如加强宣传力度，通过培训等形式向业主委员会以及物业服务企业的有关人员普及物业管理的相关法律知识，促使其学习物业管理法规、用好物业管理法规；同时，还要对物业管理法规中不便具体规定或尚未具体规定的、有利于提高物业服务水平、促进物业管理行业规范发展的一些行为进行积极倡导，旨在创造和谐、健康的物业管理环境。

(二)物业服务行政管理方式与手段

市场经济条件下，政府的作用主要是根据法律、法规、规章对物业管理服务行为进行监督管理，为其从事市场活动提供法律和制度上的保障。在管理模式上，从"大政府、小社会"转变为"小政府、大社会"；在管理方法上，从传统的以行政管理方法为主转变为以法律管理方法为主的行政管理方法。

(1)对物业服务企业的行政管理方式。一是依法处罚。处罚的方式包括警告、罚款、没收违法所得和非法财产、责令停业、暂扣或吊销许可证、行政拘留以及行政处罚。二是备案记载。记录物业服务企业的基本情况、经营服务业绩，特别是违法违规等不良行为。

(2)对物业服务行业的行政管理方式。一是实施准入制度，对物业服务企业实行资质管理制度，对专业人员实行执业资格准入制度；二是创造竞争环境，在物业管理行业中推行市场竞争机制，创造公开、公平、公正的市场竞争环境；三是组织开展考评活动，在物业服务行业内，组织创优达标等考评活动；四是处理投诉，按照法定权限与程序，处理各种投诉，解决物业管理纠纷。

(3)物业服务企业违法违规行为的行政管理手段。可以归结为如下三种：一是限制手段，主要有吊销资质证书、降低资质等级等；二是经济手段，主要包括奖励、罚款、没收非法所得等；三是教育手段，主要包括教导、规劝、告诫、表彰和经验推广等。

(三)物业服务企业与行政管理部门的关系

物业服务企业是依据公司法设立的自主经营、独立核算、独立承担民事权利和义务的民事主体。物业管理行政管理部门依法对物业服务企业实施行政监督管理，就与管理对象即行政相对人发生行政法律关系。因而，物业服务企业应积极协调与行政管理部门的关系，充分发挥其社会职能，承担作为企业法人组织应尽的社会责任。

(1)服从行政部门的管理。物业服务企业应及时、全面、准确地了解并掌握物业管理相关的政策、措施、法律、法规，严格遵守各项规章制度，自觉服从行政管理部门的管理。

(2)协助行政部门的管理。行政管理部门是执行相关法规的主体，承担了维护社会以及市场正常秩序的重大任务。然而，良好市场秩序的实现、维持不仅需要行政管理部门的作为，同样也离不开市场主体的协助。当物业服务企业遇到涉及行政管理事务时，应当主动向行政管理部门反映，积极协助行政管理部门进行处理，但决不能越权、越位，模糊了自身职责和定位。

(3)借助行政部门资源的管理。物业服务企业要实现健康、快速以及可持续的发展，行政管理部门的理解和支持是不可或缺的。近年来，物业服务行业发展迅速，造成物业管理服务的行政管理资源比较紧缺，物业服务企业获得行政管理部门支持的难度相应加大。因此，物业服务企业应当主动加强与行政管理部门的交流沟通，关注政策的变化，并积极服从、执行相关规定，配合行政管理，为争取获得行政管理部门的理解、支持奠定良好基础，从而为自身的发展创造良好的外部环境。

(4)支持行政部门的管理。物业服务企业是社会活动的参与者，应及时响应行政管理部门的号召，积极开展有关政策法规的宣传、贯彻、落实等活动，及时向物业管理服务行政主管部门及有关部门真实、准确地反映实际情况和社会信息，为行政管理部门的决策和管理提供便利和支持。

第二节　城市管理理论

一、城市管理理论概述

从某种角度来看，城市就是由房屋建筑、交通设施、基础设施等构成的一个庞大的物业群体，没有物业的城市是不存在的，没有物业管理的城市管理也是不存在的。作为一个专门的行业，市场化的物业管理给我国的城市建设和管理带来了蓬勃的生机和广阔的前景，充分体现了其地位的重要性和作用的不可替代性。

（一）城市管理的含义

综合现阶段国内外对城市管理的理解，可以认为现代城市管理是指多元的城市管理主体依法管理或参与管理城市地区公共事务的有效活动，属于公共管理范畴。从现代城市管理主体的主角——城市政府角度出发，现代城市管理主要是以城市的长期稳定协调发展和良性运行为目标，以人、财、物、信息等各种资源为对象，对城市运行系统做出综合性的协调、规划、控制、建设和管理等活动。

（二）城市管理的性质

城市管理在城市学和城市管理理论研究中一直颇受关注且争论颇多。一方面是因为城市管理学的产生本身就是多学科交融的产物，政治学、经济学、管理学、城市规划学、城市社会学、城市土地学、城市地理学等一批学科都作为城市管理学的支撑；另一方面是因为我国对城市管理的研究还处于起步阶段，对城市管理的各种整合性的研究和实践工作刚刚开展。

目前学术界关于城市管理内涵的理解主要有四种不同的观点：一是认为城市管理就是市政管理，主要指政府部门对城市的公用事业、公共设施等方面的规划和建设进行控制、指导；二是认为城市管理就是城市各部门管理的总和，包括人口管理、经济管理、社会管理、基础设施管理、科技管理和文教卫生体育管理在内的城市群体要素管理；三是认为城市管理是以城市为对象，对城市运转和发展所进行的控制行为，主要任务是对城市运行的关键机制、经济、产业结构进行管理；四是认为现代化的城市管理是指以城市基础设施为重点对象,以发挥城市综合效益为目的的综合管理,包含了城市经济管理、城市社会管理和城市环境管理等内容。

上述四种观点中,最后一种观点较接近地反映了现代城市管理的实质和内容。现代城市管理不仅要对市政进行管理,而且还要管理城市的经济、社会、环境的发展,并处理和预防各种城市问题。实际上,城市管理是以提高城市生活水平为目标,以城市经济、社会和环境为对象,有效使用城市资源,推动城市综合效益长期稳定发展的活动。

（三）城市管理的内容

城市管理内容极其丰富,它是一个系统工程。通常将城市管理分为四个部分:

(1)城市经济管理。经济运作和发展是城市管理工作的中心内容,它直接关系到该地区城市的繁荣和文明,各级政府都十分重视。在计划经济时代,政府直接参与制订计划经济与管理经济,每年工农业产值分配到各个行业,各个企业的规模、效益以及产品分配都要管。进入市场经济后,政府逐渐由微观经济管理转向宏观经济管理,运用法律和经济杠杆以及政府制定的政策对各种经济活动进行有效的控制、指导、协调,以促进城市功能的发挥。

(2)城市社会管理。城市社会管理主要是对人的管理。城市中的人按一定社会关系和生产关系,在共同环境里(城市里)生产、生活。为了使城市里的人生活在一个良好有序的社会环境里,必须对城市进行有效的管理。其管理的内容包括人口管理(户籍管理)、社会秩序和治安管理、城市文化和道德管理(公民思想道德教育、科学文化建设)、虚拟社会管理等。

(3)城市基础设施建设管理。城市基础设施是城市居民生活必不可少的物质基础,它已渗透到人们的衣、食、住、行之中。长期以来,这些基础设施是政府单一投资管理的,由于政府资金投入与经济发展的速度不相适应,基础设施始终是经济发展的"瓶颈"。随着改革开放的不断深入,许多地方政府改变了过去的做法,出台了相关政策鼓励民间投资基础设施建设,进一步开发资本市场,鼓励外资和国内各类社会资本投资城市市政公用事业,提高存量的资产运行效率。

(4)城市生态管理。城市生态是指由城市地区内的自然、生活和生产三大方面所构成的一种自然和谐的系统状态。城市生态管理内容主要指人类生存、生产、生活及社交环境的管理。

二、在城市建设中发挥物业管理的作用

城市化发展的加快使得城市集中了大量的人口,城市规模不断扩大,城市土地越来越紧缺,城市住房建设与管理问题、社会治安问题、环境污染问题、城市人口老龄化问题等不断困扰着各级政府,而物业管理则是城市管理系统中的一个重要载体,是解决"城市病"的重要途径,是加强城市管理的重要措施。作为朝阳产业的物业管理,在建设现代化城市的进程中不仅贡献了直接的经济力量,而且在改善市民居住、工作环境,提升居民生活质量方面也发挥着巨大作用。城市要有品位不仅仅指城市要有高楼大厦和众多的人造景观,更需要有舒适、安全的生活和工作环境,有序、高效的办事环境,以及较

高的文明程度和文化品位，只有这些城市的灵魂存在，才能提高城市生活的档次，提升城市的生活品质。因此，物业管理在城市建设中能够起到的作用是重大的，是具有积极意义的。

（1）城市的建筑物需要进行精心的管理。首先，每个城市都有自己的标志性建筑，不仅有高楼大厦，还有大型社区及豪宅等建筑物，对于这些建筑物的有效管理，乃是物业管理责任所在，也是其特长；其次，物业管理在对小区自然环境和人文环境的营造上，填补了政府对公共环境和公共设施以外的社区环境和城市人文环境的空白；再次，作为城市管理的一个重要组成部分和社区建设的一支生力军，物业管理在自然、人文环境建设中扮演着充满个性的角色，具有重要的社会地位。专业化的物业管理不但能有效地解决"城市病"，而且使城市内各个区域规范运作，提升了城市品位，减轻了政府的管理难度。

（2）物业管理促使城市建设与管理并重，提高了城市管理水平。由于人口多、住房紧缺，在我国城市建设中存在"重建轻管"的思想。许多房屋建设者只求自身经济利益，建房不为住房想，建房不为管理想。开发商为追求经济利润而损害业主利益，业主违章装修、使用物业，对城市管理和城市和谐社会建设造成不利影响。随着《物业管理条例》和《物权法》的出台，政府提倡房地产开发与物业管理分业经营，采用专业的物业服务之后，上述现象则将逐步得到有效的制约和规范。物业服务企业作为独立的企业法人，在宏观的分业经营体制和微观的业主主权委托代理制条件下，与开发商的关系和业主关系逐步理顺，有利于物业管理权的正确行使，应当尽职尽责为业主服务，也应以良好的经营业绩为投资人（如开发商）服务。规范的物业管理还可以规范住户的行为，防止对房屋结构的损害，保证住宅小区（楼宇）整体功能和建筑格局的完美，符合城市规划要求，这样一来城市管理水平也就提高了。

（3）物业管理促进城市管理向"大社会，小政府"方向发展，提高城市服务功能。城市管理的一个重要趋势是在城市社会管理中弱化行政管理，强化社会化服务，逐步走向"大社会，小政府"的状态。在"大社会，小政府"的理念下，作为区分所有建筑物管理的一个典型的形式，物业管理是应运而生的时代产物，管理着政府想管而又管不好的小区管理事务。专业化物业管理已经成为转换城市房屋管理机制和城市物质文明与精神文明建设相结合的最佳选择，是完善和发展现在城市功能的基础；同时重构了城市管理体制中各种要素的组合，促进了城市管理方式的转变，强化了城市管理的其他功能。物业管理小区已成为城市经济活动、社会活动、文化活动以及创建文明社区等活动的微观地理单位，是城市的细胞和组成单元。通过建立与市场经济相适应的物业管理体制和模式，使物业服务企业也成为该区域管理的主体，让业主、住户与企业、政府共同承担物业和建设安全文明小区的责任，将城市管理中分散的管理职能集中起来，由物业服务企业实行统一有效的管理，提高了城市管理社会化和专业化的程度。

（4）物业管理促进了房地产的健康发展。改革开放以来，政府十分重视解决老百姓的住房问题，加大了住房建设投资。中共"十七大"报告中明确提出了"住有所居"思想，21世纪前20年全面建设小康社会的目标，落实在住房上就是保证人均一间房，其中城镇人均居住建筑面积35平方米，每套住宅平均面积在100～120平方米；城镇住宅成套率达到 95%；新建住宅区物业管理的覆盖率达到 95%以上；社区居民公共服务便利程度普遍提高。这将大大推进房地产迅猛发展，大量住宅小区、高层楼宇遍布全国各大城镇。这时，对建房的管理质量、环境美化程度将成为老百姓购房的重要考虑因素，而物业管理正好可以解决老百姓的这个"心病"，使建好的房屋管理更加到位，使环境更加优美。良好的物业管理将改善开发商形象，使消费者从心理建立起对企业的信任感，从而赢得消费者的认可，促进房地产业的健康发展。

（5）物业管理有利于推进"两个文明"建设。住宅小区是城市文明的窗口，它反映出一个城市的经济建设和管理水平，是城市整体素质的表现。良好的物业管理不仅使小区内房屋、设备、场地等硬件管理得到了改善，延长使用寿命，同时使小区内的环境也得到了美化，改善了人们的工作和生活环境，改变了城市的风貌。同时，通过物业管理工作的开展与服务，小区内所建立起的文化、教育、娱乐设施更好地满足了居民的需要，净化了人们的心灵，提高了人们的素质，对培养人们社会主义公共道德意识、健康高尚的思想情操和科学文明的生活方式都有重要意义，对整个城市的精神文明建设将起到积极的推动作用。

第三节　社区管理理论

一、社区管理理论概述

（一）社区的概念

作为社会学基本概念的"社区"一词是从英文 community 翻译过来的，其含义是共同体和亲密的伙伴。社区是社会经济发展的必然产物，随着社会的发展，社区在人类生活中的作用越来越大，因而引起了社会学家对社区的关注，关于社区的研究也就随之产生。社区研究起源于西欧，发展于美国，而后影响到中国。社区研究以其丰富的调查资料和理论成果在世界社会学界占有重要的一席之地，不仅为社区建设和发展提供了重要的依据，也为研究现代城市物业管理提供了坚实的理论基础。

关于社区的定义，如果抛开某种特定的研究角度，从构成社区的客观要素出发，社区即是由生活在一定的地域范围内拥有某种互动关系、地方特征的生活方式和共同的文化心理，且彼此依存的社会群体和社会组织所形成的社会生活共同体。它一般为地域性的、规模较小的基层社区。我国目前所称的社区，在城市一般指街道，农村则指乡、镇或自然村。

（二）社区的要素和类型

1. 社区的要素

根据社区的定义，可以看出社区主要由以下五方面的要素构成：

（1）地域要素。社区是地域性的社会，必须占有一定的人们从事社会活动的区域。正是由于考虑到了地域空间因素，社区研究才与社会学的其他研究区分开来。我国目前社区的地域范围往往被界定为以街道、马路、河道、地界等自然地理或人为区划等来规定的行政区域。社区管理就是对这一地域的人群、组织及社会活动进行的管理。

(2)人口要素。人口是社区构成的第二大要素，主要包括人口的数量、构成、分布和流动等四方面的内容。

(3)区位要素。相对于地域要素来说，区位是指社区内部的人口及其活动的空间分布。在社区内部，人口及其活动的空间分布是有规律的，某些活动往往集中于社区的某一特定部位，逐渐出现了活动与生活设施的空间分布特征，而在社区内形成了不同区域，如自发形成的菜市场、集市、体育运动场、文化娱乐场所等。在传统的农业社区，土地利用形式比较简单，基本上是作为农田和宅基地使用；但在现代城市社区，由于社会生活的复杂化，土地的利用形式也比较复杂，形成特定的功能分区，如工业区、商业区、住宅区及娱乐区。城市社区在时间和空间方面的特点决定了社区区位建设和管理的复杂性。

(4)结构要素。社区的结构要素是指社区内的各种社会群体和组织相互之间的关系。在社区的地域范围内存在着诸多的社会群体和组织，包括家庭、业主委员会、居民委员会、政府职能部门的派出机构、党政机关、学校、医院、生产部门、商业服务部门以及社区居民自发组织起来的各类社会团体等。城市社区内群体和组织的多样化以及各部分之间关系的复杂化，不仅是社区结构理论研究上的难题，在实践上也为社区管理加大了难度。

(5)社会心理要素。在社区内，各个家庭、单位、部门、机关、团体等都是由社区成员个体组成的。当人们生活于一定的社区之中时，人们总是通过血缘、业缘、地缘等关系，与社区中相互联系又有区别的个体结成种种不同的社会关系。在人与人的互动关系中，以及社区群体与社区个体之间的互动关系中，社区的性质和规模会对社区成员的心理和行为产生极大的影响；反过来社区的个体心理因素也会对社区的变化发展和社区主体的行为方式产生巨大的影响。社区的社会心理要素往往在思想和心灵深处内化为社区成员对本社区的认同感、归属感和社区精神，而外化于具有一定文化传统和人文背景的生活方式、行为方式和文化心理取向。同时，长期生活在同一地域的人们，会在衣着服饰、饮食习惯、接人待物、婚丧礼俗等方面，形成一种具有地方特点的生活方式，甚至形成一种约定俗成的默契。这种具有特定人文背景的社区心理，构成了社区的内聚力。在未来的社区文明建设和管理中，社区心理的健康发展将变得越来越重要。

2. 社区的类型

由于社区类型的复杂性，同时也由于研究侧重点的不同，目前社会学界对社区的分类还没有统一的意见。比较常见的分类主要有以下几种：

(1)按照社区的空间特征来划分。一是法定社区。即通常所说的地方行政区，如城市中的各行政区，街道所辖的地域范围形成的社区，农村中的乡、镇、村等行政单位所辖的地域范围形成的社区等。法定社区由一级政府或政府授权的派出机构来充当占主导地位的管理主体，负责协调社区内的其他管理主体，并对社区进行综合管理。二是自然社区。它是人们在生产和生活中自然形成的村落和聚集地，如农村中的自然村落、自然镇，因重大工程而大规模搬迁的居民聚集地，农村人口向城市流动过程中形成的自然迁移人口的聚集地等。这类社区内成员的血缘、亲缘、地缘关系密切，宗族势力较大，乡规民约和宗族家法构成社区的约束要素之一，成为维护、管理社区的一支重要力量。三是专能社区。它是指人们从事某些专门活动而形成于一定空间的聚集区，如上海的浦东新区的陆家嘴金融贸易区、外高桥保税区、张江高科技园区、金桥出口加工区、孙桥现代农业园区等，就是这类社区。

(2)按照农村-城市边界理论标准划分。一是城市社区，指在城市区域内由各种从事非农业劳动的人群组成的区域范围。其特征表现为人口密集，异质性强；成员关系既复杂又松散，其心理受社区组织和社区外的环境影响大；结构要素复杂，物质要素齐全，管理水平较高。二是小城镇社区，即由生活在小城镇范围内，不从事农业劳动的人群所形成的区域范围。它具有农村社区向城市社区过渡的特征，它的人口要素与城市接近；结构要素和社会心理要素与农村社区的特征相类似；物质要素则介于这两类社区之间。三是农村社区，指以从事农业生产为主要谋生手段的农民所形成的区域范围。社区成员的同质性强，关系密切，流动性小，其社会心理受家庭影响大；结构要素比较简单，物质条件比较薄弱。

二、社区文化与和谐社区建设

(一)社区文化

社区文化指在一定地域范围内，因为共同生活和习俗所形成的文化价值观念。社区文化的特征主要有开放性、多元性、地域性、归属性。

现代社会高强度、快节奏的工作方式，容易导致不良的心理状态和紧张的人际关系，可能造成众多的身心疾病，也带来诸多社区问题。社区文化可以创造一种和谐、愉快、友好的家庭氛围及周边环境氛围，让人们的心理得到放松，身体健康、精力充沛地去工作和学习。良好的社区文化建设可以创造出一种舒适、安静、祥和的居住条件。

社区文化活动通常采用如下几种方式：一是运用传播文化的工具和康乐设施，如影剧院、文化站、图书馆、闭路电视等，开展联络感情的活动，增强人们之间的友谊；二是开展文明单位、文明楼、文明家庭、文明市民、文明住宅小区等活动，注重文明居住，邻里团结、互助，积极参加各项公益活动；三是积极开展各类文明活动，提倡讲文明、懂礼貌，树立新风尚；四是组织各类体育比赛、文艺比赛、音乐沙龙、戏剧票友联谊会等活动，加强住户之间的交往与联系，培养集体观念，增强公民意识；五是在特定的节假日，专门进行各类联欢活动；六是在一些涉外居住小区，结合外国友人的实际情况积极开展中西合璧的社区文化活动。

社区文化不可能离开一定的形态而存在，这种形态可以是物质的、精神的，也可以是物质与精神相结合的。社区文化的内容应包括：一是精神文化。精神文化是社区文化的核心，是社区独具特征的意识形态和文化观念，包括社区精神、社区道德价值观念、社区理想、行为准则等，这是社区成员价值观、道德观形成的主要途径。二是制度文化。制度文化是社区成员在生活、娱乐、交往、学习等活动中形成的，与社区精神、社区价值观、社区理想等相适应的制度、规章、组织机构等。三是环境文化。社区环境是社区文化的第一层面，它是由社区成员共同创造、维护的自然环境和人文环境的结合，是社区精神物质化、对象化的具体表现。四是行为文化。行为文化又称为活动文化，是社区成员在交往、娱乐、生活、学习、经营等过程中产生的活动文化，通常所说的社区文化都是指这一类社区活动文化。

(二)和谐社区建设

1. 和谐社区的基本内涵

(1)主体和谐。和谐社区是以人为本的社区，其最终目的就是让居民心情舒畅、身体健康、生活幸福。每个社区居民作为社区的基本细胞，是建设和谐社区的主体，这决定了社区居民的身心健康、整体素养和全面发展程度。当前建设和谐社区的首要环节，就是要确保每一个"细胞"的身心健康都得到保障和同步发展，其权利都得到重视和保护，其个性和创造性都得到充分的尊重和全面发展。

(2)人际和谐。和谐社区是社区居民和睦相处、友爱互助的社区，社区内各个方面的利益都能够得到充分照顾，社区成员个体之间、单位之间、部门之间按照公平、公开、公正的原则竞争，形成人与人之间彼此平等、相互尊重、相互信任、融洽和谐的局面。居住在社区的每个居民，都把建设好社区作为自己义不容辞的义务和责任，以主人翁的姿态积极参与到社区服务、社区教育、社区卫生和社区志愿服务等各种活动中，以自己的诚心、爱心、热心关爱他人、帮助邻里、援济困难者，积极为营造社区良好的人际关系献爱出力，从而使社区友爱团结，人际关系协调、和谐，社区自治组织凝聚力不断增强。

(3)秩序和谐。和谐社区是管理民主、安宁祥和的社区。建设社区的过程是居民归属感和责任感的培育过程，其关键是发展基层民主，推进社区居民自治，大力提高社区居民参与社区建设管理的积极性，调动社区内各种力量共同维护社区的约定和秩序。在此意义上讲，和谐社区同时也是一个负责任的社区，入住社区的各个法人主体(机关、社会团体、企业)应依法承担各自的社会责任，利用各自的资源优势，与社区居民一起进行社区文明共建共享，从而实现社区与政府、社区与企业、社区与社会、社区与自然、社区与居民之间的良性互动，共同营造社区的和谐氛围。

(4)生态和谐。和谐社区应该是人与自然长期协调相处的社区，人与城市相互融合、相得益彰。和谐是一种状态，是事物按照规律协调运转达到的最佳状态。和谐社区关注"民生"、"民居"、"民安"、"民需"，要求创造以人为本，充溢着优雅浪漫气质的人性化生活空间，以达到自然、人文、功能、建筑、园林的高度融合，做到建设与发展和谐、人文与自然和谐，最终实现人与环境、人与城市的和谐发展、和谐统一。

2. 和谐社区建设的基本原则

(1)以人为本，服务群众原则。社区的所有工作都要以社区居民的需求为导向，以社区居民的参与为动力，以社区居民的满意程度为准则，以求社区居民在社区发展中得到实惠，在参与和谐社区的建设中实现自身的发展。

(2)围绕大局，着眼发展原则。和谐社区建设有利于经济、社会与自然的协调发展和可持续发展，有利于社区治理和城市治理模式的创新，有利于激发基层社会的创造活力，为我国的改革发展稳定创造良好的社会环境。

(3)有序改革，逐步推进原则。和谐社区建设是一项系统工程，既要目标坚实，又不可能一蹴而就，要从实际出发，合理规划，分类指导，一步一个脚印，牢固基础，巩固成果，扎实推进。

(4) 整合资源，共建共享原则。充分调动社区内机关、学校、部队、社会团体和企事业单位参与和谐社区建设的积极性，最大限度地实现社区资源的共有和共享，努力营造出共住社区、共建社区的良好氛围。

(5) 注重公平，相互兼顾原则。只有公平，社会才能和谐，社区中居民差距，特别是收入差距不能拉得过大，超过了警戒线就可能使社会走向失衡。但是绝对的公平是不存在的，适当有些差距，是社会有活力、有创造力、有效率的表现。所以要引导社区居民正确对待差距，正确看待公平，学会互助互爱，学会同舟共济。

(6) 发扬民主，健全法制原则。民主的第一个目标是要获得权力，第二个目标是防止权力滥用。

3. 和谐社区建设的主要内容

(1) 以文化为载体，促进人际和谐。加强社区文化建设，创建学习型社区、学习型家庭；开展社区新风尚创建活动；以打造社区共同文化价值观念为纽带，增进共识、促进信任，使不同群体的社区居民在共同的文化活动中得到共鸣，增强归属感、认同感、亲情感；整合好社区中不同群体居民的利益关系，化解矛盾、促进交流、消除隔阂，构建人们之间的相互接纳和相互信任，实现社区和谐。

(2) 以自治为方向，促进管理和谐。积极推进社区自治管理，以创新社区运行机制为重点推进社区自我管理、自我服务、自我约束。积极探索建立社区各方民主参与、合作共事的社区运作机制和议事协商机构，加快建立小区议事委员会、业主委员会等组织。创新社区中介组织形式，按照非政府组织类、公益服务类、娱乐兴趣类等对中介组织进行分类管理，不断提高社区自治和协助管理基层社会事务的能力和水平。

(3) 以服务为重点，促进民生和谐。积极发展社区服务，以满足社区各方面利益需求为基点，关注民情、关心民生、关怀弱势群体。着力建立社区服务的组织网络，社会保障和救助网络、再就业工程网络、便民服务网络；组建社区服务专职人员队伍和社区服务志愿者队伍；加大对社区公益事业的投入，让所有居民均能平等地享受社会公共资源；不断拓宽服务领域，开展各种专业化、社会化的便民服务。

(4) 以建设为支撑，促进环境和谐。要以适度的较高标准加快社区建设，以社区环境持续改进为基础推进人居环境适宜、人与自然和谐。要立足于现代居住的高要求和高起点，打造精品社区、品牌住宅小区，不断推动社区结构功能优化，让社区成员在分享社会发展成果的过程中感受社区环境的温馨和舒适。

(5) 以稳定为关键，促进社会和谐。全力抓好社会稳定工作，以社区家园安宁祥和为目标，致力化解矛盾。正确处理社区内部矛盾是建设和谐社区的必然要求。通过开展社区矛盾纠纷排查，畅通信访、信息渠道，了解群众最急最盼的需要，尽力帮助群众解决生产生活中的实际困难，从源头上消除影响稳定的因素。加强社区人民调解、司法调解、行政调解工作，增强化解矛盾纠纷的合力。坚持以和谐指导稳定工作，依法处置稳定事件，切实处理好激发社会活力与维护社会稳定的关系，解决好影响社会稳定的一些深层次的矛盾和问题。

三、社区综合治理与物业管理

在引入物业管理机制之后，城市的社区管理已由原本的街道、居委会等基层组织负责的单一行政管理模式，转变为基层组织管理与专业化物业管理相结合运作的社区管理模式。

社区管理包含社区文化、环境卫生、综合治理、物业管理等众多要素。物业管理作为社区管理的一个子系统，二者在职能上和方法上有些类似，但在权属关系上却不一样。物业管理是基于业主的管理权委托的企业化的管理服务行为，而社区管理是以街道和居民委员为主体带有很强政府色彩的社区行政管理活动和社区服务等公益活动。因此，两者之间有功能重叠部分，又有各自的空间。两者的关系是相对独立又相互配合的关系，社区管理需要物业管理，物业管理要受社区管理的指导。

（一）物业管理与社区管理的联系

（1）物业管理和社区管理的指导思想一致。物业管理区域建设和社区建设都以物质文明建设为内容，以加强城市管理为重点，以管理区域为载体，按照一定的规范，通过管理和服务，开展丰富多彩的活动，推动社会的发展与进步。

（2）物业管理和社区管理目标一致。物业管理区域建设和社区建设都要以人为中心，开展多种多样的活动，为人们的生活、工作、学习提供良好的空间。物业管理侧重完善物业及其周边环境，为人们创造良好环境，社区建设则侧重于调解人际关系，为人们提供和谐的空间。

（3）物业管理与社区管理是同处社区的相关管理系统。社区管理系统按行政逻辑运行，如文教卫生管理、计划生育管理、老龄人口管理、流动人口管理等；物业管理服务系统按市场化逻辑运行，如物业服务委托管理、物业服务企业经营管理等，两者共存于物业社区中的相关系统，必然要发生联系、影响、制约作用。因此，物业管理需要考虑社区管理因素及要求。

（4）物业管理和社区管理互为影响。物业管理通过物业管理服务，为社区居民创造安全舒适的生活和工作环境，影响人们的生理和心理，促使人们的思想、精神、道德升华。社区管理则通过多种途径来建设一个社区文明，提高居民的文明素质，培养良好的社区环境和社区参与意识，为物业管理的正常开展打下基础。

（二）物业管理与社区管理的区别

（1）管理的主体不同。社区管理的主体是在政府指导下由社区成员参加的社区管理委员会，也即由社区范围内的政府组织、企事业单位、社团组织和居委会等多方参与、共同管理的多元化互助的新型社区组织。物业管理的原始权力主体是业主，市场主体是接受业主委托的承担专业物业管理的物业服务企业。

（2）性质特点不同。社区管理是国家管理社会生活、群众管理社会生活和社会相互交融的基础性社会管理。具体而言，社区管理是在街道办事处领导下的行政性管理和在街道办事处组织引导下，社区内有关单位和居民共同参与的围绕"人的社会生活"而实施的居民自治性管理。政府行为在社区管理中起着主导作用，因而社区管理具有明显的行政性。物业管理则是社会化、专业化管理，是在业主或业主委员会的委托下围绕"人居环境"而实施的公共事务委托管理，不仅具有公共性，还具有劳务交换性和经济性。

(3)管理内容不同。社区管理的内容不仅包括对整个社区建设与发展的规划与组织，而且包括社区范围内具体事物的专项管理，如计划生育、婚姻家庭、卫生保健、科技教育、安置就业、扶贫帮困、老龄工作等。物业管理的内容则是围绕物业开展的专业化管理与服务，如各类房屋建筑及附属设备设施的维修养护，物业环境的治安保卫、消防管理、清扫保洁、绿化管理，停车场的管理以及相关的家庭生活服务等。

(4)运行方式不同。社区管理主要以行政管理、互助管理的运行方式来实施管理。街道办事处与社区有关单位组织的关系，是一种纵向的组织和被组织、协调和被协调、指导和被指导、监督和被监督的关系。社区有关单位组织之间，则是横向的互助关系、协作关系、相互支持与配合的关系。而物业管理主要以业主自治管理与专业化物业服务相结合的运行方式来实施管理，例如，成立业主委员会选聘物业服务公司，签订委托管理服务合同，由物业服务公司提供有偿物业服务，业主及业主委员会实施监督落实等。

第四节　服务理论

一、服务与服务业

(一)服务的概念

1. 服务

"服务"从一般意义上是指为满足他人的某种需要而提供服务劳动，并收取报酬的经济性活动。广义的服务包括在备有劳动资料前提下提供劳动的服务和不备有劳动资料仅提供劳动力的劳务两类。

2. 服务与劳务的区别

服务与劳务既有联系又有区别。从联系方面来说，服务和劳务都是从物质资料生产过程中派生出来的经济现象，都是以提供某种活动形式满足他人的需要，在商品经济下，都具有商品的形式，通过货币买卖进行交易。从区别方面，主要有以下几点：

第一，劳务和服务产生的社会条件不同。服务是人类社会分工的产物，随着劳动生产率的提高，劳动过程中的辅助劳动开始由专门的劳动者承担，进一步又发展为由专门的部门承担，于是就出现了专门提供社会化服务的服务部门，并成为社会经济的一个组成部分。劳务是由于社会经济关系的变化，一部分人失去生产资料，或者离开自己的生产资料，专门为他人提供劳动。劳务的消费者把劳动者当作劳动过程中人的要素来使用，劳务是劳动力使用的表现。

第二，劳务和服务交换的实际内容不同。服务是以劳动结果即服务产品与消费者的货币进行交换，而劳务是以个人劳动力为基础，以劳动力价值进行交换。

第三，服务活动一般是以企业为基本单位进行企业化的经营与管理，是有组织的经济活动。服务业中的个体经济只是在规模上小于服务企业，在经营活动上其实是一样的。劳务则是个人劳动力的使用，如何合理使用劳动力是劳务消费者的事。服务按性质分类一般可分为政治性质的服务、经济性质的服务和文化性质的服务。政府机关的公务员、军队士兵、警察等提供的服务属于政治性质的服务；交通运输业、商业、旅游业、餐饮住宿业、金融业等行业的职工围绕实物形态的物品的生产、流通、消费提供的劳动服务是经济性质的服务；学校教师、图书馆、影剧院的工作人员则是为社会提供文化服务。

3. 服务的特征

(1)服务一般是无形的。一方面，服务提供者通常无法向顾客介绍空间形态明确的服务样品；另一方面，服务消费者在购买服务之前，往往不能感知服务，在购买之后也只能察觉到服务的结果，而不是服务的本身。

(2)服务的生产与消费同时发生。有形的产业用品和消费品在从生产、流通到最终消费的过程中，往往要经过一系列的中间环节，生产与消费的过程之间具有一定的时间间隔，而服务则与之不同，它具有不可分离的特性，即是指服务的生产过程与消费过程同时进行，也就是说服务人员提供服务给顾客时，由于服务本身不是一个具体的物品，而是一系列的活动或者说是过程，所以在服务的过程中消费者和生产者必须直接发生联系，从而生产的过程也就是消费的过程。

(3)服务是难以储存的。基于服务的不可感知形态以及服务的生产与消费同时进行，使得服务不可能像有形的消费品和产业用品一样被储存起来，以备未来出售或使用。

(4)服务具有差异性。同一种服务的消费效果与品质往往存在显著差异，这种差异来自于供求两个方面，所以，服务质量标准也十分不确定。

(二)服务业的基本概念

1. 服务业的定义

对服务的专门系统化研究是从 20 世纪 30 年代开始的。1935 年英国经济学家新西兰奥塔哥大学教授阿·费希尔的《安全与进步的冲突》一书出版，他在书中提出三种产业划分的新概念，即第一产业以农业、畜牧业为主；第二产业以工业制造业为主；第三产业以服务业为主。1968 年美国经济学家维·富克斯的《服务经济学》一书出版，标志着服务经济学学科诞生。

美国经济学界提出了广义服务业和狭义服务业的概念。狭义服务业是指排除流通部门即交通运输业、邮电通信业、商业、饮食业等的非实物生产部门；广义服务业是指所有非实物产品生产的经济部门。随着经济的发展，服务业的种类也在不断增加，无论从定义概念还是从统计概念上讲，现代意义上的服务业都应是广义的服务业。

2. 服务业的分类

(1)流通服务、生产者服务、社会服务和个人服务

经济学家布朗宁和辛格曼(Browning & Singlemann，1975)从服务的功能出发，将服务分为流通服务、生产者服务、社会服务和个人服务。他们是最早提出生产者服务业概念的人。

(2)生产者服务、消费者服务和政府服务

格鲁伯和沃克(1993)在研究了加拿大服务业的增长时提出可以把现代生产中的一

切服务分为三类，分别是生产者服务、消费者服务和政府服务。其中消费者服务是指消费者在私营市场购买的服务；政府服务主要是由政府为消费者的使用提供的服务；生产者服务是指生产者在私营市场购买的服务，用于商品和服务的进一步生产，也称为中间服务。

(3)流通服务、生产和生活的服务、科学文化服务、社会公共服务

在1983年国家统计局向国务院提交的《关于建立第三产业统计的报告》中，对三个产业作如下划分：

第一产业：农业(包括农业、林业、牧业和渔业)。

第二产业：工业(包括采掘业、制造业、自来水、电力蒸汽、热水、煤气)和建筑业。

第三产业：除上述第一、第二产业以外的其他各业。它包括以下四个层次：

第一层次：流通部门。包括交通运输业、邮电通信业、商业饮食业、物资供销和仓储业。

第二层次：为生产和生活服务的部门。包括金融保险业、地质普查业、房地产业、公用事业、居民服务业、旅游业、咨询信息服务业和各类技术服务业等。

第三层次：为提高科学文化水平和人民素质服务的部门。包括教育、文化、广播电视事业、科学研究事业、卫生、体育和社会福利事业等。

第四层次：为社会公共需要服务的部门，包括国家机关、政党机关、社会团体以及军队、警察等。

虽然，这种类型划分对统计工作的可操作性而言略显粗糙，以致2003年已被国家标准《国民经济行业分类》(GB/T 4754—2002)所代替(现行国家标准为GB/T 4754—2011)，但这种分类对认识我国的服务分类还是有很大的现实意义。

(三)服务经济与服务经济学

1. 服务经济

服务经济是指服务性质的行业及其经济活动。服务经济是物质资料生产活动的一部分，人类社会发生的三次社会分工，实际上也是国民经济划分为农业经济、工业经济和服务业经济的历史起点。服务经济是伴随着商品交换的发生而发展起来的，商品交换把服务经济活动卷入交换之中，使之与商品经济紧密联系起来。一旦服务经济形成独立的经济力量，便反过来为从事商品交换的人提供生活服务，满足他们衣食住行的需要；交通运输部门为商品流通提供运输服务；信息部门为商品经济活动提供情报和信息服务；其他服务部门如房地产业、租赁业、律师事务所、会计师事务所等也为商品经济活动提供必不可少的各种专业服务。

在商品经济条件下，如果劳动者为他人提供的服务是当作商品来生产和销售的，就是经济性质的服务，反之则是非经济性质的服务。政治和文化性质的服务，如果当作商品进入交换领域，也可以转变为经济性质的服务，如影剧院、保安公司、商业性演出团体等提供的服务。

服务经济赖以存在的基础是农业经济和工业经济，这是因为服务劳动一般不创造实物形态的产品，部分服务劳动者创造实物产品也只是对工农产品进行简单加工。

2. 服务经济学

服务经济学是一门部门经济学。它既研究服务经济活动中的各种基本理论，又要研究服务业经营过程中的实际问题，从理论探讨中找出促进服务产品生产和交换发展的规律。因此，它要以政治经济学的一般原理为指导，深入研究服务业各种经济活动的特殊性，同时，它又要以对服务经济理论探讨的成果补充和发展政治经济学。服务业是由生产和经营服务产品的行业构成，几乎有一种(类)服务产品就有一个服务行业。服务经济学只是研究各个行业中的一些普遍性的、共同性的经济问题。各个行业根据自己的特点进行研究，形成各自的经济学，如旅店经济学，广告经济学等。服务经济学同这些分支学科的关系，是互相补充、共同发展的关系。

服务产品的生产和再生产，是服务业的经济活动中人与人的相互关系的基石。服务经济学就是以这些关系作为主要的研究对象，围绕服务产品的运动，服务经济学着重研究以下四个方面的问题：

1) 服务产品的生产和流通

在商品经济条件下，服务产品是商品。同一般商品一样，服务产品的二重性是由创造服务产品的服务劳动的二重性决定的，即服务劳动的具体形式创造使用价值和服务劳动作为人类脑力和体力的支出形成价值。服务产品的价值论是劳动价值论的一部分，是对劳动价值论的补充和发展，也是服务经济学的理论基础。

2) 服务企业的经济活动

服务产品是由服务企业或个体劳动者生产和经营的。大多数服务劳动者在企业或经济组织中进行劳动，个体劳动者是少数。企业活动中的各种经济关系是由服务业生产资料的所有制性质决定的。生产资料或以货币为代表的生产资金是服务业发展的前提。在资本主义制度下，服务业的资金是资本，服务劳动者是资本家的雇佣工人。在社会主义制度下，服务业的资金是以公有制为基础，多种经济形式并存，服务劳动者分别在不同所有制的企业或组织里劳动，体现着社会主义的生产关系。

由于服务产品的生产和经营的具体表现形式是服务劳动者对消费者的直接服务，他们的劳动积极性对生产和流通的发展比其他部门更有决定意义。因此，服务经济学对服务企业内部的各种经济关系的研究，特别注意调动劳动者的积极性，以提高劳动生产率和经济效益，这也是服务经济学的理论基础。

3) 服务产品市场

服务产品作为商品必须进入市场才能实现自身的物质替换和价值补偿。服务企业的生产和经营活动，也是以市场为舞台。因此，对服务产品市场的研究，也是对服务业内部和外部纵横交错的经济关系的研究。同时，服务产品的特殊性，决定了服务产品市场不同于实物产品市场。例如，服务产品市场的弹性很大，是由于自我服务与社会服务经常处在相互替代的变动之中。服务企业或单位若要扩展市场、开拓市场，必须使自己的服务产品适销、优质、廉价。因此，对服务业进行计划指导，也要以服务产品市场的特点为依据。

4) 同国民经济其他部门的关系

服务经济学不是孤立地考察服务业的经济活动，而是在它同国民经济各个部门的相互联系中考察它的生产和再生产的全过程，考察它发生、发展的客观必然性。服务业为社会生产、流通和消费服务，它的产品当作生产资料和消费资料进入生产、流通和消费领域。它为了满足自己再生产的需要，又要从其他部门取得必需的生产资料和生活资料。这个过程就是服务业同国民经济各个部门相互作用的过程。社会生产越发展，国民经济各个部门、社会生活各个方面对服务业的需要越大，同服务业的关系也就更为密切。

二、物业服务

物业服务是指专业化的物业服务企业和物业服务专业人员为满足业主(使用人)与物业服务有关的需要而提供体力和智力劳动，并收取一定报酬的经济活动。

1. 物业服务及其特点

物业服务是指由专业的物业服务机构和人员，根据物业业主的委托，依照国家的法律法规和双方签订的合同，运用现代的管理方法和先进的技术手段，以有偿服务的形式，为合同约定范围内的房屋建筑、附属设施设备和周围相关环境提供维修养护和保持服务，在统一提供清洁卫生、公共绿化、道路车辆管理、安全防范等公共服务的同时，为业主和使用人提供所需的生活服务，并在此基础上，支持业主开展社区文化活动，创造文明和谐的生活工作环境。

物业服务有如下几个特点：

第一，物业服务是一种综合性的服务。从物业服务的内容就能看出这一特点。物业服务提供的不只是某一、两种服务，而是多层次的综合服务。

第二，物业服务是一种经营性的服务。物业服务机构一般是企业性质的经济组织，它们为物业及物业业主和使用人提供的服务是有偿的，是一种企业化的经营活动。物业服务企业如果不能实现自身资金的良性循环，不要说为物业及其业主和使用人提供高效优质的服务，就连能否维持企业的日常运营都是一个问题。因此，为了享受物业服务，业主必须按物业服务合同的约定，按时向物业服务企业交纳服务费。

第三，物业服务是一种规范性的服务。物业服务企业要根据国家法律法规，在工商行政管理部门进行登记注册后，并且按照行业主管部门的规定取得相应的资质，从事物业管理服务的人员也要取得职业资格证书。他们要依法经营，行业主管部门也要对其监督指导，物业服务企业和业主之间必须通过规范的方式进行聘用，并签订合同，对于物业服务企业制订的合法的和规范的制度和措施，业主和使用人也要遵守，予以合作。

第四，物业服务是一种带有管理性质的服务。这种管理性体现在三个方面：首先，当某个物业服务企业一旦接受了某个物业区域业主的物业服务委托时，物业服务企业便对其服务区域的物业及诸多事务有了统一的经营服务权力。其次，物业服务企业对服务范围内的物业及附属设施设备、道路、环境、绿化等，一方面要提供维修养护、清扫保洁等服务，另一方面还要按照业主的共同意愿进行管理，通过各种管理规约规范人们的居住行为，以提高服务质量和服务水平。例如，居住区内不准私自违章改建房屋、违章装修，不准乱丢垃圾，不准破坏绿化物等。没有这些约束，居住区可能很快会变成脏、乱、差的地方。最后，物业服务企业有些工作实际上是承接了某些公共服务产品的下游生产，如治安保卫、环境卫生、火灾防范等，必须与上游的生产部门即公安、环卫、消防、城管等行政主管部门发生业务上的联系，传达有关政策，协调业主与这些部门的关系。人们把物业服务习惯上称为物业管理有一定道理，但服务是物业服务企业的中心任务，这是必须明确的。

2. 物业服务内涵

物业服务是平等条件下的物业管理首要属性。"服务"既概括了物业管理的平等性质，又概括了服务就是管理的内涵。物业服务由以下三个方面组成：

1）服务理念

服务理念是企业管理的指导思想，是物业管理的关键要素。很多知名的物业服务企业非常重视本企业服务理念的提升和创新，提出了许多令人满意的服务理念，如"顾客满意，服务至上"、"零干扰服务、亲和式服务"、"酒店式服务"、"个性化服务"、"焦点问题零库存，与住户保持零距离"等服务理念。然而在现实的物业管理工作中，有些物业服务企业对物业管理往往是"管理有余、服务不足"。讲到管理往往又是管、卡、压，只讲"管"而不讲"理"，于是擅自停水、停电等恶性事件不断发生。这样的企业工作观念实质上还没有从"管理"上升到"服务"，一旦业主行使否决权就可能使其"下岗"。

2）服务内容

服务内容因物业对象不同而有所区别，既有常规性的公共服务（清扫保洁、安全护卫、房屋维修、设备维护、供水、供电等），又有针对性的专项服务，还有个别需要的特殊服务。服务内容是根据物业对象的实际情况，居住者的需求及经济承载能力等具体情况制订。

3）服务标准

服务水平是否高，服务质量是否好，应该有个参照系，这就是标准。中国物业管理协会2004年1月6日发布了《普通住宅小区物业管理服务等级标准》（试行）（以下简称《标准》），适用于除实行市场调节价的高档商品住宅的物业服务外的普通商品住房、经济适用住房、房改房、集资建房、廉租住房等普通住宅小区的物业服务。该标准根据普通住宅小区物业服务需求的不同情况，由高到低设定为一级、二级、三级三个服务等级，级别越高，表示物业服务标准越高。《标准》中各等级服务分别由基本要求、房屋管理、共用设施设备维修养护、协助维护公共秩序、保洁服务、绿化养护管理等六大项主要内容组成。《标准》以外的其他服务项目、内容及标准，由签订物业服务合同的双方协商约定。选用本《标准》时，应充分考虑住宅小区的建设标准、配套设施设备、服务功能及业主（使用人）的居住消费能力等因素，选择相应的服务等级。但该标准的执行还是有赖于物业服务企业与业主的谈判，在目前物业服务企业作为强势主体的情况下，业主的一些利益还是不能得到保障。许多业主反映月月都交物业服务费，而得到的服务甚少，甚至有收了费不服务的现象。而物业服务企业则有苦难言，认为业主交的费太少不够成本开支，企业实际是在亏损经营。业主与物业服务企业是物业服务开展的两个侧面，出现矛盾是正常的，其根源是标准的具体化和执行中的监督比较困难，双方沟通不畅、评价不一。

3. 物业服务经济

物业服务经济是指从事物业服务的行业及其经济活动。物业服务经济属于第三产业，是一个综合性的服务行业。物业服务经济是伴随着房地产业的发展而产生并发展起来的。物业服务经济的主体是物业服务企业和物业的业主，而业主的利益一般由业主委员会代表。业主委员会由业主大会选举产生并代表业主的利益，反映业主的意愿和要求，监督物业服务企业的活动。物业服务企业是具有法人资格的经济组织，有自己的财产，能自己承担民事责任。物业服务企业与业主之间，是受托人与委托人、服务者与服务消费者的关系。业主大会有权决定聘用或解聘物业服务企业，业主委员会代表业主与物业服务企业签订服务合同，协助物业服务企业开展各项业务、组织社区活动。

参与物业服务经济活动的还有政府部门、各类专业公司等。政府部门主要从政策上、法律法规上对物业服务活动进行调控和指导，同时从城市的建设与管理出发，把物业服务活动和城市的有序发展结合起来，促进城市面貌的改观和居民生活环境的改善。所以，许多政府部门如城建、城管、工商管理、文化教育、卫生防疫、民政等都会在业务上与物业服务企业和业主发生联系。

各类专业性公司则是应物业服务企业的业务需要，与物业服务企业签订承包合同，将物业服务企业在提供物业服务过程中需要完成的专业性较强的业务承包下来，以提高物业服务的效率和质量。如物业维修、设施设备的维修更换、管线的检修、园林绿化养护等，一般由专业公司来承包。物业服务经济是一种新兴的服务经济，它的发展带动了其他多种服务业的发展。

复习思考题

1. 行政管理在物业管理活动中起了什么作用？
2. 城市管理与物业管理有何关系？
3. 阐述社区管理与物业管理的区别与联系。
4. 服务与劳务有何区别？
5. 服务经济学研究哪些问题？
6. 物业服务的内涵包括哪些内容？

第四章 区分所有建筑物的管理

区分所有建筑物的管理是指为维持区分所有建筑物的物理机能，并充分发挥建筑物社会的、经济的机能而进行的一切管理活动。因此，管理包括建筑物的保存、改良、利用、处分以及对区分所有权人共同生活秩序的维持。

建筑物区分所有权与物业管理各项活动息息相关。建筑物区分所有权完整地规范了业主、使用人在物业管理活动中行使建筑物区分所有权权利的原则，建立了物业管理的基本制度，确定了物业管理责任主体的法律地位，明确了物业管理主体之间的法律关系，明确了物业管理责任主体的权利义务，建立了管理规约、业主全体会议等制度，赋予业主及业主全体会议可以选聘物业服务企业，通过签订契约，委托物业服务企业提供约定服务的权利。

第一节 建筑物区分所有权的特征与行使原则

一、物业管理权的让渡

从一定程度上说，物业公共事务管理制度是区分所有权的一个必要组成部分或必然结果。建筑物区分所有权的行使和保障已经具有相当的公共性质，需要有共同管理人通过一种公共性的途径实现。这在一方面促进了物业公共事务管理的出现，另一方面，也使基于建筑物区分所有权的物业公共事务管理权有别于传统的物业管理权。基于建筑物区分所有权而产生的物业管理权具有物权性，与传统物权有其共同性又有其特殊性，具体表现为：第一，物业管理权具有直接支配性，物业管理权人直接对物业进行管理活动，而不必也不需请求他人为之。第二，物业管理权具有绝对性。物业管理权是区分所有权人享有的直接行使的权利，必然具有绝对性，排除他人的干涉。第三，物业管理权具有从属性。物业管理权衍生于建筑物的区分所有权，从属于区分所有权，随其转移而转移，随其消灭而消灭。第四，物业管理权具有公益性。物业管理的对象是物业整体，即整个物业管理区域，针对的也不只是某一位区分所有权人，而要涉及各建筑物区分所有权人之间的关系，物业管理区域内部与外部的关系更具社会性。第五，物业管理权具有债权性。基于物业公共事务管理的特性，物业管理权一般要由具有专门物业管理知识和技能的个人、组织行使，所以物业管理权还具有可让渡性，由建筑物区分所有权人让渡给专门的物业服务企业。但是这种可让渡性并非物业管理权所独有，物业所有权与管理权相分离的情况早已不罕见。物业管理权的特殊性在于这种让渡具有必须性，即区分所有权人必须把物业管理权让渡给某一特定的物业服务企业或个人，这一方面是由其公益性所决定的。建筑物区分所有权人不能将物业管理权，或者说物业公共事务管理权强留在自己手上，他无权选择让渡或不让渡，只能选择让与谁。另一方面，作为受让物业管理权的物业服务企业，所取得的物业管理权必须是由区分所有权人以一定形式让渡给他的。

除区分所有权人以外，任何人无权决定更不能强行地通过不正当手段取得物业管理权，这使物业管理权就具有一定程度的相对性。这种让渡只要以一定形式在现实中得以实现即可，例如，按物权法规定，物业管理权人是基于建筑物区分所有权人签订的委托合同获得物业管理权的。物业管理权从实质上来说是建筑物区分所有权人将其所有权能的一部分让渡给专业性的、超脱于所有权人之上的物业管理权人形成的权利，经过这种委托之后，实质上出现了物业管理权的分解，即专有部分管理权和共有部分管理权。共有部分管理权由业主委托给物业服务企业，通过合同确定双方的权利和义务，才出现由物业管理服务企业行使的业主公共事务管理权。

二、物业管理权的特征

（1）物业管理权的及物性。一般认为，物业管理权既是及物的，又是及人的，既管物又管人，但管人起因于管物。对人的管理是由物业产权引起，即共同管理权是因专有所有权而产生的从属性权利，例如，《物业管理条例》第四十二条规定，已竣工但尚未出售或者尚未交给物业买受人的物业，物业管理费用由建设单位缴纳。因为建设单位是产权主体，如果不缴纳空置房物业管理费将使小区的物业管理经费不足，从而导致小区整体环境及业主生活质量的下降，最后侵害业主利益，即影响了共有所有权的利益的实现。业主们要以共同管理权来制约建设单位。从这个规定可看出，为什么在没有相对人的情况下，亦可以要求建设单位缴纳管理费，这便体现了管理权的及物性，即只要物存在，便存在管理和维护，所以在这里不是交不交管理费的问题，而是由谁交的问题。从及物性角度看，当业主转让自己的房产时，这些区分所有人的受让人应继承让与人积欠的管理费。如果物业管理权是及物的，是对"物"的管理产生的费用，那么积欠的管理费可以追及"物"之所在，具有担保物权的性质；如果物业管理权是债权，是及人的，那么，积欠的物业管理费只能追及至"人"。

（2）物业管理权中的及人性。物业管理权并不泛指管人，物业管理对人的管理是出于对物管理的需要。物业管理的客体只能是物，管理服务人员是出于管理物才涉及管人的。物业管理人行使物业管理权的目的和结果都是实现对物的管理，目的在于维护小区的秩序，加强管理，维护业主的整体利益，《物业管理条例》第四十六条规定："对物业管理区域内违反有关治安、环保、物业装饰装修和使用等方面法律、法规规定的，物业服务企业应当制止，并及时向有关行政管理部门报告。"如果物业服务企业没有尽职尽责，造成业主生命财产安全受到损害的，应负有相应责任。

很显然物业管理与物业管理活动中会有大量的管理与服务行为，是在人与人之间发生的，是共同管理权的实现的行为；反过来是要从根本上确保物业产权人的物业所有权的实现。因此，物业管理权的及物性是根本特性，及人性是从属特性，两者是物业管理权特性不可分割的两个方面。

三、建筑物区分所有权的一般行使原则

建筑物区分所有权必须遵循所有权的一般行使原则，如遵守国家的法律、法规和社

会道德规范；不得损害社会公共利益；不得损害他人合法权益等。由于区分所有权不能单独存在，又都设立于同一物业建筑物之上，所以在行使时，必须遵守建筑物区分所有权的合理原则、整体利益优先原则、多数原则、约定原则等四项特别原则。通常这四项特别原则可分为实体法上的原则与程序法上的原则，其中合理原则和整体利益优先原则就属实体法上的原则，而多数原则和约定原则属于程序法上的原则。

（一）合理原则

建筑物区分所有包括区分部分的专有所有和共享部分的共有，二者有时是混合的，如区分所有建筑物中间支撑承重和抗震结构的墙、梁、柱、天花或地板。从空间位置上看也可能在专有部分的位置内，但从结构上如果拆除或变更就会直接危及整栋建筑物的安全或影响整栋建筑物的美观，因此其实际上是属于共同共有的，也就是说，共有部分在专有部分的包围之中。因此，区分所有权人在行使权利时，就必须把握在合理的限度内，不得滥用权利损害其他区分所有权人的利益。

按照合理原则的精神，区分所有权人在室内装修、装饰时无论支撑承重和抗震结构的墙、梁、柱、天花或地板的位置是否与他人相邻，均不得拆除或截断支撑承重和抗震结构的墙、梁、柱、天花或地板，也不得在支撑承重和抗震结构的墙、梁、柱上拆捣修建壁橱。拆除重建相邻的非承重和非抗震墙必须征得相邻方区分所有权人的同意，为维护建筑物抗震的刚性作用，非相邻的非承重的非抗震墙可以合理利用，但不得整体拆除。此外，区分所有权人在使用自己专有部分时必须合理利用，不能只顾自己获益而不顾他人安危，不得超出建筑物楼板允许的使用负荷。例如，安装过重的大理石或花岗岩地板，或在工业厂房安装超负荷的重型机器，以免因负荷超重而造成整栋建筑物楼板、地基或墙体开裂甚至损毁。

（二）整体利益优先原则

多数区分所有权人为经济利益或其他利益所驱使，作出对区分建筑物整体有不利影响的决定时，其他区分所有权人可以整体利益优先的原则进行抗辩。常见的对区分建筑物整体有影响的可以是多数区分所有权人同意个别区分所有权人在物业建筑物屋顶加层，或是多数区分所有权人同意一、二层等底层楼的区分所有权人拆除临街的承重墙等。因此，整体利益优先原则实际上是对区分所有权人不恰当使用多数原则的一种限制。多数原则在某些情况下容易形成，如多数区分所有建筑物的房屋购买者之间的亲戚关系，或其一人购买多个区分所有建筑物的房屋而享有多个共同共有的表决权。

（三）多数原则

多数原则是指使用或利用区分所有建筑物的共有部分时，应当以多数共有人的一致意见来定之。区分所有建筑物的共有部分由共同共有和部分共有两部分组成。部分共有的范围包括区分所有建筑物内的相邻隔墙、天花板、地板、部分区分所有权人共有的走廊、楼梯、各种供水供电管线、设备、设施等。共同共有的范围包括区分所有建筑物的屋顶、天面、支撑承重墙、支撑承重梁、围墙、楼梯、电梯、消防设施、大堂、出入口、通道、地基等。

应该指出的是，在目前现实生活中，对共有部分的利用还是存在着一些不正当的观念，例如，购买了区分所有建筑物顶层的部分区分所有权人，往往误解自己理所当然拥有顶层上部屋顶的所有权，擅自在屋顶修建空中花园；又如，购买了区分所有建筑物底层的区分所有权人，擅自拆除临街的承重墙经商。这些行为都直接侵害了建筑物其他区分所有权人的合法权益。因此个别区分所有权人未获多数区分所有权人同意擅自利用的共有部分，即使获得政府有关行政部门的批准，亦属无效。因为共有的多数原则为国家法律的确认，行政规章及行政决定不得有悖于国家法律。此外，多数原则的另一个具体内容是部分共有的多数不得对抗代表建筑物全体区分所有权人整体利益的共同共有的多数。例如，区分建筑物一侧楼梯两旁的区分所有权人，出于自身安全的考虑，一致同意在顶楼的楼梯口安装铁闸门以禁止人员随便进出，但代表全体区分所有权人利益的多数反对，并认为如果顶层楼梯被铁闸门拦死，将对顶层的合理利用，以及水箱、电梯、消防等设备设施的维修保养，发生火灾的紧急情况下的疏散通行会造成诸多不便，不同意安装铁闸门。按照多数原则，区分建筑物一侧楼梯两旁的区分所有权人的多数就得服从代表全体区分所有人利益的多数的反对意见。

（四）约定原则

全体区分所有权人或其他人可通过约定的方式取得共有部分的使用权。例如，临近商业区或城市主要道路的高层建筑物屋顶具有商业利用价值，可在上面设置广告或霓虹灯广告位，房地产的开发商往往会保留屋顶的广告专用权，并通过特别约定的方式将其出售、出租或留作开发商自用。这就使建筑物屋顶的广告专用权延伸成为特定的建筑物区分所有权，同时对于非购买广告专用权的建筑物区分所有权人的其他人而言，则失去了这项权利，即区分所有权受到了限制，售买者取得广告位的这种建筑物区分所有权后，可以自己使用，也可以出租或转让他用，不得违反共同共有的使用原则。这种约定方式的具体内容包括建筑物的全体区分所有权人仍对建筑物的屋顶享有一般的共有权，如屋顶维修保养、安装或修理屋顶的共享设施、设备、晾晒衣物等。获得广告位专用权这种延伸的特定建筑物区分所有权人不得妨碍这些共有权利的实现，与此同时，全体区分所有权人也不能妨碍广告位专有权的实现。

第二节　管理模式和管理团体

一、管理方式

区分所有建筑物的专有部分是由各区分所有权人专有，为单独所有权的对象，因此由区分所有权人自行管理；共享部分为全体或一部分区分所有权人共有，因而应由全体或一部分区分所有权人共同管理。而这种共同管理在意见的形成与费用的分担上较难达成共识，特别是数十、数百户乃至数千户的较大规模的区分所有建筑物更是如此，因此而产生出各式各样的管理方式。

（一）自主管理方式与委托管理方式

所谓自主管理是指区分所有权人自行执行管理业务或彼此构成一个管理团体来执行管理业务的管理。自主管理根据区分所有权人的多少可分为直接管理（人数较少时）和管理团体组织管理（人数较多时）。管理团体的最高权力机关为区分所有权人大会（或称为业主大会）。大会决议事项直接构成区分所有权人的权利义务。管理团体设理事会（或称业主委员会）作为其执行机构。理事会成员由管理团体构成员（承租人通过规约明确其权限，也可以成为构成员）推选代表组成。理事会设理事长、副理事长、理事等。理事长通常为管理团体的具体管理人，执行管理任务。

委托管理是指区分所有权人将管理业务委托管理公司或第三人管理。这时，区分所有权人与管理者通过委托合同或契约形成委托关系。根据委托业务的内容，又可以分为全部委托和部分委托。全部委托是将管理业务全部委托给管理公司，区分所有权人仅付管理费就能享受到管理服务；部分委托是指将管理业务的部分委托给管理公司，而另一部分则由管理团体承担。相比较而言，后一种委托费用较低。

（二）管理人方式与非管理人方式

管理人方式是指设置管理人员管理建筑物的管理方式，反之称为非管理人方式。在全部委托情况下，管理人由委托方委派；在自行管理时，管理人由区分所有权人管理团体自行推选。管理人素质的好坏直接关系到管理水平的高低。因此，管理规约应该有明文规定，以确保管理质量。至于管理者的身份，既可以是法人，也可以是自然人。

（三）法人与非法人管理方式

生活在同一栋建筑物上的各区分所有权人在共同关系上结成管理团体，该管理团体依法具有法人资格的，称为法人管理方式，反之，称为非法人管理方式。在现代各国立法中，明确区分所有权人管理团体具有法人资格的仅有法国、新加坡和我国香港特别行政区。日本现行的建筑物区分所有权法是分别对具备一定条件的管理团体，赋予其法人资格，称为管理团体法人。

（四）管理团体方式

区分所有权人管理团体的设定，一般是以一栋建筑物为基础的。生活在同一栋建筑物上的全体区分所有人事实上形成了这一共同体的关系。而该共同体关系的成员，从人数上来说，因建筑物规模大小而有多寡；从区分所有权人的财力而言，有财力雄厚的，也有财力有限的；从居住者的心态来说，长期居住的人，希望管理方法尽善尽美，临时居住者，则认为管理方法越简单越好；置业保值者，因无居住或出租的意思，则不希望承担管理费用。对于如此复杂的关系，要统一区分所有权人及居住者的意思甚为困难。因此，为了维护建筑物各部分应有的机能，解决彼此之间的纷争，维护共同的生活秩序，协调彼此之间的共同利益，就需要一个超越个人的团体组织，以借该团体组织的力量，妥善订立管理规约，设置管理机构，处理共同事务，区分所有权人团体组织因此得以形成。

由此可知，所谓管理团体，是指一栋区分所有建筑物上的全体区分所有权人为进行建筑物及其基地、附属设备设施的管理而结成的管理组织。

二、区分所有建筑物的管理内容

一般来说，自己的物业原则上自己来管理，对于一栋一户的建筑物并不发生管理问题，而对于一栋区分所有建筑物，专有部分虽然为各区分所有权人单独所有的对象，但共有部分却为全体或部分区分所有权人所共有，各区分所有权人因而发生利害冲突，也就同时产生了从管理上加以调整的必要。区分所有建筑物的管理，一般包括建筑物的保存、改良、利用、处分以及对区分所有权人共同生活秩序的维护。

1. 物的管理

1）建筑物

建筑物分为专有和共有两大部分，共有部分是管理的主要内容，除此以外，专有部分相互间或专有部分与共有部分之间的墙壁、地板、天花板、柱等所谓境界壁，以及为维护建筑物的安全与外观所必要的支柱、屋顶、外壁等建筑物基本构造部分，也视为共有部分，纳入管理内容之中。

2）基地

基地包括四类：①立体的专有部分下的基地；②共有部分的基地；③建筑物至市政道路的基地；④其他基地。

3）附属设施

指附属于建筑物的一切设施，如建筑物的附属物、附属的建筑物、非属专有部分建筑物的附属物，如供电系统、供水系统、煤气管道、空调系统、紧急报警系统、中央监视系统、电梯、屋顶储水池等共有部分。

4）环境卫生

指物业区域内的园林绿化、景观小品、共有部分的清洁卫生等。

2. 使用行为管理

1）对建筑物不当毁损行为的管理

建筑物不当毁损行为是指区分所有权人在使用共享部分或改造专用部分时所产生的危及建筑物外观的行为，如违章搭建、改变建筑物外观或室内装修时随意更改承重墙等影响建筑物结构安全等行为。

2）对建筑物不当使用行为的管理

所谓对建筑物不当使用行为，是指改变房屋性质，如住宅改为卡拉 OK、饮食店、小型加工厂、仓库、写字楼等，此种对建筑物的不当使用，不只带来噪声、振动、油烟、污染，降低居住品质，甚至使居家安全蒙上阴影。

3）对生活妨害行为的管理

所谓对生活妨害的行为，是指一栋区分所有建筑物上的区分所有权人，在建筑物使用上所产生的一些行为影响他人的生活和公共秩序，如违反规定饲养动物，大声喧哗，不合时宜的大声播放音乐妨碍邻居安宁，任意堆放垃圾和物品或妨碍公共安全的行为，都应在管理和制止之列。

4）共同事务的管理

主要指物业档案资料的管理，包括建筑物的规划设计、竣工的技术资料、验收资料、设备设施安装、使用、维护保养资料；保修文件及使用说明书；产权、户籍资料；业主和非业主使用人资料。

三、我国现行的主要管理模式

区分所有建筑物的专有部分是由各区分所有权人专有，因此由各区分所有权人自行管理；共有部分为全体或一部分区分所有权人共有，因而应由全体或一部分区分所有权人共同管理。而这种共同管理在意见的形成与费用的分担上较难达成共识，特别是数百户甚至上千户等较大规模的区分所有建筑物更是如此，由此而产生出各式各样的管理方式：

（一）委托管理

委托管理是指区分所有权人将管理业务委托给物业服务企业或第三人管理，这时候区分所有权人与管理者通过委托合同或契约形式形成委托关系，根据委托业务的内容又可分为全部委托和部分委托，全部委托是将物业服务全部委托给物业服务企业，区分所有权人只要付服务费便能享受到管理服务；部分委托是指将物业服务的部分委托给物业服务企业，而另一部分则由管理团体承担。

中国绝大部分是采取委托管理的，委托管理模式在我国已经走过了20多年的历程，已经建立了基本配套的法规体系，也积累了一定的运作经验，《物业管理条例》中所定义的物业管理，也是"指业主通过选聘物业服务企业，由业主和物业服务企业按照物业服务合同的约定，对房屋及配套的设施设备和相关场地进行维修、养护、管理，维护物业管理区域内的环境卫生和相关秩序的活动。"可见，《物业管理条例》这部行政性法规，也是专门为规范这种委托管理行为而制定的。国家的行政管理部门，针对物业服务的招标投标、物业服务收费、物业服务企业的资质管理等问题制定了相应的部门法规，以及《物业服务合同》等文件的示范文本，操作流程清楚，有章可循，由不同资质的物业服务企业组成的整个物业服务行业，经过20多年的历练，也具备了为不同类型、不同档次的物业提供物业服务的能力，可供业主自由选择，因此，委托管理成为区分所有建筑物管理的主流。

（二）由开发建设单位委托下属企业管理

物业管理引入中国内地的初期，受香港大型房屋"谁开发、谁管理"模式的影响，从20世纪80年代末到90年代，绝大部分由开发建设单位开发的物业，不管是住宅物业或非住宅物业，都交给自己属下的物业服务企业提供服务，然而开发建设单位本身也是良莠不齐，有些开发建设单位本身就资金缺乏，所开发的物业规模不大，物业服务成本高，建设过程中遗留的问题多，配套不完善，为节省成本只能聘请一些素质较低、没有受过专业训练的人员来提供物业服务，由于服务水平低下，引起业主强烈不满，其恶劣影响波及整个行业，也引起了各级政府的重视。自2003年《物业管理条例》出台后，这种模式已逐渐为业主选聘委托物业服务企业所替代。在住宅物业中，仅有少数还未成立业主大会的区分所有建筑物还保留这种模式。

然而，在非住宅物业中，这种模式还是占有很大的比重，但非住宅物业由于物业服务费较高，物业服务企业在经营中还可获取合理的利润，因此也能吸纳一些优秀的人才，物业服务行业中高学历的管理人才大部分都扎堆在非住宅物业服务中，因此，尚能保持相应的服务水平和素质。

（三）业主自主管理

由于《物业管理条例》所定义的物业管理是在物业服务企业介入下的管理行为，而业主自主管理显然不符合上述的定义，那么，业主自主管理是否有法律依据？

我国《物权法》第七十条规定，业主对建筑物内的住宅、经营性用房等专有部分享有所有权，对专有部分以外的共有部分享有共有和共同管理权，也就是说，业主可以自行管理建筑物及其附属设施，也可以委托物业服务企业或其他管理人管理，业主自主管理是指业主成立自主管理组织，自主管理组织根据公共服务标准，承担整体管理责任，向业主提供公共服务。包括：

一是"自己管理方式"；二是外包给多个专业服务公司提供专项服务的"专项服务项目管理方式"，由业主委员会负责多个公共服务项目的综合协调；三是将一部分公共服务项目外包给物业服务企业，一部分自己管理的混合管理方式，也就相当于委托管理中的部分委托。

1. 自己管理方式

自己管理是业主委员会按照业主大会决议组建物业管理队伍，向业主提供公共服务的管理方式，按管理主体可划分为业主委员会管理和物业管理职业人管理两种方式。

1）物业职业经理人管理方式

业主委员会向社会公开招聘物业管理基层操作的中、高层管理人才，其中高层管理人员（物业经理人）的招聘是区别于业主委员会管理方式的关键要素。高层管理人员的素质决定了物业管理服务的服务质量和能力，因此，高层管理人员应是受过正规、良好的训练，既要精通物业管理运作，又要懂企业管理，有着良好的沟通协调能力，还要有丰富的实践经验。物业管理职业经理人管理方式概念的提出将为物业管理职业经理人的出现和培养提供契机。

职业经理人（professional manager）指以企业经营管理为职业，熟悉经营之道，能够熟练运用企业内外各种资源，为实现企业经营目标，担任一定管理职务的受薪者。其概念有两层含义：其一，经理的职业化。市场经济的发展使职业经营管理成为科学性、专业性极强的社会职业，有其专业化的职业体系和行政规范；其二，作为职业经理，将其工作视为生命，有相应的社会角色标准和压力约束，在社会选择的机制作用下不仅追求物质利益的满足，更重要的是体现一种职业文化与职业精神。职业经理人作为高层次的人力资本的所有者，从资本的所有者手中换取了掌握和支配企业财产的权利。职业经理人的形成是市场经济、现代企业发展的需要，从 20 世纪 70 年代以来，在市场经济较发达的国家迅速成长，对社会经济的发展起了重要的推动作用。我国还没有形成职业经理人的评估机制，没有职业经理人统一的评判标准，没有形成真正意义上的职业经理人市场。就目前国内企业界而言，真正意义的职业经理人阶层并没有形成，即使在数量上达到一定的规模，也不一定就能形成一个阶层。

物业管理职业经理人执业资格制度起源于美国。150年前美国经济高速发展催生了物业管理职业经理人职业资格制度的产生，经过多年实践，业界大多数人认同物业管理职业经理人是职业化的管理者，不是一个官衔，而是一种风险性职业。与其他行业职业经理人相比，物业管理职业经理人必须具有感召业主的能力，必须熟知多个领域的知识，执掌多项运作判断的能力。物业职业经理人可描述为经政府认证、行业注册、具有物业管理任职资格、能够全面执掌数个物业项目、有专业技能、忠诚于职业、具有领导企业团队及业主团队能力的管理者。物业管理职业经理人制度能评价物业管理者的能力，是激发物业管理者的内动力，能够促进行业的发展。

在物业管理领域，美国、日本、欧盟以及我国的香港、台湾地区，都已建立了完备的物业管理专业人员职业资格制度。目前，国际上的物业管理公司已陆续进入我国物业管理市场。现阶段我国物业管理还处于扩张型发展时期，与从业队伍在数量上的快速增长相比，物业管理从业人员的整体专业素质却滞后于行业的发展。突出表现在称职的职业经理人匮缺，现有部分管理人员在专业知识、职业道德、业务水平和组织协调能力等方面都与承担的职责不相适应。建立并实施符合国际惯例的物业管理专业管理人员职业资格制度，有利于吸纳国际高层次的物业管理专业人才，同时，将激励国内物业管理专业人员提高职业水平，为国内物业服务企业参与国际竞争奠定基础。因此，在我国物业管理行业引入职业经理人制度非常必要。

委托管理中物业服务对业主违反业主公约的行为的约束方式是将管理融入服务中，以管理体现服务，以期得到顾客满意度的增加和业主融洽的关系，服务的分量明显高于管理，例如，某业主将垃圾随手扔到公共场所，物业服务企业的做法通常是给予提醒，不提名公告，然后自己打扫干净。而在物业管理职业经理人管理方式中，物业管理经理人有着委托管理中物业服务企业无可比拟的管理权利，原因是物业管理职业经理人是以业主委员会的身份出现的，物业区域的公共秩序不再是仅靠物业服务企业的服务理念和服务行为来保证，同时业主和使用人的遵纪守法意识，也上升到自觉遵守的实践层次，因为此时的业主已不再像委托管理方式来享受服务，而是所有业主全员参与的人人管理，对违反业主公约的行为进行制止和纠正。

2) 业主委员会管理方式

业主委员会管理方式就是业主委员会直接对区分所有建筑物实施物业管理，但由于业主委员会成员的专业知识、管理能力有限，可以采取类似股份制公司的运作模式，业主委员会主任相当于"董事会"中的"董事长"，以合议的形式来解决管理中的问题，同时为防止业主委员会有违反业主利益的行为发生，应设立独立于业主委员会的监事。日本早在1962年就建立了物业管理理事和监事制，运作方式较为成熟。

2. 专项服务项目管理方式

专项服务项目管理方式指业主自治组织依据业主大会的决议，将公共服务项目按专业范围全部委托给专业服务公司，业主委员会充当协调、综合管理、监督的管理者角色，保留整体责任。

专项服务项目管理方式相对于委托物业服务企业方式在成本上占有优势，但同时也对业主委员会的综合管理能力、物业管理专业知识方面提出了更高的要求。在对各专业服务公司的监督和日常工作的协调中，以及公共管理费的收取、公共基金的收支、财务核算、依据委托合同的达标评定中，由于工作量大和专业知识的要求，业主委员会必须有一专门的、能力胜任的职能部门或机构来承担此项任务，尤其是该部门的负责人，应具备一定程度的组织、协调、管理、专业能力，否则由于各专业专项工作之间出现矛盾或监督不力以致专业专项服务质量下降，最终是广大业主的公共权益受到侵害。

3. 混合管理方式

混合管理方式是指业主自治组织依据业主大会的决议，将一部分专业性强、风险大的公共服务项目外包给专业服务公司管理，剩下的公共服务项目留给自己管理的模式。

四、业主自治管理应注意的问题

（一）正确理解业主自治的内涵

业主自治管理，实际上就是建筑物所有权人，有自己选择用何种方式来管理物业共有部分的权利，然而这种选择必须是基于团体利益的基础上，而不是某个业主的个人利益，因此，这种选择只能体现集体意志。

自治管理不等于自我管理，正如上述的三种方式，委托管理和自主管理都属于自治管理的范畴，所以这两种方式在实施过程中也有些相似之处，如委托管理中的部分委托和自主管理中的混合管理。只有第二种方式，即开发建设单位委托下属企业管理中，现实业主处于"被代表"的角色，开发建设单位委托下属企业时，也是以大业主的身份，但物业出售后，大业主身份没有了，而在物业管理上却出现了以前的业主代表了现在的业主。

（二）正确理解服务成本与服务质量的关系

提供服务产品是需要成本的，高质量的服务必然要付出高成本，这是任何人都能理解的，问题是现在有些业主要求物业管理服务要"同价同质"，因为现在物业服务费很多都是参照政府指导价的，所以，横向进行比较也不难，但物业服务的同价同质是很难做到的，其原因是物业服务也有一个规模效益的问题，现在三类住宅物业划分的标准是以配套水平来考虑的，并没有计算物业管理面积，而物业服务成本的构成，既包括变动成本，也包括固定成本(如管理层的工资，固定资产折旧等)，在相同的单位服务成本的条件下，物业管理区域越大，所摊销的固定成本就越少，而能用作于变动成本的比重就越高，也就意味着可以有能力聘请一些素质较高的操作层员工，提高服务质量，另外，物业使用年限、基建质量也会对物业服务的效果有所影响，所以在物业管理服务中，是不能以有形产品的同价同质的标准来衡量服务质量的。

(三)正确理解业主自治管理各种方式的局限性

从上述的自主管理具体方式中，可以看出，业主自己管理方式由于公共事务庞杂，这种松散的自治组织是否能够应付值得怀疑，大多数的物业管理区域应该是难以适用的。另外，由于安全管理风险大，一旦发生严重事故，业主自治组织的控制能力不能够应付的，就可能使业主对这种管理方式的认知跌至低谷。

目前在我国，采取"自己管理方式"的物业管理小区，大都是建筑面积较小，业主户数不多，设备设施也比较简单的"房改房"物业，这类小区由于面积小、户数少，聘请物业服务企业按规范服务的成本来核算，服务成本会很高，甚至会超过政府指导价一倍，所以，按政府指导价，物业服务企业不愿意干；按成本价，业主则认为难以承受。另外，这类物业由于是"房改房"，很多业主原来都是一个单位的职工，彼此之间也熟悉，小区内不乏曾在单位部门中担任过管理工作的干部，在推荐和动员双结合的情况下，也能组建一个比较像样的业主委员会来为大家服务。这类业主委员会组建后，也只能聘请一些操作人员，维持简单的公共服务，与规范物业管理服务是不可比拟的，而业主委员会成员，也只领取微薄的津贴，甚至还有一些是义务的业主委员会委员。也就是说，在实际的物业管理中，是以降低物业服务标准和降低管理人员的工资成本来实现的，随着"房改房"的出租和出售，以及业主委员会成员年龄老化，这种方式还能走多远，尚难下结论。

专项服务项目管理方式虽然能避免业主自己管理方式所遇到的一些难题，但由于要监督各专项服务公司的日常服务运作，成立专门部门势在必行，然而增加专门的部门必然导致成本上升，并且与业主委员会的职能有一定的重复性、不经济性。

物业管理职业管理人管理方式在国外实际已经存在多年，但我国尚未实行注册物业管理师制度，目前尚无操作的可行性，但该方式值得关注。

五、管理团体

区分所有权人管理团体的设定，一般是以一个物业管理区域为基础的。生活在同一物业管理区域内的全体区分所有权人事实上形成了一个共同体的关系，而该共同关系的成员，从人数来说，因物业管理区域大小不同而有多寡，但都需要一个团体组织处理共同事务。由此可见，所谓管理团体，是指物业管理区域内的全体区分所有权人为进行房屋建筑、共有设备设施和附属场地的管理而结成的管理组织。

管理团体可以是法人，也可以不是法人。区分所有权人管理团体的法律性质是现代区分所有建筑物管理制度上的一个重要问题。比较各国立法，我国学者认为，管理团体的法律性质可以归纳为四种模式：

(1)不具法人资格的团体。此类是以德国现行住宅所有权法为代表。我国台湾地区的"管理委员会"也是不具法人资格的管理团体。

(2)具有法人资格的团体。其代表国家是法国、新加坡。此模式不分情况，一律承认区分所有权人管理团体享有法人资格，我国香港特别行政区也采取这一模式。

(3)管理团体法人(附条件的法人资格模式)。例如，日本建筑物区分所有权法规定，由 30 人以下的区分所有权人所构成的管理团体性质上即为无权利能力团体，称为"区分所有权人的团体"（或管理团体）；但区分所有权人数为 30 人以上，且由区分所有权人及议决权（表决数）各以四分之三以上的多数的集体决议，决定成立法人，规定名称和办公场所，并在主要办公处所所在地进行登记，即成为拥有法人资格的"管理团体法人"。

（4）判例实务上法人资格。如美国现有法律制度上不承认区分所有权人管理团体（公寓所有人协会）具有法人资格，但在法院案例判决上，区分所有权人管理团体（公寓所有人协会）的法人资格已普遍得到事实上的承认。

第三节　业主大会与业主委员会

一、业主大会的组织形式

作为产权人，业主有权对自己拥有的房产的使用、经营和管理作出决定，这就是业主自治，这种自治是通过业主大会来实现的。业主大会由物业管理区域内全体业主组成，是代表和维护物业管理区域内全体业主在物业管理活动中的合法权益的自治组织。当业主人数较多时，可以按比例推选业主代表，组成业主代表大会。

（一）业主大会的召开

1. 首次业主大会

第一次业主大会在物业交付使用且住用率达到一定比例时，在政府主管部门的指导下，由业主按法定程序和形式召开。

《物业管理条例》规定：同一物业管理区域内的业主，应当在物业所在地的区、县人民政府、房地产行政主管部门或者街道办事处、乡镇人民政府的指导下成立业主大会，并选举产生业主委员会。

成立业主大会也并非业主唯一可以选择的自我管理方式，在只有一个业主或者业主人数较少的情况下，业主完全可以自行或通过全体协商的方式对共同事项作出决定，没有必要成立业主大会。

2. 业主大会的年度会议

业主委员会成立后，负责召集以后的业主大会。业主大会的定期会议由业主大会议事规则作出规定，但原则上每年至少召开一次。

3. 业主大会的临时会议

有下列情况之一的，业主委员会应当及时组织召开业主大会临时会议：①20%以上业主提议的；②发生重大事故或者紧急事件需要及时处理的；③业主大会议事规则或者管理规约规定的其他情况。发生应当召开业主大会临时会议的情况，业主委员会不履行组织召开会议职责的，区、县人民政府、房地产行政主管部门应当责令业主委员会限期召开。

4. 召开业主大会的法定人数

业主大会会议应当有物业管理区域内专有部分占建筑物总面积过半数的业主且占总人数过半数的业主参加。

专有部分面积，按照不动产登记簿记载的面积计算，尚未进行物权登记的，暂按测绘机构的实测面积计算；尚未进行实测的，暂按房屋买卖合同记载的面积计算。

业主人数，按照专有部分的数量计算，一个专有部分按一人计算。但建设单位尚未出售和虽已出售但尚未有交付部分，以及同一买受人拥有一个以上专有部分的，按一人计算。

5. 召开业主大会的公告

召开业主大会会议，应当于会议召开 15 日以前将通知及有关材料以书面形式在物业管理区域内公告。住宅小区的业主大会会议，应当同时告知相关的居民委员会。

（二）业主大会的职责

(1)制定修改管理规约和业主大会议事规则；

(2)选举、更换业主委员会委员，监督业主委员会的工作；

(3)选聘、解聘物业服务企业；

(4)决定专项维修资金使用、统筹方案，并监督实施；

(5)制定、修改物业管理区域内物业共享部位和共享设施设备的使用、公共秩序和环境卫生的维护等方面的规章制度；

(6)法律、法规或业主大会议事规则规定的其他有关物业管理职责。

业主大会会议的决定不得与宪法、法律、法规和政策相抵触，违反此规定的，物业所在地的区、县人民政府、房地产行政主管部门或街道办事处、乡镇人民政府，应当责令限期改正或者撤销其决定，并通告全体业主。

业主大会不得作出与物业管理无关的决定，不得从事与物业管理无关的活动。

业主大会会议应当由业主委员会作出书面记录并存档。

（三）业主大会决定问题的程序

(1)业主大会可以采用会议集体讨论或书面征求意见等形式，会议表决采取投票、举手等形式。

(2)所有享有投票权的已住用业主，均应按时出席业主大会，参加投票，行使法定权利，承担法定责任。业主也可以委托代理人参加业主大会会议，委托他人投票的，必须出具授权委托书，否则该项委托无效，授权委托书必须有业主签字，如业主为法人，需加盖法人公章。

(3)业主大会会议的出席人数达到规定人数时，在会议上提出待决定事项，由出席会议的业主表决，经与会业主所持投票权半数以上通过有效。业主大会作出修改业主大会章程、选聘或者解聘物业服务企业、维修基金续筹、使用方案的决议等重大事项时，必须经三分之二以上有投票权的业主通过。

(4)业主投票时，票数的计算原则上按业权比例确定，其具体计票方法可由业主大会议事规则决定，通常有两种方法，一是按所拥有的产权面积计算；二是按拥有的独立单元计算。但业主在首次大会会议上的投票权，需按业主所拥有的物业建筑面积确定。

二、管理规约和业主大会议事规则

管理规约和业主大会议事规则，是在首次业主大会会议上需要审议的重要文件。

（一）管理规约

1. 管理规约的概念

在现代，各国建筑物区分所有权立法与实务中所说的管理规约，是指全体区分所有权人就建筑物的管理、使用及所有关系，以书面形式所作的自治规则。一般来说，建筑物规模大而且区分所有权人数较多时，共有部分的管理及所有关系也变得比较复杂，有必要设定一个各区分所有权人共同遵守的规约以维护区分所有权人全体的合法权益以及物业管理区域内的公共环境秩序，保障物业的安全与合理使用。管理规约的性质，是区分所有权人管理团体客观化了的自治法规，如同国家的宪法和公司的制度，为区分所有权人管理团体的最高自治规范。

2. 管理规约的设定、变更及废止

关于管理规约的设定、变更和废止，各国立法及实务虽然不尽一致，但归结起来主要有两种途径。

(1)通过区分所有权人全体会议进行。

(2)房地产开发建设单位或出售单位预先制定，在分批出售房屋时，分别与单个买售人(受让人)达成同意该项管理规约的协议。

3. 管理规约的内容

(1)关于区分所有权人之间的基础法律关系(或所有关系)事项，例如，共有部分的持分比例、共有部分的所有关系——部分共有部分与全体共有部分，各专有部分分配基地利用权的比例，建筑物灭失(或部分灭失)时的有关问题处理等，以及各区分所有权人的权利和义务。

(2)关于区分所有权人之间共同事务的事项。例如，管理团体的组织机构、人数、权限及营运方式，管理人的选任、任期及职务权限、集会的方式(如召开会议的通知，表决权比例与法定人数的变更时)，管理费用的数额及缴纳方法(如缴费日、迟延利息及存放等)。

(3)关于区分所有权人间利害关系调整的事项包括：①专有部分的使用限制。专有部分虽然为专有所有权客体，区分所有权人可以任意使用、收益及处分，但为了建筑物的安全使用及维持区分所有权人间的共同体秩序，专有所有权的行使应受到一定的制约。例如，重量物、易燃物、爆裂危险物、不洁物、散发恶臭物等均可以用规约规定严禁携入；对其他区分所有人构成妨碍或危害的动物饲养的禁止；供居住用建筑物，一般不得供非居住以外目的使用，尤其禁止饮食店等营业使用，但居住建筑物对用途限制不得超过合理限度。②共有部分(含基地)及附属设施的使用方法。例如，在基地内的一幢住宅，将其一定部分作为某些区分所有权人的专用庭院，或将基地某一部分作为停车场，使拥有汽车的人作为无偿或有偿使用。当然，这些部位的使用有一定的限制，并且在不损害其他区分所有权人使用其他部分时，规约方为有效。

(4)关于对违反义务者的处置意见。

个别区分所有权人违反关于物业的使用、维护和管理的约定，妨碍物业正常使用的，管理团体可采取劝诫、制止、责令恢复原状等措施，如已经造成损害或其他损失的，管理团体和物业服务企业可依据管理规约向法院提起诉讼。

个别逾期不交纳物业费的，管理团体应当督促其限期交纳；若再次逾期不交纳的，管理团体和物业服务企业可以向法院起诉。

4. 管理规约的效力、保管及阅览

管理规约是区分所有权人团体的最高自治规则，因此，区分所有权人集会的决议、管理者的行为等均不得与规约相抵触。关于规约的时间效力，规约本身若定有生效日期的，以规定为准；若没有定生效日期，一般解释为自规约订立日起生效。

规约的保管一般由管理者予以保管。但在无管理人时，则由使用建筑物的区分所有权人或其代理人根据规约或集会决议所定的保管人予以保管。保管规约的人在有利害关系的人请求查阅时，除有正当理由外，不得拒绝其对规约的阅览。关于规约的保管地点，一般是张贴在建筑物内容易看见的地方，或每个区分所有人都有一份。

5. 管理规约的拟定和审议通过

管理规约是物业管理中的一个重要的基础文件，目前在我国一般由业主委员会根据政府制定的示范文本，结合物业的实际情况进行修改补充，经业主大会讨论通过生效。在第一次业主大会召开之前，管理规约的审议稿可由业主大会筹备组根据政府制定的示范文本，结合前期物业管理期间临时管理规约的实施情况来拟定，提交第一次业主大会审议讨论。

《物业管理条例》规定：管理规约应当对有关物业的使用、维护、管理，业主的共同利益，业主应当履行的义务，违反管理规约应当承担的责任等事项依法作出约定。管理规约应当尊重社会公德，不得违反法律、法规或者损害社会公共利益，具体可包括如下内容：

(1)业主使用、经营、转让、出租拥有物业时应遵守的事项。

(2)业主对物业进行室内装修时应遵守的事项。

(3)物业管理服务费的缴交方式和时间，不按时缴交物业管理服务费的，物业服务企业可采取的措施。

(4)前期物业管理服务协议中约定应在管理规约中保留的内容。

管理规约应报物业所在地的区、县人民政府、房地产主管部门备案，并在物业管理区域出入口明示，非业主使用人应当遵守管理规约。

（二）业主大会议事规则

《物业管理条例》规定：业主大会议事规则应当就业主大会的议事方式、表决程序、业主委员会的组成和成员任期等事项作出约定。

业主大会议事规则是业主大会组织、运作的规程，是对业主大会宗旨、组织体制、活动方式、成员的权利和义务等内容进行记载的业主自律性文件。业主大会议事规则是全体业主意志的集中体现，是业主大会运作的基本准则和依据。业主大会、业主委员会和所属成员都必须严格遵守。除条文中列举的事项以外，业主大会议事规则还可以对其他有关业主大会活动的事项作出规定。

三、业主委员会的产生和组织

（一）业主委员会的性质和法律地位

业主委员会是按照法定的程序由业主大会从全体业主中选举产生的。《物业管理条例》中明确业主委员会是业主大会的常设执行机构，对业主大会负责。在民事活动中，业主委员会可以作为民事诉讼的当事人，我国的法律法规已经明确了业主委员会可作为民事诉讼主体。但在《物权法》、《物业管理条例》等法律法规中，都没有明确业主委员会是否要具有法人资格，实际上是为业主自己选择是否需要取得法人资格留有余地。可见，业主委员会是否具有法人资格并非是业主维权不可缺少的条件。

（二）业主委员会的产生

（1）符合各地方法规中所规定的具备召开业主大会条件的物业，开发建设单位应及时负责召集业主筹备和召开首次业主大会，选举产生业主委员会，代表全体业主行使有关权利，督促业主履行义务。由开发建设单位聘请的物业服务企业，应积极协助和配合，物业所在区、县房地产行政主管部门应及时监督和指导首次业主大会的召开。

（2）业主委员会应当自选举产生之日起30日内，将业主大会的成立情况、业主大会议事规则、管理规约及业主委员会委员名单等材料向物业所在地的区、县人民政府、房地产行政主管部门和街道办事处、乡镇人民政府备案。

业主委员会备案的有关事项发生变更的，依照前面的规定重新备案。

（三）业主委员会的组织

（1）根据物业规模设委员5～15名。业主委员会应当自选举产生之日3日内召开首次业主委员会会议，推选产生业主委员会主任1人，副主任1～2人。

（2）业主委员会委员应符合下列条件：①本物业管理区域内具有完全民事行为能力的业主；②遵守国家有关法律法规；③遵守业主大会议事规则、管理规约、模范履行业主义务；④热心公益事业、责任心强、公正廉洁，具有社会公信力；⑤具有一定的组织能力；⑥具备必要的工作时间。

四、业主委员会的权利和义务

（一）业主委员会的权利

（1）召集业主大会会议，报告物业管理的实施情况。

（2）代表业主与业主大会选聘的物业服务企业签订物业服务合同。

（3）及时了解业主、物业使用人的意见和建议，监督和协助物业服务企业履行物业服务合同。

（4）监督管理规约的实施。

（5）业主大会赋予的其他职责。

（二）业主委员会的义务

(1)筹备并向业主大会报告工作。

(2)执行业主大会会议通过的各项决定，接受广大业主的监督。

(3)贯彻执行并督促业主、非业主使用人遵守物业管理法律、法规和政策以及管理规约的规定，协助、支持、配合公安机关，与居民委员会相互协作，共同做好维护物业管理区域内的社会治安等相关工作。积极配合相关居民委员会依法履行自治管理职责，支持居民委员会开展工作，并接受其指导和监督。

(4)严格履行物业服务合同，支持和配合物业服务企业依照合同规定所开展的物业服务工作，监督违反物业服务合同约定，逾期不交纳物业服务费用的业主，限期交纳物业服务费用。

(5)不作出违反法律、法规和政策的决定，不违反业主大会的决定，不作出损害广大业主公共利益的决定。

复习思考题

1. 物业管理权有何特征？

2. 建筑物区分所有权行使要遵循哪些原则？

3. 区分所有建筑物的管理有哪些方式？

4. 区分所有建筑物管理包括哪些内容？

5. 我国现在的区分所有建筑物有哪些主要管理模式？

6. 业主委员会是如何产生的？有哪些权利和义务？

第五章 物业管理的法律责任

第一节 法律责任

一、法律责任的概念

法律责任的认定是对人们行为进行法律评价、对利益关系进行法律调整的关键所在。法律责任可以分为广义法律责任和狭义法律责任两类。广义的法律责任就是一般意义上的法律义务的同义词；狭义的法律责任则是由违法行为所引起的不利法律后果。通常所说的法律责任也就是指狭义的法律责任。具体而言，法律责任的定义就是由特定的法律事实所引起的对损害予以赔偿、补偿或接受惩罚的特殊义务。所谓特定的法律事实，指的是由法律或由依法订立的合同加以规范的具有法律意义的行为和事件。其中，行为与当事人的意志有关，而事件则与当事人的意志没有必然联系。概括而言，与当事人意志有关的违法或违约行为，既可能引起赔偿性法律和补偿性法律责任，也可能引起惩罚性法律责任。而与当事人意志没有必然联系的事件，则只能引起赔偿性和补偿性责任。

通常在法律责任中，由违反义务(法定和约定义务)所引起的法律责任占主导地位，而不以违法或违约为前提的其他法律责任则居于从属地位。

二、法律责任的种类

依据责任的法律性质，法律责任可以分类为以下四种。

1. 刑事责任

刑事责任是由犯罪行为所引起的与刑事制裁相联系的法律责任。犯罪行为是对法律秩序最严重的破坏，与此相适应，刑事责任也是最严厉的法律责任。

2. 民事责任

民事责任的典型形式是由违反民事义务的行为所引起的法律责任，包括违约责任和侵权责任。此外，在非典型意义上，民事责任也包括无过错责任。民事责任主要是一种补偿性的责任，但是，在某些场合也具有一定的惩罚性。

3. 行政法律责任

狭义的行政法律责任指行政主体的行政管理机关在执行职务过程中违反行政义务所引起的法律责任，在广义上也包括行政相对人违反行政义务所引起的法律责任。行政法律责任既可以是财产责任，也可以是人身责任。

4. 违宪责任

违宪责任是由国家机关及其负责人在执行职务过程中违反宪法而引起的法律责任。违宪责任只存在于实行宪政民主体制的社会之中，它具有法律责任和政治责任的双重性质。

三、法律责任的构成要件与归责

法律责任的构成要件是指具备了充分必要条件之后就产生了法律责任。法律责任的构成要件包括以下几个主要方面:

1. 行为的损害事实

损害事实可以根据损害的对象性质分为人身和财产的损害,人身损害可以要求精神损害的赔偿,财产的损害可以按照损害的不同情况要求停止侵害、排除妨碍、恢复原状、修复、更换、赔偿损失等。损害事实按照损害发生的不同时间状态,还可以分为已经发生的损害、正在发生的损害、潜在发生的损害等不同情况,对于这些不同时间状态发生的损害,赔偿的情况也不同。行为具有损害的后果,即行为人的行为所造成的损害事实。

2. 行为的违法性

这是构成法律责任最重要的条件。违法行为是指对法律禁止或命令性规定的违反,这里的"行为"是指人们有意识的活动。在通常的情况下,如果行为人的行为造成了某种损害结果,但行为本身并未违反法律义务,则行为人并不承担法律责任,故行为的违法性也是法律责任构成的必要条件之一。

3. 行为人的过错

过错按照行为人对自己的行为及其后果的主观心理状态可以分为故意和过失两种形式。故意指行为人明知自己的行为会发生危害社会的结果,并希望或放任结果发生的心理状态。过失指行为人因疏忽大意而未能预见危害结果的发生,或轻信可以避免结果的发生,而最终使危害结果实际发生的心理状态。在物业管理活动中,物业服务企业往往在一些细节问题上出现人为疏忽而对业主及使用人造成危害结果的事情还是会经常出现的。例如,雨天对湿滑的大堂没有警示,或是游泳池、喷水池的栅栏不合规格等造成的一些事故,都可归责到人为疏忽。

4. 因果关系

因果关系,即行为人的过错和违法行为与损害事实具有因果关系。认定法律责任所要求的因果关系是违法行为与损害结果之间、心理活动与行动之间存在着内在的、直接的、必然的、主要的联系。因果关系是构成法律责任要件的核心。

法律责任的认定和归结是由国家特设或授权的专门机关依照法定程序进行的。在我国,违法者的民事责任和刑事责任的认定和归结权属于人民法院;行政责任的认定和归结权属于公安、工商、税务、环保等有特定职权的国家行政管理机关。

四、法律责任的减轻与免除

法律责任的减轻与免除,即通常所说的免责。"免责"和"无责任"或"不负责任"在内涵上是不同的。免责以法律责任的存在为前提,是指虽然违法者事实上违反了法律,并具备承担法律责任的条件,但由于法律规定的某些主观或客观条件,可以被部分或全部地免除(即不实际承担)法律责任。"无责任"或"不负责任"则是指虽然行为人事实上或形式上违反了法律,但因其不具备法律上应负责任的条件,故没有也不承担法律责任。例如,未达到法定责任年龄、精神失常、正当防卫、紧急避险等不负法律责任的条件当作免除法律责任的条件。

在我国的法律规定和法律实践中，免责的条件和情况是多种多样的，按照免责的条件和方式可以分为：

1. 时效免责

即违法者在违法行为发生一定期限后不再承担强制性法律责任。时效免责初看起来是不公正的，但实际上它对于保障当事人的合法权利，督促法律关系的主体及时结清债务，维持社会秩序的稳定，以及提高法院的工作效率和质量，存在重要的意义。

2. 不诉免责

即所谓"告诉才处理"、"不告不理"。在我国不仅大多数民事违法行为是受害当事人或有关人告诉才处理，而且有些轻微的刑事违法行为也是不告不理。不告不理意味着当事人不告，国家就不会把法律责任归结于违法者，亦即意味着违法者实际上被免除了法律责任。在法律实践中，还有一种类似不诉免责的免责方式，即在国家机关宣布有责主体须承担法律责任的情况下，权利主体自己主动提出放弃执行法律责任的请求。必须指出，作为免责形式的"不告诉"必须是出于被害人及其代理人的自由意志。

3. 自首、立功免责

即对那些违法之后有立功表现的人，免除其部分或全部法律责任。

4. 补救免责

即对于那些实施违法行为，造成一定损害，但在国家机关归责之前采取及时补救措施的人，免除其部分或全部责任。这种免责的理由是违法者归责之前已经提前履行了第二性义务。

5. 协议免责或意定免责

即基于双方当事人在法律允许的范围内协商同意的免责。但这种免责一般不适用于犯罪行为和行政违法行为，仅适用于民法违法行为。

6. 人道主义免责

权利是以义务人的实际履行能力为限度的。在义务人没有能力履行责任或全部责任的情况下，有关的国家机关或权利主体可以出于人道主义考虑免除或部分免除有责主体的法律责任。例如，在损害赔偿民事案件中，法院在确定赔偿责任的范围和数额时，应当考虑有责主体的财产状况、收入能力、借贷能力等，适当考虑是否需要减轻或免除部分责任，而不应使有责主体及其家庭因赔偿损失而处于无家可归、不能生计的状态。在有责主体无履行能力的情况下，即使法院把法律责任归结于其并试图强制执行，也会因其不能履行而落空。

第二节　侵权民事责任的概念

一、侵权行为的概念

侵权行为是指行为人由于过错侵害他人财产、人身，依法应承担民事责任的行为，以及法律规定应对受害人承担民事责任的其他致害行为。

　　侵权行为是一种民事过错，它是破坏法律规定的一种责任，从而给他人造成伤害，而这种伤害最终是应该得到补偿的。换句话说，这个领域的法律，给人们规定了一些不许伤害他人的行为规则，如果违反了其中某条规则就构成侵权，法院就可能判定侵权人对他的侵权行为所引起的伤害给予赔偿。

　　侵权行为与犯罪行为不同，其基本区别在于，侵权行为是对主体权利的侵犯，其法律后果是对受害者的补救；而犯罪行为是对社会秩序的侵犯，其法律后果是对行为人的惩罚。由此派生的其他区别，例如，侵权行为是以行为实施和损害的实际发生为构成要件，而犯罪不仅有既遂的，还有预备和未遂的，而且有时不以实际损害为要件；侵权的民事责任一般不以行为人的过错轻重为转移，而犯罪的量刑则在很大程度上受行为人主观罪过的类型和轻重的影响。侵权行为与犯罪行为二者的联系首先表现为规范竞合的存在，即同一行为既构成侵权又构成犯罪。在这种情况下，侵权的民事责任与刑事责任并行不悖、互不排斥，如故意伤害，就要负刑事责任和附带民事赔偿责任。

　　侵权行为根据适用法律条款的不同性质可以分为一般侵权行为和特别侵权行为两类。行为人不法致人损害，适用民法上的一般责任条款的，称为一般侵权行为。现代民法的一般侵权行为，实行过错责任原则和自己责任原则。当事人基于与自己有关的他人行为、事件或其他特别原因致人损害，依照民法上的特别责任条款的规定而应负赔偿责任的，称为特别侵权行为。在我国，特别侵权行为大多实行无过错责任原则。

二、侵权民事责任的构成要件

（一）必须有损害事实的客观存在

　　民事责任具有制裁和补偿的双重性质，由此决定民事责任的追究必须以损害的现实存在为前提。在民法上，损害是指因一定的行为或事件使民事主体的权利遭受某种不利的影响。权利主体只有在受到损害的情况下，才能够请求法律上的救济。因此，损害是构成民事责任的首要条件。构成民事责任要件的损害事实，既包括财产损害，也包括非财产损害。损害事实并非仅指实际的财产损失，只要损害造成他人人身或财产利益受损的结果，同时损害本身具有可补救性和确定性，可综合其他要件，即可追究责任。因此，损害和损失并非同一概念。损失一般仅以损害的财产价值为表现形式，而损害不仅指财产的损失，也包括人身权受侵害的后果，不法行为有可能并未给人造成财产损失，但可能仍然会造成民事权利的损害，例如，损害他人人格的行为，尽管可能不发生直接的财产损失，却不能否认损害的客观存在。因此，判断损害事实，不仅要根据货币计量实际减损的财产数量，还应借助社会一般观念和公平观念，考虑环境、行为性质和主要状态、社会影响等多种因素。

　　即使在财产损失中，损失也可以是实际损失和可得利益损失，实际损失指的是既得利益的丧失或现有财产的减损；可得利益是间接损失，即未来可得利益的减损，如利润损失、利息损失等。这种损失虽不是现实利益的损失，但损失的利益是可以预期的。然而，损失包括可得利益的损失，并不意味着对损失可以随意臆测。

(二)行为必须具有违法性

行为的违法性,是承担一般民事责任的必要条件。所谓行为的违法性,是指对法律禁止性或命令性规定的违反。违法行为有作为和不作为两种表现形式,法律对某些行为作有禁止性的规定,民事主体对此负有不作为的义务,违反不作为义务的行为,就是构成作为的违法行为。反之,在法律规定有某种行为义务的情况下,如果负有义务的人不履行该项义务,则此种违反作为义务的行为,即构成不作为的违法行为。

在现实生活中,有些行为尽管从表面上看已经侵犯了他人的权利,但由于存在法律规定的阻却其违法性的情况,即存在法律允其作为或不作为的合法根据,因此,不认其为违法行为。这些行为上只要包括以下几个方面:

(1)职务授权行为。依据法律规定的权限履行法律规定的义务或依法执行职务的行为,即使给他人造成损害,也不构成违法行为。构成职务授权行为必须具备两个条件:一是行为有法律上的授权且行为的实施符合法律授权的目的;二是行为不超出授权范围和执行职务的必要限度。

(2)不可抗力。因不可抗力不能履行合同或造成他人权利损害的,可以免除民事责任。不可抗力是指不能预见、不能避免并不能克服的客观情况,它包括自然灾害(如地震、台风、冰雹、洪水侵袭等)和某些社会现象(如战争、罢工等)。

(3)正当防卫行为。正当防卫是法律赋予的合法权利,即使对不法侵害人造成损害,法律也不认其为违法行为。当然,防卫必须是适度的,其强度不应超出制止不法侵害所必要的限度,否则应当承担适当的民事责任。

(4)紧急避险。紧急避险的后果是侵害他人权利,但由于此项行为是为了保护更大利益而不得已牺牲较小利益,故法律不认其为违法行为。但是,紧急避险措施超过必要限度的,对于超过限度造成的损失,行为人应当承担民事责任。

除了上述阻却违法事由外,还有其他一些法律事实也可被认为不具备违法性,如在法律规定的范围内行使自己权利而给他人造成损害的行为、因正当开展业务或经受害人许可而实施的不违反法律和社会公序良俗的行为,等等。

(三)行为人必须有过错

行为人的过错是行为人在实施违法行为时所具备的心理状态,是构成民事责任的主观要件。它表明了行为人对自己行为的后果所抱的主观态度,是法律和道德对行为人的行为的否定性评价。过错在本质上是对加害行为的社会评价,它是指一种违反社会行为准则、应受到谴责行为的意志状态。

过错可以分为故意和过失两种基本形式。过错是行为人承担民事责任的主要要件,因此,过错的确定无论从理论上还是在实践中均具有十分重要的意义。确定过错的关键在于应以什么标准来判断过错。民法上有客观标准和主观标准两种方法。客观标准是以某种客观的行为标准来衡量行为人的行为,从而认定其有无过错;主观标准是通过判断行为人的主观心态来确定其有无过错。一般来说在民法实践中,往往注重运用客观标准,就是要以一个合理的预见标准来衡量行为人的行为。如果行为人的行为达到标准他就没有过错,反之则有过错。在实务中,应首先根据一般人的个人能力和活动能力,决定在当时情形下能否达到这种认识或做出这种努力。对负有特殊义务者，还要根据其实际智力和能力作出进一步判断。

（四）违法行为与损害事实之间要有因果关系

所谓因果关系，是客观现象之间一种内在的必然联系。如果某一现象的出现是因另一现象的存在所必然引起的，则这两个现象之间就构成因果关系。作为构成民事责任要件的因果关系，是指违法行为人的行为及其对象与损害事实之间存在着的内在的合乎前因后果的逻辑规律的客观必然联系。

违法行为与损害事实之间的因果关系是行为人承担民事责任的必备条件之一。因为一个人只能对自己行为所造成的损害后果负责，即使如监护人等依法应对他人行为或物件受损负责的人，也只有在被监护人对他人行为或物件构成损害发生时，才负相应的民事责任。因此，因果关系是归责的基础和前提。一方面责任自负原则要求确定损害结果发生的真正原因，找出真正的行为主体；另一方面因果关系又是确定责任范围的依据之一。

在过错责任中，若不能依过错程度决定责任范围或依过错程度决定责任范围有失公平时，则应根据因果关系来确定责任范围。而在无过错责任和公平责任中，因果关系更是确定责任范围的直接依据。

客观现象是错综复杂的，引起损害的原因也往往不止一个。所以，在具体确定因果关系时，必须区分直接原因和间接原因，就两者原因上的差别而言，直接原因一般直接作用于损害结果，与损害的发生具有必然的联系；而间接原因往往是偶然地结合其他因素才能导致损害结果。因此，对于间接原因应该根据具体情况来决定行为人所应当承担的责任，而不应由其负全部责任。

行为与损害之间的因果关系，只是侵权民事责任发生的条件之一，而不是唯一或全部条件。即使行为和损害之间有因果关系，行为人最终是否承担责任，还须综合其他相关因素予以考虑。

三、侵权民事责任的承担方式

民事责任的承担方式，因权利侵害的具体情况和权利补救的实际需要不同而有所不同，根据《中华人民共和国民法通则》第一百三十四条的规定，承担民事责任的方式主要有以下几种：

1. 停止侵害

受害人的人身、财产处于他人不法侵害的持续状态时，他有权要求加害人停止侵害，以消除这种不法状态，防止损害的发生或扩大。

2. 排除妨碍

所有权或者其他物权的行使受到不法妨害时，权利人有权请求排除妨害。

3. 消除危险

受害人的人身、财产因他人的行为而有损害的危险时，有权要求消除危险原因，从而使自己的人身、财产恢复到安全状态。

4. 返还财产

受害人的财产被他人不法占有时，他有权请求返还。

5. 修理、重作、更换和恢复原状

受害人的财产因他人的行为受到损坏或者其原有状态被改变，在能够通过修理、重作、更换而恢复原有状态的，他有权请求恢复原状，恢复原状所需费用由加害人承担。

6. 赔偿损失（损害赔偿）

当受害人的人身、财产受到他人的不法损害时，他有权请求赔偿，以填补他所受到的损害。损害赔偿也是最普通的、最常用的民事责任方式。

7. 消除影响、恢复名誉、赔礼道歉

受害人的人身权受到侵害时，可以请求精神上的补救。在名誉受到损害时，受害人有权要求加害人消除影响、恢复名誉和赔礼道歉。

第三节　民事责任的归责原则

一、民事责任归责原则的概念

所谓"归责"，是指依据某些事实状态确定责任的归属。所谓归责原则，就是确定责任归属所必须依据的法律准则。民事责任的归责原则，是确定行为人民事责任的标准和规则，它直接决定民事责任的构成要件、举证责任、责任方式以及赔偿范围等诸多因素，是确定民事责任的根据之一。我国民事责任归责原则体系是由过错责任原则、无过错责任原则、公平责任原则等构成。

二、过错责任原则

民法上确定第三人应否承担赔偿责任的主要归责原则是过错责任原则。过错责任原则，是以行为人的过错为承担民事责任要件的归责原则。在过错责任中，以过错为责任的构成要件和最终要件，并以过错作为确定责任范围的依据。

《中华人民共和国民法通则》第一百零六条第二款规定："公民、法人由于过错侵害国家的、集体的财产，侵害他人财产、人身的，应当承担民事责任。"这是我国民法关于过错责任的一般规定，这一规定表明了我国民事立法已把过错责任原则以法律形式界定下来，确认了它作为一般归责原则的地位。

过错作为责任标准具有很强的逻辑吸引力。一个人应对其过错造成的损害负责，这似乎是一种自然法则或纯粹是一种常识。一个人应对因其过错而给他人造成的损害予以赔偿，这也是公正的基本要求，同时与深深扎根于人们心中的惩罚观念紧密相连。因此，以过错作为确定责任的标准，还具有完整的道德意义。

过错包括故意和过失两种基本形式。所谓故意，是指侵权行为人已经预见其行为可能造成损害而仍然听任损害发生；所谓过失，又可称为疏忽，是指行为人没有达到一个正常人在相同情况下应当具备的通常审慎即注意程度而为的一切行为。构成过失责任必须以行为人对受害人的利益负有合理注意的义务为前提。

民法上的故意和过失都是承担民事责任的要件，而且过失的过错是民事过错的主要形式。在刑法上，过错之于责任，既有质的意义，又有量的意义。故意的犯罪与过失的犯罪，是性质不同的两种形态，而决定一个刑事犯罪嫌疑人的量刑，也直接与该人的过错程度有关系，罪过大，刑期就长。民法则不同，在民法上追究过错，只是要借以确定行为人该不该负责任。换而言之，过错只是定性上有用，至于定量的分析，民法是借助对损害程度的确定来完成的，损害有多大，赔偿的量就有多大。

过错责任原则以行为人的过错作为归责的构成要件和归责的最终要件。对于物业管理而言，适用过错责任原则的损害赔偿的构成要件具体有以下四点：

1. 损害事实的存在

民事责任具有制裁和补偿的双重性质，由此决定民事责任的追究必须以损害现实存在为前提，权利主体只有在受到损害的情况下，才能够请求法律上的救济。因此，损害事实的存在是构成民事责任的首要条件。物业管理不当行为导致受害方的损失主要有三种，即财产损害、人身伤害和死亡、精神损害。财产损害是指物业管理主体的行为侵害了他人的财产权，使受害方的财产减少或湮灭以及财产利益受到的损害；人身伤害和死亡是指物业管理不当行为侵害了他人的人身权导致的受害方人身伤害或死亡；精神损害是指物业管理不当行为侵害了他人的精神健康，使受害方所遭受的精神痛苦。

2. 物业管理行为存在违法行为

行为的违法性，是承担一般民事责任的必要条件。除了法律有特别规定以外，行为人只应对自己的违法行为承担法律责任。所谓行为的违法性，是指对法律禁止性或命令性规定的违反。因此，物业管理的违法行为就是指在物业管理过程中所实施的行为违反法律、法规规定的行为，物业管理违法行为包含作为与不作为两类，作为的物业管理违法行为是指物业管理的主体在物业管理过程中违反不作为义务的物业管理积极行为，即物业管理在法律、法规规定不得为某种行为而为之。不作为的物业管理是指物业管理的主体在物业管理过程中违反作为义务的物业管理消极行为，即物业管理法律、法规规定应当为某种行为而不为之。

在现实生活中，有些行为尽管从表面看已经侵犯了他人的权利，但由于存在法律规定阻却其违法性的情况，即存在法律允许其作为或不作为的合法根据，因此不认其为违法行为。这些行为包括：①职务授权行为。依据法律规定的权限履行法律规定的义务或依法执行职务的行为，即使给他人造成损害，也不构成违法行为。构成职务授权行为必须具备两个条件：一是行为有法律上的授权并且行为的实施符合该法律授权的目的；二是行为不超出授权范围和执行职务的必要限度。从职务授权的性质来看，物业管理服务企业通常是不具备职务授权的能力的，只有政府有关管理部门或其授权才具备职务授权能力。②正当防卫行为。正当防卫是法律赋予的合法权利，即使对不法侵害人造成损害，法律也不认其为违法行为。当然，防卫必须是适度的，否则应当承担适当的民事责任。同时也有必要明确物业管理服务企业在采取正当防卫行为时，首先要清楚地确认不法侵害正在进行之中，如果不能清楚地确认，建议物业管理服务企业最好采取报警的方式请求公安机关来处理。③紧急避险。如前所述，紧急避险所造成对他人的伤害在法律上可以不认其为违法行为，但紧急避险措施超过必要限度的，对于超过限度造成的损失，行为人应当承担民事责任。因此，物业管理服务企业遇到紧急避险情况时，要做出一个权衡的决策，同时由于紧急避险造成的损害可以要求受益人按照公平原则承担民事赔偿责任。

3. 物业管理违法行为与受害人的损害事实之间存在因果关系

物业管理服务不当行为赔偿责任中的因果关系，是指物业管理服务违法行为作为原因，受害人损害事实为结果，在他们之间存在前者引起后者，后者被前者引起的客观必然联系。

4. 物业管理服务主体行为存在主观过错

物业管理服务主体行为主观过错是指违法或违约的物业管理服务主体对自己的行为及行为损害后果具有的主观心理状态。其主观过错分为主观故意和主观过失两种类型。物业管理服务主体主观故意是指明知自己行为的不良损害后果，而希望或者放任其发生的心理；物业管理服务主体主观过失是指物业管理服务主体应当预见到自己的行为可能产生不良损害后果而没有预见，或者已经预见但轻信不会发生或者可以避免。

三、无过错责任原则

无过错责任原则，是指不以过错为承担民事责任要件的归责原则，即不论行为人主观上有无过错，都应就损害后果承担民事责任。《中华人民共和国民法通则》第一百零六条第三款规定："没有过错，但法律规定应当承担民事责任的，应当承担民事责任。"无过错责任原则是对过错责任原则的补充，主要适用于从事高度危险作业、环境污染、产品质量等造成的损害。

所谓无过错责任原则，其含义大致可以由其字面昭示，当损害发生后，即不论加害人有无过错，仅依据法律的直接规定，以因果关系确定当事人所应当承担的民事责任。所谓无过错，即指不考虑实际存在的过错（故意或过失），包括不得推定过错。在无过错责任情况下，行为人是否承担责任，不取决于其是否有过错，而是看损害结果与其行为及物件之间有否存在因果关系。在无过错责任的归责原则之下，民事责任所要解决的只是责任的承担问题，即由谁来承担责任，而不是为什么应由谁来承担责任。与过错责任原则相比，实行无过错责任使受害人的地位有所改善，不必经过困难的过错举证及冗长的诉讼程序，便可使其实际损失得到补偿。

无过错责任是一种法定责任，由于此种责任的运用不同于一般的法律责任，且在本质上属于强制的损害分担，对第三人未免苛刻及不公，所以各国在应用上均规定以法律的特别规定为限。

无过错责任也被称为严格侵权责任，是一种比由于没有尽到合理的注意而需负责的一般责任更加严格的责任标准。严格侵权责任的被告不是一个坏人，也不同于一个粗心大意的人。也就是说，他既没有故意伤人，也没有不谨慎，但他的行为仍然给他人造成伤害，或者因为某种社会或法律政策的改变而使他的行为变成侵权。构成严重侵权责任有四个要件：①被告在法律上负有保证他人安全的绝对责任。例如，建筑物的管理人和所有人就负有建筑物致损情况下对他人安全的绝对责任。②被告不履行责任，即被告有违法行为。③不履行该责任是造成伤害的真实原因，即被告的违法行为与受害人的损害事实之间存在因果关系。④对原告人身和财产的伤害，即有损害事实的存在。

以无过错责任归责原则为典型的客观化归责方式及损害承担的社会化，不可避免地要对侵权行为的法律调整范围产生影响。根据这种情况，当在物业管理服务中一旦发生任何侵权损害时，物业管理服务企业应当购买公众责任险，充分利用社会保险来化解风险，把物业管理服务企业的赔偿责任转移到保险公司来承担。

四、公平责任原则

所谓公平责任原则，又称为平衡责任原则，是指在当事人双方对造成的损害均无过错的情况下，由人民法院根据公平的观念，在考虑当事人的财产状况及其他情况的基础上，责令当事人对受害人的财产损失给予适当的补偿，即按照公平原则来分担该损害的归责原则。《中华人民共和国民法通则》第一百零六条第三款规定："没有过错，但法律规定应当承担民事责任的，应当承担民事责任。"及《中华人民共和国民法通则》第一百三十二条规定："当事人对造成损害的发生都没有过错的，可以根据实际情况，由当事人分担民事责任。"我国民法通则的这些规定就是公平责任原则在我国民法中的体现。

通常公平责任原则适用于当事人对损害都没有过错的情况，由自然原因引起的紧急避险情况，一方或双方过错显失公平的情况，以及找不到过错当事人的情况等。

公平责任的构成要件有三个：①损害事实的存在；②物业管理服务主体的行为与损害事实之间有因果关系；③物业管理服务主体与受害方均无过错。

第四节　物业管理相关的法律责任

一、物业管理法律责任的概念

物业管理法律责任是指物业管理责任主体包括自然人、法人或国家机关工作人员等由于违反物业管理法律、法规和政策规范的行为而应当承担的法律后果。根据物业管理违法行为性质、程度的不同，通常物业管理的法律责任可分为民事责任、行政责任和刑事责任三种。违反物业管理法律规范的行为包括违法行为和违约行为。违法行为指违反物业管理法律规章的行为；违约行为也称违反合同行为，通常指违反物业服务合同、业主公约或有关管理制度、规定的行为。

违法行为和违约行为是法律责任的前提，法律制裁是法律责任的必然结果。国家机关工作人员、自然人或法人拒不履行法律义务，或作出法律所强制禁止的行为，并具备违法行为的构成要件，便应承担由其违法行为所引起的法律后果，国家则依法应给予相应的法律制裁。

法律责任的构成是指具备了以上条件之后才产生法律责任，并非每个违法行为都要引起法律责任，而是要符合一定条件的违法行为才能引起法律责任。这种能够引起法律责任的一定条件的总和就称为法律责任的构成要件。物业管理法律责任的构成要件包括：

1. 违法性

物业管理责任主体，如物业建筑物业主、物业专有部分的占用人(即通常的住户)、业主大会及业主委员会、物业服务企业、开发商、政府主管部门的工作人员等，在使用物业建筑物、开展物业管理活动中，必须遵守国家物权法所确立的建筑物区分所有权的法律制度，必须遵守国家关于物业管理法律、法规和政策的规定，必须遵守业主公约和物业管理制度的有关规定，必须遵守物业服务合同的约定。否则违反了这些强制性、禁止性的法律、法规和政策规定，违反了业主公约的契约约束，违反了物业服务合同约定的义务，侵犯了其他责任主体的合法权益，无论是故意还是过失都将构成违法行为或违约行为。

2. 危害性

危害性是指违法行为人对国家、集体、自然人或法人的合法权益造成了侵害，具备了法律规定的危害后果。例如，违章装修、擅自拆除结构梁、柱、墙，破坏了房屋建筑的承重和抗震结构、质量或外观等。

3. 可罚性

可罚性是指行为人的违法或违约行为要符合法律规范所规定的制裁条件。

以上三项物业管理法律责任的构成要件缺一不可，只有同时具备，才能由当事人承担物业管理法律责任。

二、物业管理民事法律责任

按照我国民法的规定，民事主体违反民事义务应依法承担民事法律责任。通常民事法律责任由违约责任、侵权责任、无过错责任组成。因此，对应的物业管理民事法律责任就由物业管理违约责任、物业管理侵权责任、无过错责任等组成。

(一)物业管理违约责任

物业管理违约责任是指当事人违反物业服务合同或业主公约规定不履行合同义务或者履行合同义务不符合约定条件而应承担的民事责任。这是物业管理活动中常见的法律责任。

通常物业管理活动中主要的违约行为有：

(1)房地产开发建设单位未按政府有关规定及物业服务合同规定提供公用设施专用基金和物业管理用房；

(2)物业服务企业未按照物业服务合同的规定内容和义务提供符合约定要求的物业管理服务工作；

(3)物业服务企业违反物业服务合同的规定，擅自扩大收费范围、提高收费标准、超标准向业主、住户收取服务费；

(4)业主、住户违反物业服务合同和业主公约规定的义务，不缴纳物业管理费、住房专用维修基金；

(5)业主、住户、业主大会或业主委员会违反业主公约规定义务，擅自改变房屋用途或违章装修，或不服从物业服务企业的正当合理管理要求。

根据《中华人民共和国合同法》第一百零七条"当事人一方不履行合同义务或者履行合同义务不符合约定的,应当承担继续履行、采取补救措施或者赔偿损失等违约责任"的规定,物业管理违约责任的承担方式主要是违约方承担继续履行物业服务合同、采取补救措施或者支付违约金和赔偿损失。

违约责任的归责原则为严格责任,不以过错为要件,当然也不需要证明什么过错,当事人只要违反合同就承担责任,没有价钱可讲。要求免责,唯一途径是违约责任的当事人证明自己是有免责事由,违约责任的免责事由是不可抗力或法律另有规定的。

(二)物业管理侵权责任

物业管理侵权责任是指在物业管理活动中,行为人由于过错侵害国家、集体的财产权以及自然人的财产权和人身权时依法应承担的法律责任,以及法律规定应对受害人承担民事责任的其他致害行为应承担的法律责任。

通常物业管理活动中主要的侵权行为有:

(1)因房屋建筑质量不合格而产生的侵权行为。房屋建筑质量不合格造成墙壁毁损,房屋倒塌致使业主、住户被砸伤,家庭财产被损坏,房屋建筑者和销售者依法构成侵权行为,并应当依法承担赔偿责任。

(2)因物业维修施工造成他人损害的侵权行为。依据《中华人民共和国民法通则》第一百二十五条的规定,在公用场所、道旁或者通道上挖坑、修缮、安装地下设施等,没有设置明显标志和采取安全措施造成他人损害的,由施工方承担民事责任。因此,属于物业服务企业承担维修施工的,则由物业服务企业及施工人员承担赔偿损失的民事责任;承包给施工单位的由承包者及施工人员承担赔偿损失的民事责任。

(3)物业建筑物以及其搁置物、悬挂物发生倒塌、脱落、坠落造成他人损害的侵权行为。依据《中华人民共和国民法通则》第一百二十六条的规定,建筑物或者其他设施以及建筑物上的搁置物、悬挂物发生倒塌、脱落、坠落造成他人损害的,它的所有人或者管理人应当承担民事责任,但能证明自己没有过错的除外。所谓物业建筑物的所有人就是物业管理活动中的业主,而管理人就是业主大会及业主委员会,而物业服务企业只是管理服务人。举例来看,住宅区的围墙发生倒塌而伤害他人时,业主大会和业主委员会对此就应当依法承担赔偿损失的民事责任。业主大会和业主委员会只有在以下四种情况下可以免责:一是如果该围墙的倒塌是因质量问题引起,就应该由承担围墙施工和建设的单位依法承担赔偿损失的民事责任;二是如果是第三人在围墙边挖沟,致使围墙倾斜倒塌,赔偿责任就应由挖沟的第三人依法承担;三是受害人自身的行为故意或过失使围墙倒塌造成损害,则由受害人自己依法承担责任;四是业主大会及业主委员会已经与物业服务企业就建筑物的维修保养签署了维修保养合同,并依照合同的规定,将建筑物维修保养所需的费用筹集好,交付给物业服务企业,而物业服务企业违反了合同约定,没有及时维修保养,造成了建筑物致损。在这种情况下,就应该由物业管理服务企业依据合同的约定承担赔偿责任。如果业主大会及业主委员会没有与物业服务企业签署建筑物维修保养合同,或者没有筹集好所需的费用,那么业主大会及业主委员会就应该承担赔偿责任，当然，业主大会及业主委员会的赔偿责任要全体业主分担。

（4）因妨碍行为而产生的侵权行为。通常在物业管理活动中的妨碍行为是因为违反建筑物区分所有权法或相邻关系义务而引起的。具体表现为，阻挠相邻的其他建筑物区分所有权人利用其专用部分进行正当合理的修缮；堵塞或改变给、排水通道，妨碍相邻他方正常给、排水；堵塞或改变通道，造成他人通行困难；新建建筑物或附属设施影响他人采光和通风等。

（5）物业服务企业员工违法履行职务造成的侵权行为。这是指物业服务企业员工在履行其职务时，因超越法定权限或违反法律义务而给他人造成损害的行为。超越法定权限往往表现为滥用职权，违反法律义务则一般表现为玩忽职守。物业服务企业员工违法履行职务造成的侵权的赔偿责任由当事人的物业服务企业承担，物业服务企业在承担责任后，有权向有关责任人追偿。

（三）无过错责任

如前所述，这实际上是一种严格责任。因此，在物业管理服务工作中，无过错责任就要求物业管理企业认真负责，彻底避免损害事实的发生。

（四）物业管理民事责任的承担方式

物业管理民事责任的承担方式实际上就是我国民法所规定的民事责任承担方式，主要有：

（1）停止侵害。这是指停止正在进行的不法侵害行为，例如，正在进行的损害房屋，或正在进行建设的违章建筑等行为，受害人或利益关系人有权依法要求停止侵害。

（2）排除妨碍。这是指将妨碍他人权利行为行使的障碍除去。例如，由妨碍者承担清理堵塞的公用通道、消防通道的责任。

（3）消除危险。这是指行为人的行为有造成他人损害或再次造成他人损害的危险时，行为人应将危险之源除去。例如，搭建违章建筑或危险房屋可能导致邻居或他人的损害发生，利益关系人有权要求消除危险。

（4）返还财产。这是指一方当事人将无权占有的他人财产返还对方当事人。擅自超标准收取业主、住户的水电费，应将超出部分返还给业主、住户。

（5）修复、更换或恢复原状。这是指将损坏、移动的财产修复、更换或恢复原来的状态。例如，受害人或利益关系人有权请求违章装修者将擅自拆除的梁、柱、墙等房屋结构恢复原状；行为人装修造成相邻业主、住户的财产损失，受害人有权请求行为人将损失的财产修复；房屋施工或维修质量不合格，受害人或利益关系人有权要求施工者维修、更换或重作。

（6）赔偿损失。这是指行为人用支付一定的金钱或其他财物的方式，赔偿因不法行为给他人造成的损害，如赔偿受伤者医疗费、误工费等。

（7）消除影响，恢复名誉、赔礼道歉。这些都是指对侵害人身权的行为适用的精神上的补救的责任形式。例如，行为人造谣诽谤他人，使其名誉受损，受害人有权请求行为人承担消除影响、恢复名誉、赔礼道歉的民事责任。

三、物业管理行政法律责任

物业管理行政法律责任是指在物业管理活动中，行为人违反物业管理行政法律和法规而必须承担的法律责任。这里的行为人可以是业主、住户、业主大会及业主委员会或物业管理服务企业的员工，也可以是物业管理行政管理机关的工作人员或其他自然人及法人。

（一）物业管理活动中的违法行为

追究物业管理行政法律责任的事实依据是物业管理活动中产生的行政责任的违法行为。通常这种违法行为主要有以下四种：

1. 非法经营行为

这是指不具备物业管理服务的能力和资格，而从事物业管理服务经营活动的行为。非法经营行为不仅冲击和侵犯了物业服务市场的竞争秩序，而且也侵犯了工商行政管理秩序，侵犯了业主、住户、业主大会及业主委员会以及物业服务企业的合法权益，非法经营行为具体体现在无证经营和超范围经营。无证经营包括没有营业执照或没有物业管理资质证书两种情况。对于无证经营的，依据《中华人民共和国公司法》、《物业管理条例》等有关法律、法规的规定，工商管理部门和物业管理主管部门应依法给予取缔，没收全部非法所得，并处以罚款处理。超范围经营最常见的有两种情况，一种是超越物业管理资质证书所规定的资质条件，低资质的物业服务企业从事了高资质物业服务企业的物业管理服务活动；另一种是超越营业执照规定的经营范围从事其他商业活动，超范围经营实际上是一种特殊的无证经营行为，因此，在承担的法律责任的方式上与无证经营完全一致。

2. 妨碍管理行为

这是指行为妨碍国家行政管理机关、物业服务企业、业主大会或业主委员会对物业管理区域依法实施管理、服务、监督和检查的行为，包括妨碍执行公务、妨碍实施正当合法管理、妨碍实施监督检查以及物业服务企业员工渎职等非法行为。对于妨碍执行公务，妨碍有关部门监督检查的，按照《中华人民共和国治安管理处罚条例》等有关法律、法规的规定，依法给予行为人警告、罚款和行政拘留等行政处罚。

3. 不正当竞争行为

这是指在物业服务市场竞争中，行为人采用不正当的或违法的手段垄断物业服务行业，获得垄断利益以及采用贿赂、虚假宣传、侵犯商业秘密、商业诽谤、欺诈等非法手段干扰、阻挠他人获得合法正当经营利益的违法行为，如非法垄断、干扰、阻挠物业管理服务的招投标活动等。对于不正当竞争行为，依照《中华人民共和国反不正当竞争法》的有关规定，国家行政主管机关有权进行监督、检查并给予处罚、追究行为人的行政法律责任。

4. 非法买卖、租赁物业的行为

这是指为谋取暴利、骗取国家的优惠补贴、偷逃国家税款而进行的非法买卖、租赁物业建筑物的行为。对此违法行为，依照《中华人民共和国房地产管理法》等有关法律、法规的规定，国家行政主管部门应依法没收其非法所得，给予罚款等处理。

（二）物业管理行政管理处罚的种类

（1）警告或通报批评。警告是国家行政管理机关对违法者的正式谴责和告诫，是强制性的行政处罚，应用书面裁决。警告通常适用于违法行为较轻、危害不大，一经劝诫就能悔改的情形。通报批评也是对违法者的谴责和告诫，适用于处分有较大危害性的违法行为。通报批评通常与其他处罚同时使用，也可以单独使用。例如，对擅自搭建违章建筑的业主、住户、业主大会、业主委员会或物业服务企业，经教育劝止屡教不改的，物业管理主管行政部门可以给予通报批评。

（2）罚款。罚款是物业管理行政主体对违法行为给予经济上制裁的方式，使用较为普遍和广泛。罚款方式在许多法律、法规中都与其他方式同时使用，也可单独使用。例如，《物业管理条例》第三十六条规定："开发建设单位违反本办法第十三条规定将房屋交付买受人的，由县级以上地方人民政府建设（房地产）主管部门责令限期改正；逾期不改正的，处以3万元以下的罚款。开发建设单位未按本办法第二十一条规定分摊维修、更新和改造费用的，由县级以上地方人民政府建设（房地产）主管部门责令限期改正；逾期不改正的，处以1万元以下的罚款。"

（3）没收财产。这是指国家行政管理机关没收违法所得者的非法所得违禁物品或实施非法行为的工具等财产，并将没收的财产上缴国家的行政处罚。例如，《物业管理条例》第三十七条规定："违反本办法规定，挪用住宅专项维修资金的，由县级以上地方人民政府建设（房地产）主管部门返回挪用的住宅专项维修资金，没收违法所得，可以并处挪用金额2倍以下的罚款；构成犯罪的，依法追究直接负责的主管人员和其他直接责任人员的刑事责任。"

（4）行政拘留。这是特定行政机关对违法的公民在短期内剥夺其人身自由的一种处罚，应由县级或县级以上的公安机关依法决定并执行。

（5）许可证处罚。许可证处罚是指凡领取许可证的主体行为违法，视情节轻重，依据该许可证的法规的具体处罚规定给予降级、吊销、没收或撤销等处罚处理。例如，《物业管理条例》第三十七条第二款规定："物业服务企业挪用住宅专项维修资金，情节严重的，除按前款规定予以处罚外，还应由颁发资质证书的部门吊销资质证书。"物业管理服务涉及的资质证书颇多，除物业管理服务需要资质证书外，还有如房地产中介服务、停车场经营、游泳池经营等需要许可证，会所中有些娱乐项目和烟酒经营也是需要许可证的。

（6）停止营业。这是物业管理行政主管部门因物业服务企业有严重的违法行为，致使管理混乱，不能维持正常生产、经营活动，而命令其停业整顿的行政处罚。

（三）物业管理行政主体的行政处分种类

（1）对违反行政法规行为的处理。违反行政法规行为是指物业管理行政管理机关的工作人员在执行公务中，以行政机关的名义作出的违反行政法规规定的行为。对这种违法行为，可以由上级物业管理行政机关作出责令改正、撤销其决定的处理。行政管理相对人认为物业行政管理机关的工作人员在执法中违反行政法规可以申请行政复议或者直接向法院提起行政诉讼。

（2）对违反行政法规行为人的处理。物业管理行政管理机关工作人员有玩忽职守、滥用职权、徇私舞弊的行为，由其所在单位或者上级机关给予行政处分。处分的方式有警告、记过、降职、撤职、留用察看、开除等。

四、物业管理刑事责任

物业管理刑事责任是指行为人在物业管理活动中严重违反物业管理法律、法规，给国家、集体、自然人或法人的财产或生命健康造成严重损害、情节触犯国家刑事法律规定的，由司法机关依法追究其刑事责任。

在物业管理法律责任中，确定刑事责任的目的就在于从根本上确保物业管理活动符合市场经济秩序的要求，以强有力的方式保证物业管理活动的正常进行。

在物业管理活动中通常所涉及的刑事责任主要有：妨碍公司、企业管理秩序罪，危害税收征管罪，玩忽职守罪，贪污罪，受贿罪等。这些刑事责任的具体承担方式在《中华人民共和国刑法》中都有具体的条款。

复习思考题

1. 试述法律责任的概念。
2. 试述法律责任的种类。
3. 试解释民事法律责任的构成要件。
4. 试述民事责任的归责原则。
5. 物业管理活动中有可能出现哪些违约行为和侵权行为？
6. 列举出 3 项在物业服务中因人为疏忽而导致负民事责任的事件。

第六章　物业服务企业

物业服务企业是专门从事地上永久性建筑物、基础设施和周围环境的科学管理服务，为业主或用户提供良好的生活和工作环境，具有独立法人地位的经济实体，是物业服务产品的供应商和综合性物业服务产品的整合商。作为企业，就要按业主的需要提供符合质量要求的服务产品，这是企业使命所决定的。而搞好企业的经营管理，提高经济效益，则是企业生存发展的需要。

第一节　物业服务企业的性质和类型

一、物业服务企业的概念及类型

(一)物业服务企业的概念

物业服务企业，是指依法设立、具有独立法人资格、从事物业管理服务活动的企业，是为业主提供多方面服务产品的供应商和综合性物业服务产品的整合商。

物业服务企业属于从事经营活动的市场主体，应当具有相应的主体资格，享有完全的民事权利能力和行为能力，能够独立地承担民事责任，从事物业管理活动的企业应当具有独立的法人资格，必须具备下列条件：

(1)依法成立，即物业服务企业设立程序要符合法律法规的规定。

(2)有必要的财产或者经费，最低资质(三级)物业服务企业的注册资本不低于50万元。

(3)有自己的名称、组织机构和场所。

(4)能够独立承担民事责任。

(二)物业服务企业的特征

(1)经营性。物业服务企业提供有偿服务，实行自主经营，独立核算，以盈利为目的。

(2)专业性。物业服务企业必须以其所具有的资质等级承担相应的工作，而且其从业人员也须具有相应的专业技能证书，持证上岗。

(3)统一性。由于物业及区域的整体性，要求在此区域内成立一个业主委员会，委托一家物业服务企业提供管理服务，避免多头管理所造成的混乱。

(4)平等性。物业服务企业与业主的法律地位是平等的，双方对于是否建立服务契约关系，均具有自主选择权。

物业服务企业的主要职责是遵照国家有关政策法规，运用现代管理科学的维修养护技术管理物业，妥善处理业主投诉，有效地维护业主合法权益，为业主和使用人创造一个优美、舒适、安全的居住和工作环境。物业服务企业以服务为宗旨，以经营为手段，以经济效益、社会效益和环境效益的综合统一为目的。

（三）物业服务企业的性质

（1）物业服务企业是独立的企业法人，从事物业管理活动，拥有一定的资金和设备，具有法人资格，能够独立完成物业的管理和服务工作，以自己的名义享有民事权利，承担民事责任。物业服务企业在市场地位、经营运作、法律地位等方面，与其他企业一样，都要遵循企业法人讲究的质量、信誉、效益等市场竞争法则。所以，物业服务企业是一个独立的企业组织，它在物业管理经营活动中具有独立性和自主性。

（2）物业服务属于服务性行业。物业服务企业的主要职能是通过对物业的管理为业主和使用人提供多种服务，并提供一个舒适、方便、安全、优雅的居住和工作环境。因此，物业服务企业所提供的只是服务产品，物业服务是现代服务业的一个重要行业。

（3）物业服务企业是某些社会公共产品末端环节的供应商和综合性物业服务产品的整合商。从资源配置的角度，某些社会公共产品是由政府和企业共同提供的，一般是由政府提供上游产品，企业负责提供下游产品。如"社会治安"，政府提供警察服务，而物业服务企业提供保安服务；又如"环境卫生"，政府提供市政道路的保洁，而物业服务则提供小区的保洁，等等。正因为如此，物业服务企业会经常与上游产品的供应商，即政府的相应主管部门联系，按照上游产品供应商的意图和要求，以便保证公共产品效用的一致性。但这样也有尴尬之处，政府的主管部门有执法权，而企业无执法权。在实践中，发现小区违章建筑，在规劝无效时只能报告城管部门来处理；抓到小偷，只能够送派出所。这也是物业服务企业在提供公共服务产品时经常遇到的问题，需要智慧，掌握好分寸，也需要依法依规行事。

由于一些单项的物业服务产品可能由专业公司提供，因此，物业服务企业也是综合性物业服务产品的整合商。

（四）物业服务企业的类型

物业服务企业的分类方法很多，主要有以下几种：

1. 按组建形式划分

（1）公司制企业。包括有限责任物业服务企业和股份制物业服务企业。

（2）合伙制企业。包括民营物业服务企业，合伙物业服务企业等。

（3）合作经营制企业。包括中外合作物业服务企业，中外合资物业服务企业等。

2. 按股东责任划分

（1）有限责任公司。有限责任公司是股东对公司债务，仅以出资额为限承担有限责任的公司。物业服务企业大多属这类公司。

（2）股份有限公司。将公司的全部资本划分为等额股份，股东按其认购的股份对公司债权、债务负责的公司。股份有限公司由于对发起人、股东条件、注册资本、公司结构等条件要求都较高，因此物业服务企业属于股份有限公司的并不多。但随着物业管理的发展，集团化的物业管理股份有限公司近年已逐步出现。

3. 按业务性质划分

1）委托服务型物业服务企业

这类企业也有人称为"实体型物业服务企业"。按接受委托业务分为两种情况：一种是由开发建设单位委托，承担对业主委员会成立前的前期管理服务。另一种是业主委员会成立后，由业主委员会选聘或在招标竞投中取得管理服务权，由业主委员会委托实施管理服务。无论哪一种形式，均应签订物业服务委托合同。

这类企业大多数从事住宅小区的物业管理服务，以做好公共服务、特约服务的工作为主，同时也兼营一些为小区内业主和非业主使用人生活提供方便的经营性项目。

2) 租赁经营型物业服务企业

有些房地产开发建设单位对建成后的商业大厦、写字楼、工业大厦、批发市场等物业并不出售，而是交给从事租赁经营的物业服务企业管理，通过租金收回投资。可见，此类物业服务企业不仅具有维护管理服务的职能，更主要的是对所管理物业进行租赁经营，实质上是房地产开发的延续，通过物业的出租经营为开发建设单位回收项目投资和获得长期、稳定利润。它的经营职责不只是将一层楼、一套单元简单地租出去，还要精心策划，根据市场的需要和变化对所管理的物业作出定期地更新，如室内装修、空间的重新分隔，改善与完善物业的使用条件，如电信通信、楼层交通等，以提高物业的档次和适应性，进而调整租金以反映市场价格的变化，从中获得更丰厚的利润。

这类物业服务企业，虽然以物业的租赁经营业务为主，但管理服务也占有相当重要的地位。与住宅小区相比，写字楼、商业大厦等更需要高标准、高质量的管理，这些楼宇都有比较现代化的设备和较高档次的装修，如自动控制的电梯和升降梯，用电脑控制的楼宇自动化系统、中央空调设备、通风设备、保安监控设备等。这些设备需要具备专门知识的技术人员来操作和养护，人们对这类楼宇，特别是出入口、大堂、洗手间、公共通道的清洁卫生，楼宇的治安防范及消防系统的要求很高，为保护楼宇的外观，楼宇的外墙也需定期清扫。一栋楼宇物业是否达到"安全、舒适、快捷"的管理服务要求，直接影响物业租金收益，而且也与楼宇本身的价值有很大的连带关系。所以，这类物业管理企业不仅要坚持经营与管理并重，而且对管理人员的素质有较高的要求。

3) 委托-代理型物业服务企业

这类企业可称为委托顾问型物业，国内又有人将此类物业服务企业称为管理型物业服务公司。尽管代理的方式和内容有差异，但委托-代理型物业服务企业的共同特点是只有管理层，不设或只设很少的操作层，清洁卫生、园林绿化、电梯维护、水电设备的运行维护、治安防范等均委托专业公司实施，物业服务企业与专业公司建立合同关系，并且要对专业公司的服务进行及时的监督、检查和考核。而其本身主要的管理服务职能是物业的产权产籍管理、物业产权经营、中介服务(房地产估价、经纪及咨询等)、物业档案资料管理、物业维护计划的制订、整体管理计划的制订与组织实施、建立健全各种规章制度、做好群众工作和其他管理，如签订服务协议、办理入伙手续，等等。

委托-代理形式基本上可分为两类：第一类是对业主聘请专业公司提供顾问性意见，由业主委员会选聘专业公司并签订合同，物业服务企业只负责监督合同条款的执行。第二类是物业服务企业接受业主委托，代聘各类的专业公司，由物业服务企业与各专业公司签订合同。但全部代聘的专业公司均需试用，服务如不能令委托方满意，可以随时更换。

这类委托-代理型的物业服务企业只收取管理员的薪金及服务代理酬金，其余均属代收代支。从理论上说，这类物业服务企业所代表的是一种比较先进的管理模式，它不但恰如其分地充当"管家"的角色，既不喧宾夺主，出现"主人"与"管家"的错位，又不用对操作层的工作"事必躬亲"，而且还能充分利用专业公司的优越性，降低业主支付的管理费用，提高管理服务质量。因为专业公司在多个物业中均从事同一性质的专业服务工作，可以灵活机动地调派工作人员，做到满负荷工作。另外，还可以采取较先进的设备和工艺提高劳动生产率，这些都是自己组建操作层的物业服务企业难以做到的。

近年来我国有一些物业服务企业，已经开始把部分操作层的工作交给专业公司承包，比较多的是把清洁卫生和绿化管理交给专业清洁卫生公司和园林绿化公司承包，也有些规模较大的物业服务企业，自建了具有独立法人地位的专业公司，参与市场竞争，他们与物业服务企业的业务是一种经济契约关系。上述的这些物业服务企业只是不同程度地吸收了委托-代理型的优点，却已收到了降低成本、提高管理服务质量的效果。广州番禺区丽江花园物业服务公司，自 1997 年开始陆续把清洁卫生、绿化管理、水电设备维护等服务项目通过招标交给专业公司负责，每一个项目聘请专业公司之后，都能够比原来自营节约 5%～10%成本。

4) 顾问型物业服务企业

这类企业由少量具有丰富物业管理服务经验的人员组成，不具体承担物业管理服务工作，而以顾问的形式出现，收取顾问费。

二、物业服务企业设立的条件和程序

(一)有限责任公司和股份有限公司设立的条件

由于现代物业服务企业都是以公司的形式出现的，因此，申请设立物业服务企业首先要按照《中华人民共和国公司法》(以下简称《公司法》)规定的条件执行。

1. 有限责任公司的设立条件

根据《公司法》第十九条规定，设立物业服务有限公司，应当具备下列条件：

(1)股东符合法定人数。

(2)股东出资达到法定资本最低限额。

(3)股东共同制定公司章程。

(4)有公司名称、建立符合有限责任公司要求的组织机构。

(5)有固定的生产经营场所和必要的生产经营条件。

2. 股份有限公司的设立条件

根据《公司法》第七十三条规定，设立物业服务股份有限公司，应当具备下列条件：

(1)发起人符合法定人数。

(2)发起人认缴和社会公开募集的股本达到法定资本最低限额。

(3)股份发行、筹办事项符合法律规定。

(4)发起人制定公司章程，并经创立大会通过。

(5)有限公司的名称、建立符合股份有限公司要求的组织机构。

(6)有固定的生产经营场所和必要的生产经营条件。

（二）物业服务企业的资质条件

1. 物业服务企业的资质等级

国家对从事管理服务活动的企业实行资质管理制度。2007年11月26日，建设部修正并重新公布了《物业服务企业资质管理办法》，其中对物业服务企业区分了三级资质，分别对应不同注册资本、物业管理专业人员及专职管理技术人员人数等的企业。

国务院建设主管部门负责一级物业服务企业资质证书的颁发和管理。省、自治区人民政府建设主管部门负责二级物业服务企业资质证书的颁发和管理。直辖市人民政府房地产主管部门负责二级和三级物业服务企业资质证书的颁发和管理，并接受国务院建设主管部门的指导和监督。设区的市人民政府房地产主管部门负责三级物业服务企业资质证书的颁发和管理，并接受省、自治区人民政府建设主管部门的指导和监督。

2. 各资质等级物业服务企业的条件

1）一级资质

(1)注册资本人民币500万以上。

(2)物业管理专业人员以及工程、管理、经济等相关专业类的专职管理和技术人员不少于30人。其中，具有中级以上职称的人员不少于20人，工程、财务等业务负责人具有相应专业中级以上职称。

(3)物业管理专业人员按照国家有关规定取得职业资格证书。

(4)管理两种类型以上物业，并且管理各类物业的房屋建筑面积分别占下列相应计算基数的百分比之和不低于100%：①多层住宅200万平方米，②高层住宅100万平方米，③独立式住宅(别墅)25万平方米，④办公楼、工业厂房及其他物业50万平方米。

(5)建立并严格执行服务质量、服务收费等企业管理制度和标准，建立企业信用档案系统，有优良的经营管理业绩。

2）二级资质

(1)注册资本人民币300万元以上。

(2)物业管理专业人员以及工程、管理、经济等相关专业类的专职管理和技术人员不少于20人。其中，具有中级以上职称的人员不少于10人，工程、财务等业务负责人具有相应专业中级以上职称。

(3)物业管理专业人员按照国家有关规定取得职业资格证书。

(4)管理两类以上物业，并且管理各类物业的房屋建筑面积分别占下列相应计算基数的百分比之和不低于100%：①多层住宅100万平方米；②高层住宅50万平方米；③独立式住宅(别墅)8万平方米；④办公楼、工业厂房及其他物业20万平方米。

(5)建立并严格执行服务质量、服务收费等企业管理制度和标准，建立企业信用档案系统，有良好的经营管理业绩。

3）三级资质

(1)注册资本人民币50万元以上。

（2）物业管理专业人员以及工程、管理、经济等相关专业类的专职管理和技术人员不少于 10 人。其中，具有中级以上职称的人员不少于 5 人，工程、财务等业务负责人具有相应专业中级以上职称。

（3）物业管理专业人员按照国家有关规定取得职业资格证书。

（4）有委托的物业管理项目。

（5）建立严格执行服务质量、服务收费等企业管理制度和标准，建立企业信用档案系统。

新设立的物业服务企业，其资质等级按照最低等级核定，并设一年的暂定期。

3. 各资质等级物业服务企业承接业务范围

一级资质物业服务企业可以承接各种物业管理项目。二级资质物业服务企业可以承接 30 万平方米以下的住宅项目和 8 万平方米以下的非住宅项目的物业管理业务。三级资质物业服务企业可以承接 20 万平方米以下的住宅项目和 5 万平方米以下的非住宅项目的物业管理业务。

（三）物业服务企业设立的程序

一般分为工商注册登记，资质申请，税务登记和公章刻制等几个步骤。

1. 文件准备

根据《公司法》和《物业服务企业资质管理办法》规定的申请条件，提前准备好有关材料文件。

2. 工商注册登记和资质申请

新设立的物业服务企业须持有关材料文件到所在地的工商行政管理部门进行工商注册登记、领取营业执照、法人证书、机构代码证等，并应当自领取营业执照之日起 30 日内，持下列文件向工商注册登记所在地直辖市、设区的市人民政府房地产主管部门申请资质：①营业执照；②企业章程；③验资证明；④企业法定代表人的身份证明；⑤物业管理专业人员的职业资格证书和劳动合同，管理和技术人员的职称证书和劳动合同。

3. 税务登记和公章办理

在取得上述有关证件后，物业服务企业还要持这些证件到税务部门办理税务登记，到公安部门(或授权单位)办理公章备案和刻制。

上述程序结束后，物业服务企业就可以合法地开展物业管理服务业务。

第二节　物业服务企业的机构设置

一、物业服务企业机构设置的原则

物业服务企业的机构设置，实际上就是一个组织结构设计问题。在现代企业中，由于时间和精力限制，主管人员不可能直接地、面对面地安排和指导每个成员的工作，而需要委托或多或少的人与他一起分担管理工作。委托多少人？委托什么样的人？每个受委托人从事何种性质的工作？他们在工作中的关系以及与委托者的关系如何？要解决这些问题，就需要设计组织的机构和结构，确定管理职务的类型的组合方法，规定它们的工作任务和相互关系。

组织所处的环境、采用的技术、制定的战略、发展的规模不同，所需的职务和部门及其相互关系也不同。但任何组织在进行机构和结构的设计时，都需遵守一些共同的原则，综合组织设计学者比较一致的观点，这些原则包括以下几项。

（一）因事设职的原则

组织设计的根本目的是为了保证组织目标的实现，是使目标活动的每项内容都落实到具体的岗位和部门，即"事事有人做"，而非"人人有事做"。因此，在组织设计中，逻辑性地要求首先考虑工作的特点和需要，要求因事设职、因职用人。

（二）权责对等的原则

组织中每个部门的职务都必须完成规定的工作。在委以责任的同时，必须委以自主完成任务所必需的权力，即相应的取得和利用人力、物力、财力以及信息等工作条件的权力。所委以的权力不可太大也不可太小，必须与职责相适应，有责无权会束缚管理人员的积极性和主动性，而且使责任制度形同虚设，最后无法完成任务；而有权无责必然助长了瞎指挥和官僚主义。

（三）统一指挥原则

该原则最早是法国的亨利·法约尔提出来的，他认为无论什么工作，一个下级只能接受一个上级的指挥。如果两个或两个以上领导人同时对一个下级或一件工作行使权力，社会就会出现混乱局面。在法约尔之后，人们又把该原则发展为一个人只能接受同一的命令。如果需要两个或两个以上领导人同时指挥的话，那么必须在下达命令前，领导人互相沟通，达成一致意见后再行下达。这样下级才不会无所适从。在一个领导人下达命令时，可能由于情况紧急，来不及同其他领导人沟通，但事后必须及时把情况向其他领导人讲清楚，形成统一意见，避免出现多头指挥现象。

（四）分工与协作原则

分工就是按照提高管理的专业化程度和工作效率的要求，把组织的任务、目标分成各个层次、各个部门以及各个人的任务和目标，明确各个层次、各个部门乃至各个人应该做好工作以及完成工作的手段、方式和方法。分工是提高工作效率的有效手段，通过分工人们可以专心从事某一方面的工作，对工作会更加熟练，更能提高效率。

协作是与分工互相联系的一个概念，它是指明确部门与部门之间内部的协调关系与配合方法。组织作为一个系统，各个部门都是其子系统，各部门不可能脱离其他部门而单独运行，必须经常与其他部门相互协调，实现本部门的目标，同时保证整个组织目标的实现。

只有分工没有协作，分工就失去意义，而没有分工就谈不上协作，他们之间是相辅相成的。因此，在进行组织设计时，要同时考虑这两方面问题。

（五）经济原则

要以较少的人员，较少的层次，较少的时间达到管理的效果。层次多，则管理人员多，管理费用增加，办事迟缓，人浮于事，增加矛盾；层次少，则管理人员少，便于建立良好的沟通，减少内耗，提高办事效率，迅速做出决策。但层次不是越少越好，层次太少，必然加大管理跨度，使领导工作不深入、不具体、指挥无力。

以上一般企业组织机构设计的原则，同样适合于物业服务企业的机构设置。物业服务企业的规模、管理对象、管理内容不同，企业的机构设置就会不一样。总的来说，要根据企业自身的物业经营管理的规模、复杂程度和专业化水平、管理水平，本着利于统一领导、分级管理、精干高效的总原则按需设置机构。

二、物业服务企业组织机构的类型

物业服务企业组织机构的基本类型一般有直线制、直线职能制、事业部制等几种形式。

（一）直线制

这是最简单的企业管理组织形式。它的特点是企业各级领导都亲自执行全部管理职能，按垂直系统直接领导，不设专门的职能机构，只设职能人员协助主管人员工作。其优点是集指挥和职能于一身，命令统一，责权统一，行动效率高；缺点是对领导者要求比较高，要通晓多种专业知识，亲自处理许多具体业务（图 6-1）。

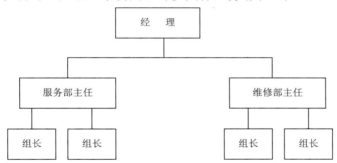

图 6-1 直线制的组织机构形式

我国一般采用这类型组织机构的物业服务企业都是小型的专业化物业服务企业，以作业性工作为主，如专业的保洁公司、保安公司、维修公司等。这些公司下设专门的作业组，由主管直接指挥。在国外，很多委托-代理型的物业服务企业也采用类似的组织机构形式。

（二）直线职能制

直线职能制是在直线制的基础上吸收了职能制的长处，各级组织单位除主管负责人外，还相应地设置了职能部门，并将管理人员分成两类；一类是行政指挥人员，对下级进行指挥；另一类是职能管理人员，是作为领导的参谋和助手，对下级没有指挥的权力，但如果受行政负责人委托，可在自己主管的业务范围内负责某方面的管理工作。其优点是既能发挥职能机构专业管理的作用，又便于领导统一指挥；缺点是横向协调配合困难，不利于沟通信息，有些问题各部门要向直线领导机构和人员请示报告后才能处理，影响工作效率。

　　直线职能制是我国目前中等规模的物业服务企业较多采用的一种组织结构形式。比较常用的是企业的总体机构分成两级，即企业总部和各物业管理处。在企业总部设若干职能部门，指导各物业管理处不同的业务。管理处是物业管理服务工作的实体，负责具体的操作。企业实行总经理负责制，一般情况下可下设四部一室，即办公室、财务部、工程部、管理部、经营服务部（图6-2）。

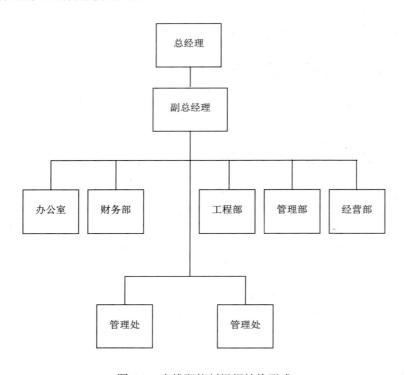

图6-2　　直线职能制组织结构形式

（三）事业部制

　　事业部制又称分权组织，是大的企业系统中把那些具有相对独立的业务部门划分为各个独立的单位或分公司，使之独立核算，每个独立经营的单位都是在总公司控制之下的利润中心，按集中管理、分散经营的原则，公司最高管理层负责重大方针的制定，掌握影响公司成败的重大问题的决策权，如资金使用、分公司负责人的任免、发展战略的制定等。分公司经理根据总公司经理的指示，统一负责分公司的管理（图6-3）。

　　事业部制的主要优点是各事业部在容许范围内独立经营，提高了管理的灵活性和对市场竞争的适应性，又具有较高的稳定性。有利于最高管理机构摆脱日常事务工作，能够集中精力作好决策和大政方针的研究，有利于建立考核管理人员业绩的标准，培养全面的管理人才。主要缺点是机构重叠，管理人员浪费，易造成事业部之间的本位主义，影响事业部之间的合作。

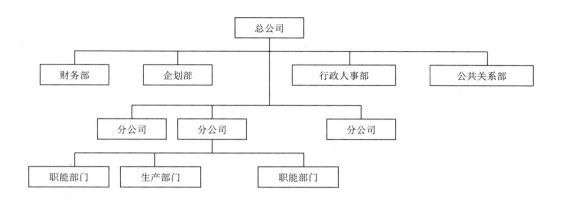

图 6-3　事业部制组织结构形式

（四）矩阵制组织形式

这是在传统的直线职能制纵向领导系统的基础上，又按业务内容、任务或项目划分而建立横向领导系统，纵横交叉，形成矩阵的形式。其特点是在同一组织中既设置纵向的职能部门，又建立横向的管理系统。参加项目的成员受双重领导，既受所属职能部门的领导，又受项目经理的领导（图 6-4）。

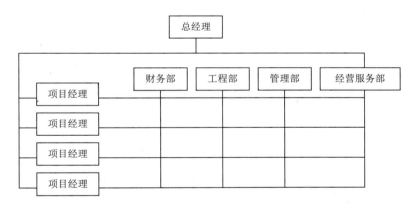

图 6-4　矩阵制的组织结构形式

矩阵制的优点是有利于加强各职能部门之间的协作配合，各项目经理可以根据特定的任务和目标灵活选择职能人员，组织结构的弹性较强，有利于把具有各种专业知识和技能的人员结合起来，充分发挥他们的积极性和创造性。缺点是组织结构的稳定性较差，人员经常变动，职能人员由于受双重领导，若横向和纵向两方面出现矛盾，容易导致管理混乱和推卸责任。

矩阵制的组织结构在国外的物业服务企业中用得较多，在我国，多用在新的小区（大厦）物业管理处或在异地新组建的分公司筹建阶段。

第三节　物业管理处的组织架构与职责

一、物业管理处的职责

物业管理工作不仅是对物业本身的管理，更重要的是对物业的业主和非业主使用人提供综合服务。为了统筹有关的管理和服务工作，一般的物业服务企业都会在所管辖的物业内设置物业管理处，以保证管理服务的及时性和有效性。管理处是整个物业服务企业指挥链的终端，管理处的员工处于直接面对业主和用户的第一线，在管理服务中起着执行实际操作和协调的作用。物业管理处的主要职责包括以下几方面。

(一)全力做好公共服务工作

公共服务是物业服务企业面向所有业主和非业主使用人提供的最基本的管理和服务，也是物业内所有业主和非业主使用人每天能享受到的普惠性服务，业主和用户只要交纳了管理费，物业服务企业就应该按照合同约定的要求提供公共服务，管理费的标准不同，只不过代表服务深度不同而已，并不意味着可以减少公共服务的项目，而物业管理处正是各物业内提供公共服务的具体执行机构，所以，公共服务的质量实际上也就反映了物业服务企业的水平，作为管理处，也责无旁贷要做好公共服务工作。

(二)根据条件和业主需要积极开展特色业务

特约服务和便民服务是物业服务企业向业主和非业主使用人提供全方位服务的具体表现，也是物业服务企业经营收入的来源，由于目前我国大多数地区由物价主管部门核定物业服务收费的指导价，考虑到群众的承受能力，其所核定的指导价中，所含的酬金比例大约只有 6%，而且政府指导价往往是定下来数年不变，而物业管理服务成本，尤其是人工成本，却是每年都在上升，与业主协商提高物业服务收费，绝非一件容易的事，近两年来，国家政策所订的最低工资标准每年都在提高，物业服务企业的经营环境更为困难，很多规模较大的住宅小区内，物业服务企业都开设了一些家政服务中心，以打印、复印为主的商务中心等部门，以及承包停车场管理的业务，以满足部分业主的个别需求，同时也可以提高物业服务企业的经营效益。特色服务属于派生服务范围，提供特色服务并不是物业服务企业的法定义务，但各个管理处可依据自己的条件及业主的需求，开设力所能及的特色服务项目，如在住宅物业中，家政服务和停车场服务的需求较大，而非住宅物业则对打印复印、文书装订等需求较大，各管理处可视具体情况而开设。

(三)组织业主和用户开展社区文化活动，促使住户间建立友好和谐的邻里关系

作为居住小区，社区文化建设的任务就是通过各种形式的文娱、体育和其他形式的文化活动，创造一种文化氛围，让社区成员能够相互了解和交流，提高对不同文化的鉴别和适应能力，减少文化冲突带来的负面影响，使社区成员对不同的某些文化要素逐渐达成文化认同，并在此基础上建立社区共同的居住观和形成相应的行为模式。

在社区文化建设中，处于物业管理第一线的管理处，从长远来说，应当逐步以社区

活动的组织者过渡到社区文化的协调者与引导者。社区文化最终应逐渐发展为以业主为主、自发开展的自主式和自助式社区文化活动。

自主式社区文化，就是逐步将业主委员会也吸引到社区文化的建设中来，从业主自身的角度出发，尝试采取业主自主、管理处配合的方式开展一些社区文化活动，增强业主们的参与感和成就感，有利于业主满意度的提高，同时也能引领社区文化的时代潮流。

自助式社区文化，就是将在某方面具有一定特长的业主组织起来，组成社区的某种社团(如合唱团、足球队、篮球队、英语沙龙等)，定期进行交流。可以提高业主参与社区文化活动的积极性，既能保证活动的频率及适合性，又能减轻部门组织工作的压力。

（四）协助政府职能部门履行职责进行社会综合管理

物业管理与政府的建设、公安、卫生、市政、供电等多个行政主管部门及属地街道办事处的工作有直接的联系，物业管理处与他们既要理顺在社会管理职能上的关系，物业服务企业是经营单位，不可能承担政府职能，但又要积极协助这些部门履行职责、实施社会综合管理。

（五）完成企业总部下达的工作任务

物业服务企业在机构改革的试验、人才培训基地的建立等方面的工作，都要选择下属适当的管理处来开展，如深圳的海富花园物业管理处，就曾是中海物业服务(深圳)有限公司开发"1 拖 N"管理模式的试点，而深圳的梅林一村物业管理处、广州茗雅园物业管理处分别为深圳市万厦居业公司、广州城建开发物业有限公司的人才培训基地。凡属这类的企业总部下达的工作任务，物业管理处都要努力完成。

二、物业管理处的架构和运作模式

管理处的架构和运作模式一般根据企业的规模、类型、体制和资源情况，同时结合所管辖物业的具体类型、性质和管理要求组织。下面列举几种常见的管理处架构。

（一）一般中小型小区管理处架构

如图 6-5 所示，该架构较精简，管理处根据公司统一的管理模式，实行企业领导下的管理处主任负责制，管理处是相对独立运作的质量中心，管理处主任有充分的权力决定如何处理管理处的事务。企业总部的职能部门对管理处进行质量检查和资源调配，利用整个企业的资源优势，可以快速调整各种资源支持管理处工作，各类助理分管不同的事务，对管理处主任负责。

服务中心是为住户提供服务的一个虚拟机构，管理处的员工都是这个中心的成员。业主或非业主使用人只要把需求告诉服务中心，就会有专门的员工调配公司内部和外部资源解决业主和非业主使用人的问题。在提供服务方面，管理中心可以请求企业总部在服务资源、信息资源、质量保证等方面的支持和配合。业主和用户在供电、供水、煤气等方面的问题，也可以通过服务中心进行协调解决。

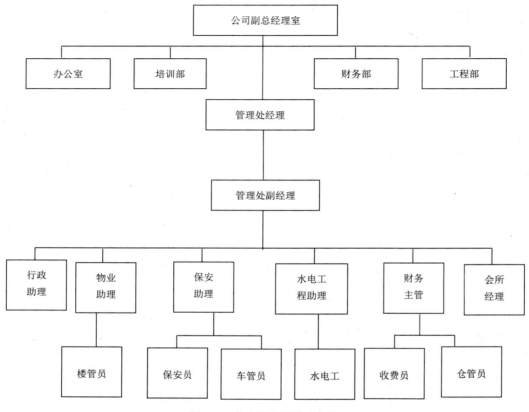

图 6-5　中小型小区管理架构

(二)大型小区管理处架构

若管理的物业面积大、功能复杂、社会影响力大、服务对象复杂，则可以成立专门的管理服务分支机构——分公司。独立的分公司具有较大的灵活性，便于质量监管和制度落实。分公司设经理作为主管负责，下设综合服务中心、综合管理部、社区文化部、财务部等，并以专项服务项目如清洁、绿化、垃圾清运等采取招标形式进行发包运作，各部门的职责如下(图 6-6)。

1. 综合服务中心

负责多种经营、有偿服务、咨询服务等，对所收集的服务需求信息进行分类，对业主和非业主使用人制定多层次的服务计划，最大限度地满足客户的需求。

2. 专项服务部

负责公共土建工程及水电设备维修、保安、消防管理、道路交通管理、环境管理(包括园林绿化、清洁卫生)、客户服务信息收集、人事行政管理、文档管理、物料管理等。

3. 财务管理部

负责财务计划目标管理、财务成本控制和财务核算。

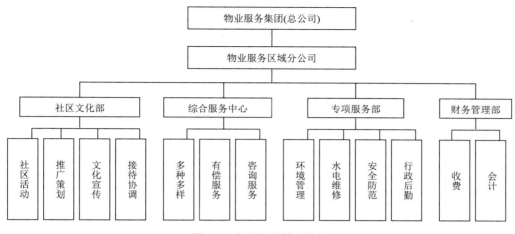

图6-6　大型小区管理构架

4. 社区文化部

负责对外接待参观、文化宣传、主题活动、形象策划、关系协调；建立和维系与业主委员会、政府相关部门、业务和合作单位、新闻媒介、开发建设单位等各方面的良好的公共关系。

5. 中央调度中心（虚拟）

这是虚拟的部门也是管理的核心，由各部门的主要管理人员构成，它对物业管理的实体运作进行统一的协调及调度，在各工作时段、工作环节、工作层面上系统地收集各类管理服务信息。

（三）大厦管理处的架构

高层综合写字楼、商业大厦在物业特性、管理及服务对象等方面与住宅小区有较大的差别，主要体现在物业的权属、服务对象、设备管理、经营管理方面，因此，大厦管理处的架构要根据其用途和特点设置。

三、管理处主任的基本素质和能力要求

（一）基本素质要求

1. 服务意识

物业管理属于服务行业，与其他生产性的企业所生产的有形产品不同，物业服务企业的产品就是服务。对于管理处主任而言，对服务意识的理解不能仅仅停留在"销售的产品是服务"这一理念，"服务意识"的深层含义在于：

（1）管理服务者所提供的服务能持续地符合业主的要求，并得到他们的信赖。

（2）业主要求不是一成不变的，随着时间的推移，特别是对生活要求的不断提高，业主的要求会随之发生变化。作为管理处主任，要动态地掌握业主的需求，不断地改进服务，使业主满意。

2. 沟通技巧

管理处主任作为小区(大厦)管理的全权代表,对所管辖小区(大厦)的物业管理服务负直接责任。管理处涉及方方面面的关系,外部包括与政府职能部门、新闻媒体、业主、外判项目的分承包方等的关系;内部则包括管理处与企业总部之间,管理处内部各部门之间及管理处内部员工之间的关系等。这就要求管理处主任必须具有良好的沟通技巧,才能与各方建立顺畅、互利、双赢的关系。

3. 职业道德

管理处主任作为企业的中层管理人员,具有"承上启下"的作用,一方面,他是企业决策的执行者;另一方面,他又是基层员工的领导者,因此,管理处主任的职业道德,将直接影响到员工队伍建设和企业的整体形象。

一个优秀的管理处主任应具有的良好的职业道德,包括以身作则、敬业精神、乐于奉献、勇于承担责任、廉洁自律等。

4. 自我完善

现代化楼宇功能的多样化带来管理内容的复杂性和专业性,住宅小区居住生活质量的提高所带来的服务要求的综合性和特殊性,均向管理处提出了不断完善和提升自我的要求。

(二)管理处主任应具备的能力

1. 专业技能

1)掌握物业管理的基本知识

包括物业管理理论、物业管理服务技巧、物业管理规范、物业管理法律法规、ISO9000质量体系及其运作。

2)相关专业知识

包括财务管理、企业管理、法律法规、土木工程、房屋设备、人力资源管理、公文写作、计算机应用等方面的专业知识。

2. 学习能力

学习能力是管理人员最重要的能力,管理处主任应具有求知欲和上进心,不断拓展知识面,洞察行业的发展趋势,吸收他人的先进经验,才能适应行业发展和实际工作的需要。

3. 计划能力

物业管理工作的特点要求我们必须具备极强的计划性和前瞻性,作为管理处主任,必然要对小区近、中、远期工作有一个通盘而清晰的考虑,因此也就必须制订详细而又行之有效的计划,这是衡量管理主任工作能力的一项重要标准。

4. 协调能力

物业管理的服务性行业性质也就决定了管理处主任在大部分时间都处于协调者的角色,有效地协调对外和对内工作中各种要素之间的关系,这将会很好地促进管理服务工作的效率和效果,实现更好的社会效益和经济效益。

5. 组织能力

如何有效安排各项工作,发挥员工所长,达到预期目标,是管理处主任的基本要求，而管理处主任在开发各项日常工作和处理应急事故时，需要较强的组织能力方可胜任。

6. 控制与督导能力

1）控制能力

管理处日常工作中，关键就是如何有效地落实和完成任务。一旦计划付诸实施，管理处主任就要定期、定时检查计划执行情况。为此管理处主任要定期进行绩效评估并与预期目标进行对比，分析两者的差距，然后为使结果符合预期目标而采取纠偏措施。

2）督导能力

为保障服务标准和服务规范能达到预定目标，作为管理处主任，必须就此对所有下属员工的工作质量和分承包商进行必要的监督和指导，否则，再好的规范和标准也无法实施。因此，必须加强督导能力和技巧，才能使各项工作得到落实和达到预期目标。

7. 员工管理能力

清晰了解有关劳动人事制度，落实相关工作制度和工作纪律，激励员工为实现目标而努力。另外，还应包括掌握属下员工性格特点和技能水平，做到因材而用，力求尽展所长；为员工营造良好的工作氛围和发展空间；提供培训机会和发挥专长的机会；塑造管理处的团队精神，使员工在工作中充满斗志、激情而又保持适当的压力，全心全意投入到工作中去。

8. 与人相处及沟通能力

管理服务工作要求必须有很强的沟通能力。日常工作中，管理处主任时刻面对业主和非业主使用人、各级管理部门、分承包方等。管理处主任的与人相处及沟通能力，代表了整个管理处甚至物业服务企业的形象，热情、有礼、坦诚、不亢不卑是服务行业应有的服务态度；耐心聆听，细心解答，是获得信任和谅解的捷径，应该通过不断学习和实践，使与人相处及沟通能力得到提高。

9. 领导艺术

作为一个部门负责人，领导艺术是不可缺少的，一个成功的领导者，应懂得合理运用领导权力，选择适当的领导方式，从而形成自己的领导风格。我们必须善于观察和总结，大胆尝试，方能逐渐掌握其关键。

第四节　物业服务企业的权利和义务

物业服务企业在依据物业服务委托合同对受托物业提供服务的过程中，具有以下的权利和义务。

一、物业服务企业的权利

物业服务企业是物业服务委托合同的执行者，它必须按照委托人的意志办事。因此物业服务企业的权利内容有三个方面：首先，有权采取完成委托服务任务所必需的行为；

其次，有权获得劳动报酬；最后，有权根据物业服务合同制止违背全体业主利益的行为。最主要的是，当物业服务企业接受某个辖区业主的委托后，还有以下的具体权利：

1. 根据物业服务委托合同和管理规约对物业提供管理服务

物业服务委托合同中明确规定了服务项目和服务内容，物业服务企业有权根据合同中的规定，通过约定的条款和管理规约对物业提供管理服务。

2. 依照物业服务委托合同和有关规定收取管理费

对于物业服务费的收取，国家有一些原则上的规定，物价管理部门也相应有一些要求。业主委员会在与物业服务企业签署物业服务委托合同时，应就收费问题在国家有关规定的基础上进行讨论并达成一致意见，物业服务企业将以此为依据，向业主和非业主使用人收取管理服务费。

3. 有权制止违反规章制度的行为

物业服务企业是普通企业，不是执法机构，但是为了保障业主和使用人的合法权益，业主大会根据通过的业主公约和物业服务委托合同，授权使物业服务企业具有制止业主和非业主使用人违反规章制度行为的权利。

4. 有权要求业主委员会协助管理

业主委员会和物业服务企业是物业服务委托合同签约的双方，总的目标都是要设法把物业管理好，因此需要相互配合，在有些问题上，物业服务企业有权要求业主委员会协助。例如，物业服务企业按规定收费，个别人无故拒绝交纳，则物业服务企业有权要求业主委员会协助收缴。

5. 有权选聘专业公司承担专项管理业务

在物业管理过程中，对一些专项服务(如保洁、保安、维修)，物业服务企业可以自己设置部门从事这方面的工作，也可以选聘专业公司负责。但不得将整体管理服务责任权力及利益转让给其他人或单位，也不得将专项业务承包给个人。选聘专业公司的权利应当属于物业服务企业，因为这样做便于物业服务企业统一管理。

6. 有权经营特约服务和便民服务

物业服务合同的标的是物业服务企业提供的物业服务，而物业服务的对象是物业管理区域内的全体业主。由于每个业主都是独立的民事主体，情况各异，除全体业主均有的共同需求外，个别业主不可避免地会产生不同于他人的特殊需求，对于这些个别业主或部分业主的服务需求，无法通过业主大会与物业服务企业签订的物业服务合同来解决。但如果物业服务企业有提供此类服务项目的能力(如家政服务、家居设备维修服务)，则可以由业主委托物业服务企业提供相关服务。《物业管理条例》规定，物业服务企业可根据业主的委托提供物业服务合同约定以外的服务项目。

二、物业服务企业的义务

1. 履行物业服务委托合同，依法经营

物业服务企业在日常管理工作中，必须按合同的要求进行管理，达到合同规定的各项服务标准。特别是多种经营时，一定要依法经营。

2. 接受业主委员会和业主及非业主使用人监督

物业服务企业主要的职责是既对业主及使用人进行全方位服务，又对物业提供管理服务。要想实现这一目标，就要接受业主和非业主使用人及其代表——业主委员会的监督。

3. 重大管理服务措施应提交业主委员会审议批准

有关物业管理服务的重大措施，物业服务企业无权自行决定。物业服务企业应将制定措施的报告提交业主委员会审议，获得通过后方可实施。

4. 接受行政主管部门监督指导

物业管理服务工作涉及千家万户的生活问题，政策性很强，根据对物业管理服务实行属地管理和行业管理相结合的原则，物业服务企业应当接受物业管理行政主管部门及有关政府部门的监督和指导。

5. 公布管理费收支账目

至少每 6 个月应向全体业主公布一次管理费收支账目。

6. 提供优良的生活环境，搞好社区文化建设

服务对于商业楼宇主要应提供良好的工作环境，而对于居住区则应提供良好的生活环境，搞好生活服务，致力于开展社区文化活动。《全国优秀管理住宅小区标准》中，对社区文化活动所达到的标准有明确规定，其中包括了精神文明公约的制定、睦邻活动、文化体育活动等。

7. 发现违法行为要及时向有关行政管理机关报告

物业服务企业不是国家执法机构，它只能约束业主和非业主使用人因居住活动而引发的一些行为。物业服务企业对业主和非业主使用人的违法行为无权干涉和又无法追究时，则有义务向有关行政管理机关报告，并协助采取相应措施制止或追究。

8. 物业服务委托合同终止时应办理的事务

物业服务委托合同终止时，必须向业主委员会移交全部管理房屋、物业管理档案、财务等资料和本物业的公共财产，包括管理费、公共收入积累形成的资产。同时，业主委员会有权指定专业审计机构对物业管理财务状况进行审计。

第五节　物业服务企业与社区 O2O

至 2014 年底，全国有物业服务企业 10.5 万家，大部分以提供公共服务产品为主。近年来，由于劳动力成本上升较快，而物业服务费又受到政府指导价的限制，与业主协商提高收费标准又是一件相当困难的事，在这种情况下，企业的经营难以为继。为摆脱困境，一些物业服务企业尝试与互联网结合，开设社区 O2O 平台，为业主提供多方面的服务产品，力图改善经营状况，提高经济效益。2014 年，深圳彩生活物业服务公司包装社区 O2O 服务平台在香港上市，2015 年 10 月，中海物业服务公司社区 O2O 服务平台也在香港成功上市，筹集到开展平台服务的资金。万科、绿城、碧桂园、远洋等物业服务企业也准备筹建社区 O2O 服务平台上市。2015 年 10 月 26 日，恒大地产联合腾讯控股认购马斯葛公司股份，将整合恒大的社区资源与腾讯的互联网技术，计划打造全国最大的互联网社区服务商。社区O2O成为最近业内议论的热门议题。

一、O2O模式的概述

(一)O2O模式概念

O2O(online to offline),又称离线商务模式,是指线上营销线上预订或购买带动线下。O2O通过打折、提供信息、服务预订等方式,把线下商店的消息推送给互联网用户,从而把他们转换为自己的线下客户。这种方式特别适合必须到现场消费的商品和服务,如餐饮、健身、看电影和演出、美容美发、定制旅游等。O2O是一种商业机构与互联网结合,让互联网成为线下交易的平台。

O2O模式需要四大要素:①独立的网上商城;②国家级权威行业可信网站认证;③在线网络推广;④全面社交媒体与客户在线互动。

O2O模式营销的特点:①交易是在线上进行的;②消费服务是在线下进行的;③营销效果是可监测的。

(二)O2O模式营销的优势和弱点

1. 营销优势

O2O模式的优势在于把网上和网下的优势完美结合。通过网购导购机,把互联网和地面店完美对接,实现互联网落地。让消费者享受线上优惠价格的同时,又可享受线下贴身的服务。同时,O2O模式还可实现不同商家的联邦。①O2O模式充分利用了互联网跨地域、无边界、海量信息、海量用户的优势,同时充分挖掘线下资源,进而促成线上与线下商品与服务的交易。②O2O模式可以对商家的营销效果进行直观的统计和追踪评估,规避了传统营销模式的推广效果不可预测性,O2O将线上订单和线下消费结合,所有的消费行为均可准确统计,进而吸引更多的商家进来,为消费者提供更多的优质产品和服务。③O2O在服务业中具有优势,价格便宜、购买方便,且折扣和信息能够及时获知。④拓宽了电子商务的发展方向,由规模化走向多元化。⑤O2O模式打通了线上线下的信息和体验环节,让线下消费者避免了因信息不对称而遭受的价格蒙蔽,同时实现线上消费者"售前体验"。

2. 营销弱点

(1)对O2O平台来说,先付钱后消费,加大了维权难度。如果是第三方难以控制线下服务的质量,将来一旦出现纠纷如何协调,对各方都是考验。

(2)如果线上线下价格差异不大,顾客可能选择直接到店内,看了货才决定是否购买,线上交易落空;但如果线上价格与线下差异大,店家又会权衡到底是线上顾客的流量大,还是线下顾客的流量大,以决定冷落谁、吸引谁,这样就带来一定的不确定性。

(三)O2O模式产生的背景——电子商务

现有的B2B、B2C、C2C等模式已经发展很成熟,也已被人们普遍接受。但是在欧洲、美国等电子商务很发达的国家,在线消费比例只占9%(中国占16%),线下消费比例占91%,正是由于消费者的大部分消费仍然是在实体店中实现。把线上的消费者吸引到线下实体店进行消费，这个部分有很大的发展空间，所以有商家开展了这种电子商务模式。

二、社区 O2O 的切入和品类

（一）社区 O2O 的含义

"社区服务 O2O"是指通过互联网更好地服务居民的社区生活。O2O 本身的意思是线上线下相结合，而居民的社区生活活动本来就处在线上线下不停的相互切换状态，所以，社区服务是天生的 O2O 项目。社区服务从有社区开始就已存在，只是早期的社区服务水平与现在的不可同日而语而已。随着互联网技术和电子商务的发展，当 O2O 遇上社区服务，这个行业就以全新的面貌出现了。

（二）目前社区服务的品类

目前社区 O2O 服务大体上可分为电子商务类和整合服务类等两大类。其中整合服务类又细分为家政服务类、社交类、分类信息类、生活服务类等。

（1）电子商务类。主要有社区网络超市式社区定向团购。围绕社区建设的网络超市项目各地都有，而以团购的形式切入社区电子商务市场相对容易一些，通常是在特定的时段提供团购产品，如各种当季水果团购，或特定节日团购一些应节的商品等。还有针对一些高值耐用消费品的团购，如高档厨电、厨具、家具等。

（2）家政服务类。如室内清洁卫生、水电维修、保姆服务、照顾老人小孩等。

（3）社交类。这类形式大概有两种，一是开发独立的社区社交 APP，二是通过社区微信群进行沟通。

（4）分类信息类。主要提供线下服务机构的信息。未来分类信息模式的社区 O2O 项目，对于用户数、活跃度、商家质量是考核的重要标准。

（5）生活服务类。如送餐服务、购票服务等。

三、物业服务企业开展社区 O2O 服务的依据

（一）理论依据

1. 产业融合理论

自 20 世纪 70 年代以来，随着发达国家计算机和信息网络技术的迅速发展，在媒体、电信和信息服务等领域出现了交叉融合现象。1997 年，欧洲委员会发表的"绿皮书"（Green Paper）深入分析了融合现象，认为电信、广播电视、出版以及其他信息技术产业之间的融合不仅仅是一个技术问题，更是涉及服务以及商业模式乃至整个社会运作的一种新方式。并把产业融合视为新条件下促进就业与增长的一个强有力的发动机，融合将扩展至整个信息市场，乃至催化今后世界的综合。近年来，世界各国普遍提出互联网+的战略，促进互联网与制造业、服务业的融合，推动产业的升级和创新。

2. 战略管理理论

战略管理理论产生于 20 世纪 60 年代，核心理论之一就是竞合理论，也就是以合作

取代恶性竞争，寻求共赢，其中合作营销和战略联盟是主要途径。合作营销主要有品牌合作和渠道合作，合作双方采取强-强联合或强-新联合的模式，充分共享对方的核心资源，在市场竞争方面争取有利地位。战略联盟是指几家公司拥有不同的关键资源，而彼此市场又有某种程度的间隔，为了彼此利益，交换彼此资源，以创造竞争优势，如微软公司将它的"视窗"与 IBM 公司进行战略联盟就是其中一例。

3. 供应链管理理论

供应链管理的理论是在 20 世纪 90 年代提出来的。供应链就是在生产及流通过程中，涉及将产品或服务提供给最终用户活动的上游与下游企业形成的网链结构。而供应链管理就是利用计算机网络技术全面规划供应链中的商流、物流、信息流、资金流等，并进行计划、组织、协调和控制，实质上是对供应链上各节点的需求与供应关系进行整合，实现无缝链接和信息共享，实现物流活动的最佳协调和配合，提高效率和经济效益，是一种对关系的管理。

（二）需求依据

（1）相关数据显示，到 2020 年，全国住宅物业面积将达到 300 亿平方米，社区服务消费将超万亿元。

（2）目前国内房地产市场已逐渐进入存量房时代，未来房地产企业之间的竞争也逐渐转向存量房领域。物业管理更是房地产企业挖掘产业链下游市场价值的通道。正是这个原因，那些房地产企业巨头，正加速拆分旗下的物业服务企业并将其上市，开发 O2O 平台，欲在社区服务产品市场分一块蛋糕。这也是近一年多来社区 O2O 服务平台提速发展的主要原因。

（三）条件依据

（1）很多大型的物业服务企业在国内多个城市都有为其开发商开发的物业提供物业服务产品，其中很多小区都有上万甚至数万平方米的建筑面积，一个城市中有十多万平方米的建筑属同一个开发商开发，因此，这些物业服务企业拥有庞大的客户群资源，这是开展社区 O2O 服务的有利条件。

（2）这些物业服务企业有较高的服务水准，服务关系稳定，多年来与业主相处，建立了一定的互信基础。

（3）很多社区服务产品本身就是物业服务企业的专项服务或特约服务产品，提供这类服务产品已成为这些物业服务企业的重要利润源泉。

中国房地产 TOP10 研究组发布的《2015 中国物业服务百强企业研究报告》中的数据显示，2014 年，在传统业务和延伸业务的共同作用下，百强企业全年实现营业收入的均值为 35725.2 万元，同比增长 21.6%，业绩增长明显。其中，全年物业服务费收入均值为 22647.7 万元，增长率达到 13.6%，业绩贡献度为 63.4%。

多种经营收入均值达到 13077.5 万元，增长率高达 38.4%，业绩贡献度达到 36.6%。其中，2014 年社区服务收入达到 6316.4 万元，占多种经营收入的 48.3%。社区房屋经济全年实现收入 2759.4 万元，在多种经营收入中占比达到 21.1%。社区电商 O2O 全年实现收入 523.1 万元，在多种经营收入占比 4.0%。除了社区服务外，顾问咨询服务实现收入 1333.9 万元，占多种经营收入的 10.2%。

此外，百强企业结合自身资源优势，开展了丰富多样的其他业务，收入达到 5427.2 万元，如社区金融服务、社区医疗等服务，实现企业资源效益最大化。

表 6-1 已经很明显地说明了社区 O2O 的价值。多种经营服务其实就是社区 O2O 的服务项目，社区服务中的房产、家政、养老、电商等，以及其他服务中的金融、医疗等都是社区 O2O 的服务范围。看表中的数据，多种经营服务收入占总收入的 36.6%，同比增长更是迅猛达到 38.4%；再看净利，多种服务净利润已经超过物业服务的净利润，前者净利率达 16%，后者只有 4.6%，净利占比与营收占比更是相互颠倒，多种服务净利占比已达到 65.6%。

表 6-1　中国百强物业服务企业 2014 年利润表

表 1：100 强总营收均值			
物业 100 强营收均值情况	业绩（万元）	占比	同比
总营收	35725.2	100.0%	21.6%
物业服务费收入	22647.7	63.4%	13.6%
多种经营服务收入	13077.5	36.6%	38.4%
表 2：多种营收细分情况			
多种经营服务收入	业绩（万元）	占比	
社区服务	6316.4	48.3%	
社区房产经纪	2759.4	21.1%	
社区家政服务	653.9	5.0%	
社区养老服务	196.2	1.5%	
社区电商服务	523.1	4.0%	
社区其他服务	2183.9	16.7%	
其他服务（金融、医疗等）	5427.2	41.5%	
顾问咨询服务	1333.9	10.2%	
表 3：100 强净利润均值			
100 强净利润均值	业绩（万元）	净利率	占比	同比
总净利润	3194.46	8.9%	100.0%	31.6%
物业服务净利润	1097.90	4.8%	34.4%	18.4%
多种服务净利润	2096.56	16.0%	65.6%	39.8%

资料来源：中国物业服务百强企业研究报告。

四、物业服务企业开展社区 O2O 服务存在的主要问题

虽然从互联网+的发展角度，社区 O2O 的市场崛起可以为物业服务企业带来更多增收的可能，但在实际的运营环节上，绝大部分的物业服务企业根本做不好这项工作，目前来看很多物业服务企业都在努力尝试，可真正能收到增收效果的寥寥无几。

1. 观念滞后

目前，最主要的是物业服务企业的本位思想，不太希望其他公司染指这块属于他们的市场。最终那些想要进入社区 O2O 的第三方公司也只能有心无力地徘徊在市场周围，

进不去也不想放弃。如果对第三方公司的进入不能持开放的态度，物业服务企业就会错失社区 O2O 的机会。那些互联网巨头，下面都有一堆小企业为他们开辟和联系用户。巨头手中握有用户，就自然有人向他们提供服务，这一点放在社区 O2O 市场也适用，只要物业服务企业掌握有用户，坐地收钱不是没可能，虽然不多，但没那么辛苦。

2. 难以找准切入点

社区 O2O 涵盖面太广，没有任何一个团队可以通吃，物业服务企业更是做不到。事实上"彩生活"物业服务企业已经承认了这一点，并且暗中转变了运营策略，不再盲目地大包大揽，而是选择将垂直业务外包，这是一种弥补运营能力不足的办法。

3. 人才匮乏

市场环境的多变，物业服务企业的结构，自身的资源技术，对行业的理解深度，内部阻力与摩擦等诸多因素都在限制物业服务企业在社区 O2O 市场能有所作为。物业服务企业严重缺乏互联网市场的运营能力，无论是互联网的技术人才、经营人才都缺乏。

五、物业服务企业开展社区 O2O 服务的策略

1. 认真分析自身情况，选准切入点

物业服务企业要开展社区 O2O 服务，除了改变观念外，更重要的是要根据自身情况，摆正自己的位置。物业服务企业之间虽然有规模、经验、资金、人才、经营管理能力方面的差异，但共同的核心能力都是提供无形的服务产品，有较强的整合协调能力。因此，在开展社区 O2O 服务时，应从自身的长处出发，做好整合者的角色。首先就是要分析原来自己经营的一些专项服务产品和特约服务产品，把它们整合到社区 O2O 平台上，作为切入点，然后再考虑电子商务类等服务产品。从长远来看，提供定制服务产品应该是一种较好的选择，如定制旅游、定制聚会活动安排等。国外的一些定制服务的旅游公司，其客源主要是管家公司提供的。他山之石，可以攻玉，值得我们借鉴。

2. 加强人才建设

开展社区 O2O 服务，资金、人才都是关键。要加强运营人才建设，包括互联网技术人才、经营人才、公关人才、金融人才等各类人才，都要采取有效措施招聘和培养。

复习思考题

1. 试述物业服务企业的性质。

2. 按业务性质，物业服务企业可划分为哪几种类型？

3. 我国目前物业服务企业资质是按哪些指标划分？

4. 物业服务的机构设置主要有哪几种形式？

5. 调查一家物业服务企业，描述其组建形式、物业服务企业所属类型、业务范围、资质等级、机构设置等情况，写一篇 1500 字的调查报告。

6. 在相关搜索网站输入词条"O2O"，阅读其内容后，谈一下你对物业服务企业开展社区 O2O 服务的看法。

第七章　物业服务产品

按物业服务的产品性质分为满足公共需求提供公共服务产品和满足个性化需求提供私人产品的经营性服务产品两大类。

第一节　物业服务产品的特性和类型

一、公共服务产品

物业服务的公共服务产品，又称为常规性的公共服务，其内容包含：房屋及附属物和设施设备的维护、养护、管理，档案资料管理，物业区域场地环境的维护与管理，包括治安消防管理、车辆道路管理、绿化和环境管理、清洁卫生管理等。

物业公共服务最主要的特点是公共服务导向和公共利益。物业公共服务最大的特点是"公共物品"属性。从经济学角度来说，"公共物品"是指那些在效用上具有不可分割性或效用的相互依赖性、在消费上具有非竞争性和非排他性的物品，因其具有集团消费的特征，所以也被称为"集体消费品"和"俱乐部物品"。如果从提供方式的角度来理解，"公共物品"采用集体提供或政府提供的方式。

1. 物业公共服务是特定的集体需求

物业公共服务的各种标的，如房屋、建筑物共享部位的维护、修缮，共享设施设备的运行、维修、更新改造，物业管理区域内的保洁、绿化、安全防范等，是共享该公共区域、设施的小区全体业主集体的需求。物业服务是提供者提供的各种公共服务，也正是为小区集体提供并最终为小区每一位业主享有的服务，并且这些服务只有对本小区内的全体业主才有意义。因此，物业公共服务，是在本小区业主集体存续背景下的消费品，而且是只有作为本小区成员才享有的"俱乐部物品"。

公共服务的这一特性，表明公共服务需求的源头在业主，现实需求在于业主的意愿一致表示下的需求共识，一旦业主认为这种服务被侵权就会集体应对物业服务企业。因此，物业服务企业及员工在开展服务时，首先必须认真调查了解业主的公共需求，要一切"以业主为中心"，了解其实际需要，不可"以我为中心"设计服务项目等级标准，然后艰难地向业主推销；其次应积极参与业主大会及业主委员会的活动，主动影响业主的集体意愿，即使不能影响，也能及时掌握业主的需求信息，提前做好准备；再次是在与业主谈判签约物业服务合同时，应对双方的权利义务认真研究、仔细斟酌，要将日后的服务标准能否实现，服务工作能否正常开展作为签约的价值准则，否则有可能在不能履约的情况下触犯"众怒"；最后是服务工作要平等对待每一个业主，将优质物业公共服务惠及所有小区的业主，密切与业主之间的关系，同时要注意关键业主在民意中的影响，加强与其沟通联系是掌握公共服务主动权的重要技巧。

2. 物业公共服务在效用上的不可分割性和相互依赖性

物业服务提供者所提供的环境保洁、安全防范和小区绿化等公共服务，对小区内所有业主都是具有效用的，而且这些效用还不可能或者很难被物理地分解到每一位业主身上。物业服务提供者所提供的建筑物的维护和修缮，物业共享设施设备的使用，很多就因其物理上的连通性（如管线、变电房等），而对整个小区每个业主都有效用，不仅其设施和服务不能从物理上进行分割，而且诸多服务及其效用，还不易精确合理地量化、细化到每一个业主身上。每一个业主对这些设施设备的消费，都会对其他业主的消费产生外部性影响。小区共享部位的存在，是小区公共服务的"公共物品"属性的物理前提之一。

公共服务的这一特性，表明公共服务对所有业主都是有效用的，而对具体的业主个体来说，效用比较间接和隐性，其对公共服务认识不是很到位，主观感知不明显，接受有点勉强，容易抱怨和挑剔。针对这些问题，物业服务企业及其员工在开展服务时，第一要开展长期的物业公共服务知识的宣传普及教育工作，并将有关公共服务的知识信息和服务项目相关信息通过各种方式进行宣传，增加公共服务信息的透明度。第二是有计划地开展一些公共服务展示活动，有大型的公共服务展示，如小区的消防演习、外墙清洗、消杀防疫、社区文娱、意见征询等活动；也有小型的活动，如"延迟服务"、"困难帮扶"等活动。第三是将业主意见较大的服务项目、环节及领域进行透明服务，除了努力改进服务工作、提高服务质量外，创造条件让业主参与其中或开放参观，让其感受物业服务的艰难与苦衷，达到理解支持的目的。第四是提高物业管理设施设备的利用率，特别是智能物业设备，如安防系统、车辆管理系统等，不要闲置，使业主感受到物业服务的技术质量很高，付费是值得的。否则业主会认为物业在浪费他们的资产，当然不愿意掏更多的钱来交物业服务费。第五是在服务程序与技术上进行规范，减少随意性，让业主感到服务的制度化、规范化、标准化，感到服务是可持续的、可靠的、稳定的，这样业主才会感到满意。

3. 物业公共服务在供给上的非竞争性

由于物业管理采取的是"一个物业管理区域由一个物业服务企业来实施管理"的垄断经营模式，因而物业公共服务的供给具有非竞争性，带来了小区服务总成本的集约性，并奠定了小区物业服务的规模经济和范围经济优势。但这种非竞争性特点往往使物业服务企业按"集体行动逻辑"行事，也就是说物业服务公共产品供给者——物业服务企业，往往以获得物业管理权从而获得利润为最终目的，而不是以提供优质物业服务为最终目标，或者一旦取得了物业管理权，就将优质服务产品提供放在一边，放弃物业区域的业主公共利益，结果业主以"用脚投票"的方式驱逐物业服务企业。

公共服务的这一特性，表明公共服务具有规模经营带来的成本上的优势，业主在享受公共服务时，节约了大量的费用，物业服务企业也获得了相应的规模经济收益。因此物业服务企业应该做好如下应对工作：首先是对规模经营要有足够的认识，合理选择物业服务项目，项目面积、管理人口或管理跨度（包括业务类型、地区、分支机构等）都不宜过大或过小，应总结各自物业管理服务项目在规模经营上的经验，合理确定适合自己的规模经营策略。其次是对企业的服务组织与团队要进行适应经营环境的组织变革，特别是要对项目团队按照精干、专业、活力、快捷、优质的原则进行建设与改组，对企业组织进行柔性化、扁平化改组，适应规模经济的要求。最后是针对物业服务企业的"搭便车"问题，业主和行业协会、政府部门都要发挥作用，通过业主维权、行业自律、行政监督来解决这些问题，让劣质物业服务企业无处藏身，并通过市场选择淘汰这些劣质企业。

4. 物业公共服务在消费上具有非排他性

非排他性是指从技术上不可能或者必须花费巨大成本将拒绝付费的人排除在公共物品的受益人之外。假设小区内某一业主拒交物业服务费，根据合同法的一般原理，该业主应当无权享受物业服务提供者所提供的任何服务。但实际上，物业服务提供者不仅在技术上不太可能将该业主排除在享受小区绿化、安全防范、保洁所带来的益处之外，在法律上进行排除就更为困难。非排他性促使物业公共产品出现过度消费的现象不可避免地产生，它助长了业主只享受物业服务，而又不想缴费的心理和行为。不缴费使物业服务企业不堪重负或投入成本减少，影响服务质量，最终导致业主的利益减少。但是在物业公共服务产品的交易中，理论上业主处于主导地位，物业服务企业将最终承担不利的结果，因为当双方发生矛盾、冲突或对立时，业主掌握最终话语权，业主会串通起来抵制甚至排斥该企业提供的物业服务产品，或恶意否定其服务质量，业主拒绝与物业服务企业合作，物业服务企业利益最小化，以致物业服务企业只能撤离该物业项目。

要解决这个问题，关键是物业服务企业要增加收费开支的透明度，依法让业主参与重大开支决策及财务监督，积极推行酬金制、公用事业收费代理制等。让容易发生经济纠纷或容易引起争议与怀疑的收支项目尽可能用增加透明度、公布账目和科学的管理制度来化解。对于拒交物业服务费的个别业主，要按照合同约定和相关的法律法规来解决问题，如沟通谈判；寻求外力影响，软化其态度；通过法律诉讼等方式，维护物业服务企业的正当权益。

二、物业公共服务产品的产品系列

物业公共服务产品主要有房屋建筑物的基本管理、房屋设施设备的基本管理、环境卫生和绿化管理、安全防范和消防管理、车辆停放秩序和道路场地的管理、物业管理服务计划与档案资料管理六大类。但实际上，作为公共服务模块主要有十一项公共服务产品，包括档案资料管理、入住服务、房屋使用管理、房屋修缮管理、房屋设施设备管理、清洁卫生管理、绿化管理、安全防范管理、消防管理、车辆停放秩序管理、业主及非业主使用人管理等。

（一）档案资料管理

物业档案资料的建立是对物业建设开发成果的记录，是以后实施物业管理时作为工程维修、配套建设的依据，也是更换物业服务企业所必须移交的文件资料之一。现代建筑工程随着科学技术的发展和使用需求的提高，楼宇设施以及埋入地下和建筑物内部的管线越来越多、越来越复杂、越来越高科技化和专业化。因此，一旦发生故障，资料档案便成了维修时唯一的依据。

物业服务企业确定接管物业后，要对其建设工程文件材料进行交接和整理，建立健全的物业工程资料档案管理制度。建设工程文件材料按其形式和有机联系，可以归纳为以下六项内容：基建依据文件；竣工验收文件；勘察设计文件；施工技术文件；竣工图纸；声像材料。

（二）入住服务

入住是指建设单位将已具备使用条件的物业交付给业主并办理相关手续，同时物业服务企业为业主办理相关物业管理服务手续的过程。入住的内容包括两个方面：一是业主验收物业及相关手续的办理，二是物业管理服务有关手续的办理。

（三）房屋使用管理

房屋使用管理主要是维护原设计规划的意图，敦促业主按设计用途使用物业，对房屋的共有部位进行管理，维护建筑物的外观，制止乱搭乱建、占用共有部位的行为。包括：

（1）维护设计规划的意图。物业管理区域内按照规划建设的公共建筑和共有设施不得改变用途。物业管理区域内的改建、重建等行为须经业主共同决定才能进行。

（2）敦促业主按照设计用途使用物业和正确使用共享部位。业主在物业使用活动中，应正确使用专有所有权部分，遵守物业管理区域内共有部位和共有设施设备使用方面的规章制度，按原设计用途使用物业，避免对共有所有权部分的侵害。

（四）房屋修缮管理

房屋修缮管理是指物业服务企业根据国家对物业维修管理的标准、要求以及物业服务委托合同的约定，对所管理的物业进行维护修缮的活动。包括：

（1）房屋质量管理。房屋质量管理就是对房屋的使用状况进行安全程度的检查和满足使用功能方面的质量评定，为房屋的使用、管理和维护修缮提供科学依据。房屋质量管理中最主要的一项工作就是房屋等级的评定。房屋完损等级反映了房屋质量的好坏，它是根据房屋各组成部分的完损程度来综合评定的，评定结果是房屋质量管理的依据。

（2）房屋装修管理。房屋装修管理包括二次装修和装修管理。但对于业主来说主要是二次装修，因此物业服务企业的装修管理主要是针对二次装修活动的管理。

装修管理是指在房屋建筑物的管理中，对业主权属范围内的修缮行为进行规范管理，以确保物业内及共有部位、共有设施的安全。包括受理房屋装修的申请；对装修的设备、材料、安全、施工人员、施工作业现场等进行管理，确保承重结构和建筑物外观不受损害；控制现场可能产生的各种污染，减轻或避免对相邻居民正常生活所造成的影响。房屋二次装修指房屋已建成，业主办完入住手续后，在正式入住前，根据自己的使用特点和要求，对房屋进行重新设计、分隔、装饰、布置等。有时业主入住一段时间后，或非业主使用人调换后，往往又要将原来的装修推倒，按自己的意愿进行装修。

（3）房屋维修施工管理。房屋维修施工管理是指按照一定施工程序、施工质量标准和技术经济要求，运用科学的方法对房屋维修施工过程中的各项工作进行有效的管理。根据维修的范围和费用标准，房屋维修工程一般可以划分为以下几个类型：小修工程是通过及时修复小的损坏，保持房屋原来完损等级为目的的日常养护工程；中修工程是需要牵动或拆换少量主体构件，但保持原房屋的规模和结构的工程；大修工程是需要牵动或拆换部分主体构件的工程；翻修工程则是原来的房屋需要全部拆除另行设计、重新建造或利用少数主体构件在原地或移动后进行更新改造的工程；综合维修工程是成片多幢或面积较大的单幢楼房大部分严重损坏而进行有计划的成片维修和为改变成片(幢)房屋面貌而进行的维修工程。

维修施工管理的内容主要是计划管理和工程程序管理两类。计划管理，就是要根据维修任务编制好年度计划，同时根据年度计划和施工任务情况，编制月份、季度的施工作业计划，把各项工作都纳入计划管理的轨道，这样可以使房屋维修工作有条不紊地进行。工程程序管理，就是对大、中修及更新改造工程要坚持按施工程序施工，使各工序统筹安排，合理交叉；同时，还要进行施工组织设计，统筹规划，科学施工，建立正常的生产程序，充分利用空间、时间，推广先进的施工技术等。

（五）房屋设施设备管理

房屋设施设备管理主要是共有设施设备、附属建筑物、构筑物的日常维修、养护和管理，电梯、水泵等运行的日常维护管理。共有设施设备包括共有的上下水管道、共有的照明等；附属建筑物、构筑物包括道路、化粪池、水泵房、配电房、停车棚等。这是为保持房屋及其配套设施、设备的附属建筑物、构筑物的完好及正常使用而提供的管理服务。

（六）清洁卫生管理

清洁卫生的管理是指物业服务企业或专业清洁公司运用科学的、专业的清洁方法在辖区或承包区域内定时、定点、专人进行规范化的日常保洁、消杀、废弃物的收集与清运，以维持区域的整齐、洁净的清洁卫生工作。在现代物业管理的理念下，环境卫生管理还包括对空气、水资源、噪声状况等的检查、控制、监督，进而为业主及使用人谋求良好的生活空间。清洁卫生管理的主要内容有：建筑物外公共区域清洁；建筑物内公共区域清洁、垃圾收集与处理；管道疏通服务、外墙清洗；泳池清洁、上门有偿清洁服务；专项清洁工作；空气、水资源、噪声等污染环境行为的管理；清洁卫生专项业务外包的合同管理等。

（七）绿化管理

绿化管理是指对小区园林、景观、生态环境进行的管理，主要包括园林绿地的营造与保养、流动绿化的摆设与更换、建筑小品的养护及水景、喷水池的管理、生态环境建设等。

（八）安全防范管理

安全防范管理是依靠各种先进设备与工具、训练有素的安保人员，为防止和终止任何危及或影响物业管理辖区内的业主及使用人的生命财产与身心健康的行为与因素，确保业主及使用人家庭人身安全、财物不受损失、工作生活秩序正常而进行的管理工作。安全防范管理包括楼宇内外的安全监控巡视、门岗值班等，以及对各种突发事件的预防和处理，还可以延伸为排除各种干扰，保持物业区域的宁静祥和氛围等。安全防范管理的目的是保证和维持物业管理区域内的业主及使用人有一个安全舒适的工作、学习、生活环境。

（九）消防管理

消防管理是指物业服务企业在消防主管部门的指导下，组织有关人员针对火灾开展的预防、扑救、调查和处理火灾，减少火灾危害，维护公共安全的一系列组织活动。其基本目的是预防物业火灾的发生，最大限度地降低火灾损失，为业主及使用人的工作、生活提供安全环境，增强业主及使用人的安全感，保护其生命和财产的安全。消防管理的主要内容包括：第一，建设高素质的消防队伍。为加强物业的消防管理，物业服务企业有条件的应在保安部内成立一个专职的消防班来负责此项工作，同时要做好义务消防队的建立和培训工作。第二，制定科学完善的消防制度。包括消防中心的值班制度；防火档案制度；消防岗位责任制度；持有合格消防牌照的专业公司来维修，定期进行消防安全检查制度；专职消防员的定期训练和演习制度；其他有关消防的规定。第三，消防设备设施的保养维护。现代建筑物内部都设有基本的消防设备，以保证其消防工作的需要。我国现在的高层楼宇越建越多，根据我国现行的消防条例规定，高度在 50 米及以上的建筑物，其消防设备必须要具备扑灭大火灾的能力。所以，高层楼宇配备完整的消防系统由以下七个部分组成：消防控制中心；火灾报警系统；消防栓系统；自动喷洒灭火系统；排风机系统；安全疏散系统（一般由安全疏散指示灯、防火门、消防通道、防卷帘门等组成）；手提式灭火器等。消防设备的管理主要是对消防设备的保养与维护。消防设备的维修需要专业的技术，特别是一些关键设备，一般应聘请经政府认可的专业公司来维修。

（十）车辆停放秩序管理

车辆停放秩序管理主要是指维持物业区域内车辆行驶秩序，对道路、场地和车辆停放进行管理，为维持物业正常的生活、工作秩序而提供的管理服务。随着人们生活水平的提高，对用车的需求越来越广泛，物业区域内停放车辆不断增多，早期开发的住宅物业，由于缺乏停车场或停车位严重不足，给有车的业主带来诸多不便；同时，停泊位置的规划没有从环境质量的全局上考虑，结果出现小区交通组织不当，噪声干扰严重，以及由于车位配置不合理造成使用不便等问题，给业主和使用人带来很多麻烦。因此，搞好车辆停放秩序管理，是物业管理服务工作中不容轻视的问题。

（十一）业主及非业主使用人管理

业主及非业主使用人管理是因产权关系和租赁关系而发生的对人方面的管理。主要有对物业区域居住的业主及非业主使用人的档案资料、行为规范、投诉处理以及共同事务的管理等。

第二节　物业经营服务产品

一、物业经营服务的产品含义

物业经营服务是物业服务企业在物业服务中具有明显营利目的的服务产品，是指由物业服务企业提供的、与业主及使用人生活、工作等相配套的餐饮、娱乐、健身、卫生、教育、通信、金融等经营服务项目的总称。它是物业的常规性公共服务之外，基于业主生活、工作等需要对物业服务提出的更高要求的延伸，是社会服务在物业管理区域内的延伸。经营服务是物业服务企业以管理区域内的资源条件为基础，以业主和非业主使用人的需求为导向的经济活动。由于物业自身的具体条件不同，业主和非业主使用人的需求不同，各物业服务企业开展的综合经营服务项目也不尽相同。

物业服务企业提供公共性服务产品是由其微利性所决定的。一方面这种微利性决定了物业服务企业只有提供除公共性服务以外的更多服务产品才能获得良好的企业效益，得到更多的发展；另一方面物业服务本身涵盖面很广，易于与大众的各种服务需求相结合。所以，在搞好物业基本服务的基础上，根据物业的条件和大众的需求，积极扩展服务领域，不断增加综合经营服务项目，一方面可以为业主、非业主使用人创造出更好的居住、生活、工作环境和条件，提升物业价值；另一方面也可以增强物业服务企业的生存能力和经营服务水平，增加物业服务企业的收入，促进企业的良性发展，更好地实现物业管理服务的目标。

（一）物业经营服务的特点

（1）规模性。物业服务企业所开展的经营性综合服务应考虑规模性，只有达到一定规模的住宅小区设置一些经营性商业网点、医疗养生、体育文教、娱乐等设施，才会有经济效益。

（2）盈利性。物业服务企业通过为业主、使用人提供服务产品而获得利润，这是由企业的性质所决定的，企业要有自我生存自我发展的能力，就必须要盈利。同样，为社会提供群众所需要的合格产品，也是企业的使命。

（3）从属性。物业服务企业开展的物业经营性服务是从属于物业服务企业的公共服务，以促进公共服务的开展为重要目的，否则影响公共服务管理服务权的取得，从而也就失去在物业管理区域内提供经营性服务产品的机会。

（二）经营性服务产品的内容

经营性服务产品可以概括为针对性的专项服务和委托性的特约服务两大类。

1. 针对性的专项服务产品

针对性的专项服务产品主要是指物业服务企业为改善和提高业主、使用人的工作、生活条件，满足其中一部分人和单位的一定需要而提供的各项服务工作。专项服务涉及千家万户，涉及日常生活的方方面面，内容也比较繁杂。物业服务企业应根据物业管理区域内的基本状况和业主的需求以及自身的能力，提供全方位多层次的专项服务产品，并不断加以扩充和拓展。专项服务产品主要有以下几大类，即日常生活类，商业服务类，文化、教育、卫生、体育类，社会福利类。

针对性专项服务产品具有如下特点：

（1）专项服务产品需求要有一定的市场规模，达到提供此项产品的保本经营以上的需求量。

（2）要与提供公共服务产品的宗旨一致，即以有利于业主生活方便、提升生活品质为目标，不影响公共利益为前提。

(3)要有提供专项服务产品的基础条件。一般来说，专项服务产品交易活动是在专门的场所内进行的，如会所、游泳池、球场、健身房等，还需要经营活动的其他条件。因此，提供专项服务产品前物业服务企业应事先做好启动资金、经营场地、物料和人员的准备工作。

2. 委托性的特约服务产品

委托性特约服务产品是为满足业主、使用人的个别需求且受其委托而提供的服务产品。通常是指在物业服务合同中未有要求，物业服务企业的专项服务产品中也未有提供，而物业业主、非业主使用人又需要的服务产品。因此，特约性服务产品是具有委托代理性质的服务产品，故又称为委托性的特约服务产品。

特约服务产品实际上是对专项服务产品的补充和完善，当有较多的业主、非业主使用人有某种需求，并达到最低市场规模时，物业服务企业也可将此项特约服务产品纳入专项服务产品系列。目前物业服务企业提供的特约性服务产品大概有以下几种：

(1)委托家政服务类。如委托小孩接送；上门清洁、消毒、打蜡；收洗衣物；安装空调、淋浴器、防盗装置、小什件；上门绿化服务等。

(2)护理服务。如照顾老人、病人、孕产妇和儿童。

(3)代办服务。如代缴水电、煤气、通信的费用；代送牛奶；代购车、船、飞机票；代购物品；代请家教；代聘各类型保姆；代办房产证和保险；代看管空房和家具；代理物业租赁转让、礼品递送等。

特约服务产品具有以下几个特点：一是需求个别性。特约服务产品通常是物业服务合同中未要求和未设立的服务，是应个别业主或非业主使用人的特殊需求而提供的服务产品。二是代理手续简单性。它不像公共服务产品那样需要通过招投标方式获得经营权，再以合同形式确定交易双方的权利义务。三是需求项目多样性。特约服务产品是业主或非业主使用人根据自身需要选择的。物业服务企业应根据业主或非业主使用人的不同层次的不同需求，提供多种多样的特约服务产品。四是不固定性。业主或非业主使用人在生活或工作上遇到的困难经常是临时性的、不固定的。

二、物业经营服务产品的提供

(一)经营服务产品的选择

1. 经营服务产品选择的原则

物业服务企业开展综合经营服务，在产品选择时应贯彻以下原则：

(1)少投资、低风险。由于物业服务企业主营业务的微利性，决定了大多数物业服务企业较弱的风险承担能力。因此，在提供综合经营服务产品时，一般应遵循少投资、低风险的原则，多做一些委托管理、承租经营、代售代销之类的服务产品。对于一些经过评估认为前景较好的服务产品，也最好在投资时找一个稳妥的投资伙伴，以分担风险。

(2)稳健进取。企业提供综合经营服务产品，最好选择与物业管理主业相近，与物业公共服务产品相近的产品。这样，容易发挥自身的优势，如家庭装修、室内美化、居室保洁、房地产中介代理、物业管理咨询、开设小型配套的商业服务点、提供特约服务等。总之，物业服务企业应该主动提供一些业主和非业主使用人所需的服务产品。每提供一个产品前均应深入调研、充分论证、反复测算、讲究实效。

(3)配套开展，适度经营。由于物业服务产品的技术含量较低，使得提供单一服务产品容易被仿效，难以取得理想的经济效益。只有拓展产品系列，利用服务消费的连锁性，配套开展递进性的服务产品，达到适度规模，才有更好的盈利保障。

(4)经济效益与社会效益并重、短期效益与长期效益兼顾。物业服务企业提供综合服务产品，不能只顾眼前的经济效益，要考虑配合主营业务，多从满足消费者的利益着想，多从长远着想。一些有利益但会扰民的产品不宜提供；一些短期赢利性不强，但能深得民心的产品，却可以重点考虑。

2. 选择提供经营服务产品的方法

(1)由优秀人才组成项目产品选择班子。物业服务企业应由优秀人才组成项目产品选择班子，要有懂技术、懂经营、懂财务会计、懂市场营销管理的人员共同组成一个精干高效的班子。

(2)项目产品筛选。进行社会调研，收集信息，分析归纳，按照上述的项目产品选择原则，筛选出合适的经营服务项目产品。

(3)谈判。若是受托经营的产品或是需要与他人合作的产品，需要就有关事项进行谈判，一般情况下，谈判需反复进行，经多次沟通协调方能达成一致。

(4)经济论证。经济论证是项目产品选择中关键的一环，要进行深入细致而全面的论证。一般与物业管理相关相近的项目产品的经济论证内容主要有项目产品名称、地理位置及交通状况、周边环境、客源情况、档次定位、技术水平、市场预测、发展前景、人员编制、员工来源及培训、投资概算、经济效益预测分析等。其他项目产品的经济论证，可根据项目产品本身的特点，增加或减少上列经济论证的项目内容。

3. 经营服务产品的选择方向

(1)充分发挥物业服务垄断性和业主的固定性，开展代销服务。物业服务企业应充分利用受托服务物业的各种有利条件和场所，开展各种代理代销业务。主要包括：开办一些代理代销网点，如开小百货店、副食品店、冷饮店、花店、工艺品和装饰品店等；开展各种特约服务，如家庭保洁、代送子女上学，以及代订车、船、机票等；开展房地产中介代理、咨询和评估服务。提供各种代理代销服务产品，业务简单，不需要大的投资，占用资金少，风险低，是各物业服务企业应该优先考虑提供的服务产品。但这些服务产品的收费标准还是比较低的，盈利能力不强。

(2)充分利用物业区域公共资源和自身的资产经营业务优势，提供资产经营服务产品。主要方式是资产承租或资产承包经营。物业服务企业可以组织力量，对外承租或承包各种经营服务产品，扩大营业面，增加收益。如承租或承包收益性物业(公寓、写字楼、酒店等)。物业管理承租或承包经营，是物业服务企业的优势和强项，可以把物业管理和物业经营有机地结合起来，充分发挥物业管理的专业优势和丰富的管理经验，增加营业收入，提高经济效益。物业服务企业进行物业或其他项目产品的承租或承包经营，目的在于盈利，也必然存在一定的风险，所以一定要扬长避短，充分调研，把风险程度降到最低。

(3)充分开发小区专业服务需求市场,提供延伸性经营服务产品。这方面可提供的服务产品很多,如开办装修公司、绿化公司、家政服务公司等,提供各种对物业服务主业有补充衔接作用的经营服务产品,内外兼营,既能发挥优势,又能取得良好的经济效益。

(4)充分利用小区场地、公共物业资源,提供专项经营服务产品。例如,以会所为依托开设酒店、健身、娱乐等设施,提供相关的服务产品,以游泳池、球场等为依托提供体育服务产品。特别值得一提的是"会所酒店内外服务结合"的经营模式,是会所经营的一条重要出路。目前小区会所基本上亏损经营,这种状况在长期持续和频换物业服务企业的情况下,将对小区会所经营有致命伤害,不利于小区品位的提高。目前,大多数会所缺乏经营人才,经营理念也有问题,只顾眼前利益,没有培育有固定的会所消费习惯的模式化会员,以及没有一定规模的"守株待兔"式的经营是会所经营亏损的重要原因。

(二)物业经营服务产品的市场调查与预测

1. 进行市场调查的必要性

物业管理综合经营服务产品的提供,不能凭感觉、想当然来进行。要想使综合经营服务产品取得成功,关键在于经营,经营的重点在于决策,决策的基础就在于预测。有准确的市场预测,才能做出正确的经营决策,即正确的决策是建立在对市场总的态势、各种影响因素、消费者的需求以及潜在竞争对手的正确分析和判断的基础上。正确的市场预测还能帮助人们制定正确的经营方针,减少经营中的盲目性和风险性,增强企业的竞争能力。做好市场调查与预测,才能有效地针对不同场合不同人群提供适用的服务产品,大大降低企业在经营中的风险,取得良好的经济效益。

2. 调查准备

综合经营服务产品的提供要顾及物业管理区域内的具体条件,以及以业主和非业主使用人为主的服务对象。综合经营服务产品的设计应针对物业项目本身的需求,在不影响本物业管理区域业主和非业主使用人的利益、不会产生矛盾的前提下,也要兼顾物业周边的市场,同时为区内和区外服务,适度扩大规模,发挥服务潜力,实现规模经营效益。

比较简单的市场调查与预测可以由物业服务企业自己组织人力完成,若进行大规模、复杂的市场调查,则可以聘请专业的咨询公司完成。

3. 进行市场调查

(1)考察物业项目的地理位置、交通状况、周边商业服务设施状况。

(2)了解物业类型、规模及提供综合经营服务产品的条件。

(3)收集服务对象的资料及其服务需求。

(4)分析物业服务企业自身的优势和条件。

4. 进行市场预测

市场预测是运用科学的预测手段和方法,对市场中未来某种(类)产品的供给、需求、竞争、消费的发展变化趋势做出分析、推测和估算。对综合经营服务产品的市场预测,就是指运用一般的市场预测方法结合综合经营服务的专业知识，对某个或某类服务产品的未来市场供求关系变化和收益、发展情况做出分析评估。具体包括：

（1）预测经营服务产品的市场需求量。利用调查数据，研究该物业项目服务范围相关服务产品的社会拥有量和社会饱和点，计算出物业项目服务范围内的购买力和购买指数，分析业主和非业主使用人的社会文化层次、购买心理和潜在竞争因素。

（2）预测经营服务产品的行业发展趋势。例如，对房屋装修、装饰的服务产品，就要对这方面新技术、新材料、新工艺、新产品的发展趋势和未来影响做出预测。

（3）预测物业服务企业应提供经营服务产品的供给量。用物业地域辐射范围内的市场需求量减去周边设施的接待能力即可得出供给量的缺口。对客流量进行统计分析，确定经营规模。

（4）其他预测。除以上这些预测外，还可以进行市场产品和服务价格预测、市场竞争情况预测以及市场前景预测等。

（三）提供综合经营服务产品的实施

1. 提供综合经营服务产品的准备

（1）筹集资金。可以运用企业自有资金，也可以通过银行贷款、集资、合资的办法来解决启动资金问题。

（2）准备经营场所。经营场所可以是物业服务企业自有的房屋和场地，也可从开发商或业主处租借或承包。选位应多考虑在物业项目的中心、入口处或底层商铺等处。

（3）准备经营人员配备和管理机构组建。人员配备和管理机构组建要根据物业服务企业的规模、结构和经营管理能力是否能够达到开展综合经营服务的要求，有没有足够的富有经验的管理人员去策划、运作相关项目，以及这部分业务能否与常规性服务项目齐头并进甚至相互促进。条件具备时，可以成立专门的部门负责这部分业务。

（4）准备实施方案。实施方案要详细给出项目启动应具备的场地、设施设备、人员配备及岗前培训安排，列出各服务产品的操作流程、服务内容及试运营安排。

2. 物业经营服务产品的组织和管理

（1）经营方式。物业服务企业可以自己经营多种综合服务项目，可以实行承包制，将自营综合服务项目外包，也可以直接面向社会招标，开发综合经营服务项目。

（2）实施经营服务。物业服务企业在选好承包商、项目开业后，还要对收费是否规范进行抽查监督，避免出现乱收费等问题。

（3）监控服务质量。为了保证服务产品的质量，应根据服务产品的特点建立一套规范化的管理服务标准，对提供服务产品的整个过程实施全面质量管理，管理标准要细化、量化、具有可操作性。同时，要派出专门人员随时掌握提供综合经营服务产品的情况，及时收集消费者对服务产品质量的意见，对服务产品质量进行跟踪，按照约定标准从严掌握，对经营者提出改进意见，保证服务产品质量和服务水平的不断提高。

（4）服务效果考评。考评是检验经营服务产品提供状况的主要办法，有助于修改完善原有方案，为下一阶段工作提供依据。

（5）培养核心竞争力。要在运作中培养企业的核心竞争力，应辨别主要的竞争对手，就其提供服务产品的规模目标、质量、营销策略、特色、市场份额等方面进行分析，特别是超市、美容美发、餐饮等项目竞争比较激烈，更应倍加注意，列出应对竞争的措施，必要时可以采取联合的方式，扬长避短，优势互补。总的来说，物业综合经营服务产品的发展方向之一是与大商业服务企业联合，将大企业的触角深入到千家万户。

第三节　服务质量管理

物业管理属于第三产业的服务行业，服务质量的好坏直接影响到物业服务企业的经营效益。优胜劣汰是市场经济的基本法则，企业能否生存发展，最根本还是取决于服务质量的高低。高素质的服务，有利于企业形象的提升，有助于企业提高服务产品价格，增加利润，提高市场占有率。而服务质量的提高，需要一套完整的物业管理服务标准以及科学的管理。

一、服务与服务质量的概念

(一)服务的概念

菲利普·科特勒给服务所下的定义：服务是一方能够向另一方提供的本质上无形的任何行动或利益，并且不会导致任何所有权的产生。它的生产可能与某种物质产品相联系，也可能毫无联系。从上述定义可分析到，服务并非是一种物质性、有形的、可眼见、手摸的一般产品。该定义反映了服务的内涵与本质，从物业管理服务工作的各个部门以及各个环节来考察服务的含义，可以认为：

(1)服务是一种由服务人与被服务人的活动构成的行动。因此，我们可以这样来认识服务的第一层含义，即服务是由人的行为构成的一种活动。

(2)服务是带有心理因素的一种行为。这种心理因素有两个内涵：其一是服务人员的心理因素。即使服务人员能按规定的服务程序去工作，也不能说这种工作就是完整的，服务态度、工作精神等，是服务行为的关键因素。其二是被服务者的心理因素，服务工作的好坏很大程度上是以业主或使用人的满足程度来衡量的，而业主或使用人的心理又是复杂多变的。因此，从这个意义上说，服务是一种无形的、难以用物质尺度去衡量的行为。

(3)服务是在一定的物质条件和人员素质条件下完成的行为过程。从业主的心理效应上来说，在不同的物质条件下可以接受不同的服务，它有一种承受不同价值量的服务效果的心理调节能力。因此，从这个意义上来说，服务是具有价值量的行为效用。

从以上的分析中，可以归纳出服务的含义，即服务是由人的活动构成的、无形的、难以用物质尺度衡量的、具有价值量的行为效用。对服务的更深入研究可从服务特征的把握入手。

(二)服务的特征

1. 无形性

服务的无形性是服务的主要特征。它可以从两个不同的层次来理解。首先，服务与有形的消费品比较，服务的特质及组成服务的元素，很多时候都表现为无形、无质，让人不能触摸或不能凭肉眼看见其存在，甚至使用服务后的利益，也可能要等一段时间后，才能感觉到它的存在。例如，一个新业主，搬进小区居住后，亲自体验到各种服务，才能感受到物业服务带来的好处，而他在购买物业时，不能感知物业服务企业将会提供什么样的服务质量。

2. 不可分离性

有形的产品和消费品在从生产、流通到最终消费的过程中，往往要经过一定的时间间隔。而服务则与之不同，它具有不可分离的特性，即生产过程与消费过程同时进行。也就是说，服务人员提供服务给顾客时，由于服务不是一个具体的物品，而是一系列的活动或者说是过程，所以在服务中消费者与生产者必须直接发生联系，从而生产过程就是消费过程。服务的这种特性说明，消费者只有而且必须加入到服务的生产过程中才能最终享受服务。

3. 差异性

差异性是指服务的构成成分及其质量水平经常变化，很难统一界定。服务业是以"人"为中心的产业，由于人类个性的存在，使得对于服务检验难以采用统一的标准。一方面，由于服务人员自身因素和心理状态的影响，即使由同一服务人员所提供的服务也可能会有不同的水准；另一方面，由于消费者直接参与服务的生产和消费过程，消费者本身的因素（如知识、经验、动机等）也会直接影响服务的质量和效果。

4. 不可储存性

基于服务的不可感知形态以及服务的生产与消费同时进行，使得服务不可能像有形的消费品和产业用品一样可以被储存起来，以备未来出售或使用。

5. 缺乏所有权

缺乏所有权是指在服务的生产和消费过程中不涉及任何东西所有权转移。既然服务是无形的且又不可储存，服务在交易完成后便消失了，消费者并没有"实质性"地拥有这些服务。缺乏所有权会使消费者在购买服务时感到有风险。如何消除业主的这种心理，是物业管理企业所需要解决的问题。

从对上述五个特征的分析中不难看出，无形性是服务的最根本特征，其他特征都是由此而派生出来的。正是因为服务的无形性，才产生了不可分离性。而差异性、不可储存性和缺乏所有权在很大程度上是由无形性和不可分离性两大特征所决定的。

（三）服务质量的理解

服务产品的质量不同于有形产品，只有全面地、正确地认识服务产品的质量，才能把握提高服务质量的途径。

从国外的服务管理专家对服务产品质量提出的多种解释，归纳起来大致有如下几类：

1. 感知服务质量

服务产品的质量水平并不完全由企业所决定，而与消费者的感受有很大关系，即使提供服务的部门以为是高标准的规范服务，却不一定为消费者所喜爱和接受。有些物业服务企业认为自己已经尽了最大的努力服务业主，但还是不能让业主满意。所以，一些服务质量研究专家把"服务质量"定义为一种衡量企业服务水平能够满足消费者期望程度的工具。而有些学者明确指出，服务质量是一个主观范畴，它取决于消费者对服务质量的期望，即预期质量同其实际感知的服务水平即检验质量的对比。如果消费者对服务的感知水平符合或高于其预期水平，则获得消费者较高的满意度，从而认为企业具有较高的服务质量；反之，则较低。

2. 技术质量和功能质量

技术质量主要指某项服务带给消费者的价值，包括所使用的设备和作业方法等技术层面的内容。例如，旅店为客人提供干净卫生的床上用品；银行为客人提供准确快捷的汇兑业务等。在物业管理服务中，管理人员为业主提供的咨询服务、受理投诉，以及工程维修人员提供的设备运行维修服务等方面反映出的专业水平，都是技术质量的反映。如果一个居住小区，尽管物业服务企业的员工训练有素、服务意识强，但小区内水电设施严重失修，高层住宅在酷热的天气下供水不足，电力线路经常出故障而导致停电，那么业主无论如何也不会认为这是令人满意的服务质量。

功能质量是指提供服务时消费者的感觉，即消费者对服务的认知程度。无论服务人员如何工作，消费者的感觉总是"主观性"居多。因此，在功能质量中，主观因素占据相当的成分。深圳一个智能化高层住宅小区，所有通道安装了闭路电视监控系统，由于技防在一定程度上代替了人防，大堂和巡逻的保安不多，业主们却投诉反映眼皮底下总看不到保安人员，觉得小区内没有安全感。这件事说明在现代化的管理手段下，还要体现人性化的服务。

3. 预期质量与信息质量

预期质量为消费者接受该项服务之前的期望值。如果消费者的期望过高，或不切合实际，即使他们接受的服务水平是很高的，他们仍然会认为企业的服务质量较低。预期质量主要受宣传沟通、企业形象、顾客口碑、顾客需求等因素的影响。当服务的准备过程往往不为消费者知晓时，宣传沟通对于预期质量的影响是显而易见的。消费者对服务产品质量的判断往往取决于体验质量与预期质量的对比。

信息质量是针对服务组织而言的。这里的信息是指包括市场形象、价格水平、处理客户投诉等有助于形成消费需求的综合信息。在信息质量的构成中，市场形象占据了相当重要的地位，而市场形象又与服务环境关系密切。如管理处整洁的环境布置、排列有序的文件档案、一目了然的服务项目和收费标准、内容全面的操作规程、富有品牌标志性的服务口号等，都会增强服务对象的信任感。

（四）影响服务质量的因素

顾客对服务产品质量的判断取决于体验质量与预期质量的对比。在体验质量既定的情况下，预期质量将影响顾客对整体服务质量的感知。预期质量受下面几种因素影响。

1. 企业形象

如果企业在顾客心目中享有较好的品牌形象，顾客则可能会原谅企业在推广服务过程中的个别失误。但是，如果这些失误频繁发生，则必然会破坏企业的形象。如果企业形象不佳，则企业任何细微的失误都会给顾客造成很坏的印象。所以，我们常常把企业形象称为顾客感知服务质量的过滤器。

2. 宣传沟通

认知的东西是受信息传输影响的。信息量越大，人们对其的认识越全面，信息沟通的方式越新颖、越多样，人们对其认识就越深刻。现实中我们每时每刻都在接受各种各样、许许多多的服务，从而很容易产生"熟视无睹"，从而降低人们对服务质量判断的客观性。因此，对服务对象必须进行适时、适当的宣传，建立更多有效的沟通方式。

沟通通常要注重两大方面：一是倾听顾客的意见（需要、建议、服务感受、投诉等）；二是向顾客通报（如介绍服务、解释服务、回答咨询等）。市场沟通包括广告、公共关系、促销活动等，它们是直接为企业所控制的。

3. 顾客口碑

口碑是服务业重要的传播媒介，它发挥的是"顾客告诉顾客"的作用。由于许多中、小型服务企业是地区性的，甚至是街区性的，它们的顾客群比较固定，不适合做大规模的广告宣传。因此"口碑"就显得特别重要，来自亲朋好友的良好口碑会提高顾客对服务产品的感知质量。

4. 顾客需求

顾客的不同需求对顾客预期质量影响很大。同样是搭乘飞机的旅客，有些人只希望平安迅速地到达目的地，有些人会对航空公司的服务人员提出许多要求，如礼貌、热情、尽量提供更多的信息等。顾客在需求方面的差异无疑会影响他们对服务质量的预期，从而影响他们对服务质量的感知。

在上述四种因素中，服务的沟通是企业可以直接控制的，企业形象和顾客口碑只能间接地被企业控制，而顾客需求千变万化完全属于不可控制的因素。

二、服务质量的特征

（一）内涵的广泛性

服务质量是一个相当宽泛的概念，涉及服务的对象、内容、层次、要求等。从服务的内在性分析，可表现为上述的各种质量内涵，正如有人认为服务质量可分为技术质量及功能质量。从服务的过程来看，有学者认为服务质量分为两部分，一是过程质量，一是产出质量。更有学者指出，服务质量是一种认知的质量，并非目标性质量。换言之，他们认为服务质量是多种服务要素、各种影响因素的综合作用，从而产生消费者对于事物主观上的反应。

（二）评估的差异性

在现代社会经济中，质量是社会物质财富的重要组成部分，是社会进步和生产力发展的重要标志之一。质量是企业的生命，是产品进入市场的通行证，是企业改善经营管理环境、降低成本、提高效益、增强企业竞争力的重要途径。

由于服务具有无形性、不可储存性和缺乏所有权等特性，服务的构成及其质量水平经常变化，很难统一界定。服务质量的判断标准主要是被服务者的主观感知度。由于人类个性存在差异，几乎没有统一的服务检验标准。在服务规程、服务标准相同的情况下，消费者的知识、经验、动机、消费能力、消费偏好会直接影响服务质量的评价。就服务者而言，以人作为主体的服务者也会受各种条件的影响而导致对产品质量判断的不确定性，从而增加评估的难度。当然，所采用的评估方法的科学性、针对性也会影响其结果。

（三）控制的难度大

控制是管理活动的基本职能之一，控制的目的是为了使实际工作的结果与预期的目标趋于一致。服务质量的控制方法和过程是与服务质量特性相关的。

1. 不同的服务产品具有不同的质量特性

服务有内在的特性，如结构、性能、强度、精度等；有经济特性，如成本、价格、运营费用、维修费用等；有商业特性，如保修期等。如果把各种产品的质量特性归纳起来，可以分为以下五种质量特性：

（1）性能：指产品能够满足使用目的所具备的技术特性。

（2）寿命：指产品能够正常使用的期限。

（3）可靠性：指产品在规定的时间范围内和规定的条件下，完成规定工作任务的能力。该指标反映了产品在使用过程中满足人们需要的程度。

（4）安全性：指产品在流通和使用过程中安全的保证程度。

（5）经济性：指产品从设计、制造到使用的整个过程中的成本的大小，包括设计成本、制造成本、使用成本（使用过程中的营运费用、维护修理费用）等。

通过对产品质量的定性化或定量化，就可以得到产品质量的标准。

2. 同一服务产品也具有其内在的各种特性

由于服务的无形性，服务质量通常体现在受用者的感知中；由于服务的广泛性和不可累积性，一个旅游过程是由食、住、行、游、乐、购等各种活动构成，景点的游玩尽致、尽兴，但并不代表路途的经历中就没有不愉快。

三、物业服务质量的一般特性

与一般服务业相同，物业服务质量的一般特性有：

（1）可感知性，是指服务产品的"有形展示"部分，如服务的实物环境、设备以及服务人员的衣着外表等。由于服务产品的本质是一种行为过程而不是某种实物，具有不可感知的特性，所以顾客只能通过这些有形的、可视的部分来了解服务。服务质量的可感知性从两个方面影响顾客对服务质量的认识：一方面，它们可以使顾客了解无形的服务产品；另一方面，它们又直接影响到顾客对服务质量的感知。例如，美味可口的饭菜等有形产品将大大提高顾客对服务产品质量的感知。水电运作正常反映了设施保养的效果，若电梯老是出问题、出毛病、困人，服务的质量肯定被打折扣。

（2）可靠性，是指企业准确无误地完成所承诺的服务，实际上是要求企业避免在服务过程中出现差错。以货物运输服务为例，客户需要的核心服务是将货物安全准确地送到目的地，如果货物在运输过程中发生了货物的缺损、毁坏甚至是丢失，那么低廉的运费和良好的服务态度将毫无意义。

（3）时效性，是指企业可以随时准备为顾客提供快捷、有效的服务。服务传递的效率是衡量服务质量的一个重要标准，特别是对于那些要求快速服务的行业，如医疗服务、客货运输、快餐服务和机械修理等，服务传递的效率将更加重要，往往成为顾客判断服务质量的首要标准。

（4）保证性，是指服务人员的友好态度与胜任能力，它能增强顾客对企业服务质量的信心和安全感。当顾客同一位友善且学识渊博的服务人员打交道时，他会认为自己找对了企业，从而获得信心和安全感。友好态度和胜任能力缺一不可、相辅相成。服务人员态度生硬恶劣自然会让顾客不快，而如果他们对专业知识一无所知也将令顾客大为失望，尤其是在服务产品推陈出新、产品之差异越来越小的今天，服务人员的友好态度、热情服务以及对产品的详细了解就更加重要了。

（5）富有感情性，是指服务人员不仅要态度友好，而且还要真诚地关心顾客，了解他们的实际需要并予以满足，使整个服务过程富有人情味。

物业服务的特征除具有服务业共性特征外，其差异性是十分明显的，表现为：由感知程度不同带来的差异性；由物业服务的不可标识性带来的感知差异性；由需求差异带来的判断标准的差异性。

物业服务质量管理的主要特点有以下几方面。

1. 全员质量管理

物业服务质量的优劣，是物业服务各个部门、各个环节全部工作的综合反映，涉及物业管理区域的全体员工和全体业主、非业主使用人。服务者处于管理服务的角色，起关键作用。但是，若没有业主、非业主使用人配合，再优秀的物业服务也只是一句空话。因此，必须把小区的全体服务者和业主、非业主使用人的积极性和创造性充分调动起来，不断提高人的素质，牢固树立"质量第一"的思想，人人关心物业的服务质量，参与质量管理。

2. 全过程的质量管理

物业服务工作的全过程，包括对物业管理区域提供服务前、中、后三个阶段。不仅是面对业主、非业主使用人所提供的服务工作，还包括提供服务前所做的准备工作，以及服务后的一切善后工作。为此，一是必须把物业服务的重点从事后把关转移到事前预防上来，以注重结果变为注重因素，防患于未然；二是必须树立为业主、非业主使用人服务的思想，物业服务工作中每一个环节的质量，必须经得起业主、非业主使用人的检验，满足业主、非业主使用人的要求。

3. 全小区的质量管理

全小区的质量管理主要从组织管理这一角度来进行。每一个小区的质量管理不仅是对服务者的管理，还包括对物业服务企业领导层的管理，以及对业主、非业主使用人的管理，其中每种管理角色都有明确的质量管理活动的重点内容。对领导层则重于服务质量管理决策，充分发挥众人的智慧，组织、协调物业服务企业各部门、各环节、各工种人员服务质量管理的统一活动；对基层管理者而言，要求每个员工都要严格地按标准、按规章制度进行运作，严格检查实际运作情况，完善质量监督机制；对业主、非业主使用人来说，要自觉维护小区的各项规定。

4. 动态的质量管理

随着社会的进步和经济的发展，业主、非业主使用人对物业服务质量的要求越来越高，影响住区服务质量的因素越来越复杂，既有人的因素，也有物的因素；既有住区内部因素，也有住区外部因素。因此，为了有效地控制各影响因素，必须广泛地、灵活地运用各种现代化管理方法，如目标管理法、统计法等，把心理学、行为科学、社会学等相关学科应用于物业服务的质量管理之中，有效地利用小区的人力、物业、财力、信息等资源，提供符合要求和业主、非业主使用人期望的服务。服务质量的评价标准更是复杂的、多层次的，因此服务质量的控制难度较大。

四、服务质量管理的重要性及内容

（一）开展服务质量管理的重要性

"让客户满意"是企业提供服务的基本目标。随着商品经济的迅速发展，众多的服务业人士都深深体会到，要解决服务质量差距、提高服务质量，就必须加强对服务质量的管理。服务质量管理的核心是及时向消费者提供他们所迫切需要的服务，同时，提高消费者的可感知服务的质量。

在物业服务市场竞争日趋激烈的今天，没有高水平的服务质量，很难赢得业主、非业主使用人的满意。一旦物业服务企业的服务出现差错，导致客户不满，不但对企业的信誉造成极大的影响，还会失去用户对企业的信任，从而失去物业服务权，直接影响企业的经济效益乃至生存与发展。

（二）服务质量管理的内容

物业服务的质量管理覆盖物业服务企业运作的全过程。包括服务方针和目标的制定、物业服务的日常工作、对客户的服务（处理客户投诉、开展社区活动等），以及服务水平的考核与评估等。具体如下：

1. 制定服务方针和目标

服务方针和目标是指一个服务组织为了满足消费者的需要、保证服务质量而制定的该组织的服务宗旨和方向，告诉员工应该把什么奉为信条，并因此来制定更加详细的服务流程和服务规范。

服务方针：一个服务企业的服务方针能体现该企业对质量的追求、对消费者的承诺，是企业服务行动的准则和服务工作的方向。在制定服务方针时，应充分反映企业持续向消费者提供满意的服务产品的决心，并为此作出必要的承诺。作为消费者，最关心的是服务企业的质量保证意识和因此所采取的质量保证措施，对此企业在服务方针中应予以体现。

服务目标：服务目标是落实服务方针的具体要求，是为实现服务方针而制定的某一阶段的具体、定量的要求。服务目标的管理则是服务企业内部的管理活动。服务目标应能促进服务质量的提高，适应周围环境变化的要求，提高服务效率。

2. 设计服务流程和确定服务职责

服务流程设计是与部门职责、岗位责任关系密切的一项工作。确定服务流程一定要首先搞清楚消费者的基本需求。服务流程主要是明确各部门及各岗位的工作程序，使每个岗位的员工明确自己处理问题的步骤和责任，与哪些人协作，遇到不能解决的问题该请示谁，如何获得所需要的信息和资源。

设计服务流程一般方法：

(1)把服务的各项内容用流程图画出来，使得服务过程能够清楚、客观地表现出来。

(2)把那些容易导致服务失败的点找出来。

(3)确立执行标准和规范，而这些标准和规范应体现企业的服务质量标准。

(4)找出消费者能够看得见的服务证据，而每一个证据将被记为企业与消费者的服务接触点。因为每一个接触点服务人员都在向消费者提供不同的职能质量和技术质量，而在这一点上，消费者对服务质量感知好坏将影响他们对服务质量的印象。

3. 制定合适的服务规范和标准

服务质量虽然是属于一种感知质量，但并不是说服务质量没有标准。恰恰相反，服务产品的质量标准往往是通过员工执行服务规范来影响消费者的感知。服务规范主要是规定了服务提供所能达到的标准，对提供什么服务的问题给出了答案。服务规范确定后，企业员工的服务有了追求的目标，企业检查服务质量时也有了衡量的尺度。

服务规范的制定，根据不同行业、不同规模企业的自身特点和质量管理要求，详略程度和格式都有所差异。例如，有些企业参照ISO9000质量标准，制定由服务规范、服务提供规范、服务控制规范组成的质量体系文件；而有些行业的服务规范则比较简单，但在详略程度不同的服务规范中，都必须包括服务项目，并对每一个服务项目特性进行清晰的描述，包括服务企业员工提供服务的程序与操作要求及验收标准等。

4. 检查与评估

为了使服务规范和质量标准能有效执行，还要在企业内部和企业外部，通过内部检查、消费者满意率调查、处理投诉等方法，对服务质量进行检查和评估。

1)内部检查

由于在许多企业实施服务质量管理时存在着某些误区，所以在企业内部定期或不定期地开展内部检查是十分必要的。事实上为了实现持续改善服务质量的目的，应该使企业内的每一个人都重视服务质量的重要性，懂得如何做才能更好地满足消费者的要求，这就有赖于企业的内部检查。

2)消费者满意率调查

通过对消费者的调查可以了解消费者对服务质量的评价，从中可以得到消费者满意率的信息，同时，也可以发现在哪些服务项目或服务环节中存在问题。因此，很多服务行业都把消费者满意率调查作为评估服务质量的主要手段之一。

3)投诉处理

投诉是消费者对服务不满的表现形式，也是从负面反映了消费者的感受。因此服务企业应重视消费者的投诉，应有专门的部门受理消费者投诉。

五、质量管理模式

质量管理模式是指质量目标明确，由一系列相关的质量标准组成的一套质量管理标准形式。在服务质量管理文献中，国内外企业管理学家提出的服务质量管理模式，基本上可划分为三种类型：消费者满意程度模式、产品生产模式和相互交往模式。

(一)消费者满意程度模式

物业服务的过程是服务者与业主相互交往的过程。服务质量不仅和服务结果有关，而且和服务过程有关。业主委员会通常会对服务实施监督，服务者依照服务合同开展各类服务，致力于获得业主和业主委员会的肯定，这是物业服务的一般原则。获得业主委员会的满意，成了目前物业服务企业的主导性追求。因此，当前物业服务通常采用消费者(业主)满意程度这一质量管理模式。

业主满意程度模式强调业主对服务质量的主观看法。根据这个模式，业主是否聘请某一物业服务企业，是否反复享用某种服务，在服务过程中是否与服务者合作，是否会向他人介绍这种服务，是由业主对服务过程的主观评估决定的。业主的主观看法则与他们的个性、对服务的期望等因素有关。

在业主满意程度模式中，服务属性与业主感觉中的服务质量并不存在简单的、机械的对应关系。业主的满意程度是他们对自己的消费经历进行主观评估的结果。根据这个模式，如果业主感觉中的服务质量超过他们对服务质量的期望，他们就会感到满意；如果他们感觉中的服务质量不如期望，他们就会不满意；如果感觉中的服务质量与期望相符，他们就既不会满意，也不会不满意。

业主满意程度模式的运用，促使服务者重视服务质量的动态性、主观性、复杂性等特点。服务人员不仅应重视服务过程和服务结果，更应分析、掌握业主的看法及服务过程中影响服务者和业主相互交往的心理、社会和环境等因素。

(二)生产模式

该模式认为管理人员可通过生产体系客观地控制无形产品的质量，企业可使用现代化设备(硬技术)和精心设计的服务操作体系(软技术)，取代劳动密集型的服务工作，进行大规模的生产。但这种模式取决于两个假设：①服务人员能全面控制投入生产过程的各种资源和生产过程中使用的技术；②服务人员规定的质量、消费者感觉中的服务质量与消费者行为之间存在着明显的对应关系。

在物业服务过程中，这些条件并不存在，企业能够完全控制的属性很少。或者说，物业服务不存在批量生产，而是个性化服务，不管是对设备、环境的管理，还是对人的服务。而值得借鉴的是在服务过程中出现的差错，会使消费者对一系列服务属性的看法产生不利的影响，他们感觉中的服务质量是由他们与服务人员短暂的交往过程决定的。

(三)相互交往模式

该模式认为服务是消费者与服务员的交往过程。管理人员应根据相互关系理论、角色理论等，指导该类的服务设计和管理工作。

概括所探讨的影响服务质量的各种因素，服务程序、服务内容、消费者和服务人员特点、企业的品牌和声誉、服务环境和情境因素等，都影响服务质量的高低。因此该模式认为服务是由协调、完成任务和满意三个层次组成的。

(1)协调。优质服务的首要条件是服务人员和消费者之间的礼节性行为和感情交流。例如，服务人员欢迎和尊重消费者，消费者对服务人员同样有礼貌。

(2)完成任务。优质服务的第二个条件是消费者和服务人员都能完成各自的任务，实现服务的目的。

(3)满意。消费者和服务人员都会根据自己的期望，评估满意程度。

六、提高物业服务质量的途径

(一)服务者要确立服务的质量意识

服务的好坏、优劣是影响整个服务的关键因素。优质的商业环境、优美、配套完善的居住环境以及物业的造型、用料，是业主、非业主使用人决定购买、租赁某一物业单位的主要原因；同样，优质的物业服务自然会坚定业主的选择，劣质的服务会使业主望而却步，业主完全可以拒绝这种劣质的服务。提高物业服务的质量，服务者要确立服务的质量意识。

第一，质量是物业服务的重要的主导因素。有服务就必须有质量，没有质量的服务会给业主造成诸多不便，是一种"占用"业主服务费的行为，损害了业主的利益。

第二，优质的服务可以为物业及其所有者提供一笔无形资产。一个好的物业包括好的环境、好的设计与用料、好的服务等要素。其中，好的服务是无形的、不变的要素；好的服务可以使物业的好环境、好设计、好用料锦上添花，也可以弥补物业在环境、设计、用料上的不足。因此，服务质量是改变物业形象、提高物业质量的重要因素。

第三，服务质量直接影响业主的满意程度，也直接影响业主对物业服务企业的评估和好恶。因此，服务质量是物业服务的目标和指向，也是物业服务企业能否继续经营的决定因素之一。

第四，服务质量的提高关键在于物业服务者的素质与服务技能。

(二)制定并遵循适合与适度的质量标准

提高服务质量没有止境，并不是说物业服务质量没有标准、不讲标准。物业服务的质量标准，是指安全、舒适、高效、文明的居住、商务环境及其他服务，满足业主生理和心理两方面的需要，并保持其可靠性、一贯性。它包括物业的建筑、装饰、园林、设备、设施条件和维修保养、清洁卫生、管理水平和服务等各个方面。

(三)建立物业服务质量体系

为了提高物业服务质量水平，建立一套完整的企业服务质量体系，既有利于物业服务质量水平的提高，又便于服务工作的考核和评估。一般来说，质量体系由以下几个基本部分构成。

(1)内部组织管理质量系统。如：①组织计划质量系统；②人员培训质量系统；③财务管理质量系统；④文件资料管理系统；⑤合同管理系统。

(2)内部运作管理质量系统。如：①采购控制；②服务用品进货检验和试验控制；③设备检测控制系统。

(3)服务过程的管理质量系统。如：①接管验收管理质量系统；②业主收楼管理质量系统；③装修管理质量系统；④房屋与设备管理质量系统；⑤安全管理质量系统；⑥环境管理质量系统。

(4)客户服务的质量管理系统。如：①客户服务中心管理系统；②客户投诉处理系统；③服务满意度测评系统。

复习思考题

1. 试述物业公共产品的系列。

2. 试述物业公共服务的特性。

3. 试述物业服务产品的内容。

4. 试述物业服务企业经营服务产品选择的原则。

5. 试述服务的特征。

6. 如何理解服务产品的质量？

第八章 物业服务市场

第一节 物业服务市场概述

一、物业服务市场含义

物业服务作为一种商品进入流通领域，在市场上可以自由买卖，使交易双方产生了物业服务产品交易的活动，并在此基础上建立了买卖关系，所有这些有关商品交换的活动和关系，就构成了物业服务市场。换而言之，所谓物业服务市场，就是指人们在出售和购买物业服务的过程中所形成的商品交换活动和交换关系的总和，是进行物业服务买卖的载体。对于物业服务市场的定义，主要包含了以下几个方面的含义。

1. 物业服务是一种商品，具有价值和使用价值

商品可以分为有形商品和无形商品，物业服务就属于无形商品。从供给者的角度来看，完成物业服务需要投入劳动和其他一些要素，这些要素的投入必然需要一定的费用，从而使物业服务具有了价值。从消费者的角度来看，物业服务能够给他们带来一定的效用，所以它就具有了使用价值。也就是说，物业服务具有商品的共同属性，可以在市场上被自由地买卖，其价值和使用价值的实现是通过市场交换来进行的。

2. 物业服务成为商品是物业服务市场形成的前提

随着区分所有建筑物的出现，区分所有权人有了对物业服务的需求。在这种情况下，物业服务作为一种商品才渐渐出现，并作为一种特殊的商品逐渐受到人们的关注。人们可以在市场上买卖物业服务这种商品，物业服务市场逐步形成并发展起来。因此，如果没有物业服务这种商品，也就没有物业服务市场。所以，物业服务成为商品是物业服务市场形成的前提。

3. 物业服务市场是所有关于物业服务交易活动的总和

物业服务市场形成的前提是物业服务成为商品，而物业服务市场要正常运行，一方面，要求在这个市场上流通的商品是全方位的物业服务的总和，即包括房屋维修服务、安全防范、保洁服务、绿化服务，等等；另一方面，供求双方无论怎样进行交易，其交易的客体都必须与物业服务有关，如果脱离了物业服务，也就无所谓物业服务市场了。所以，物业服务市场是物业服务交易活动的总和。

4. 物业服务市场是商品交换市场的主要组成部分

人们针对物业服务进行交易，不但反映了物业服务市场的供求关系，也反映了整个社会供求关系的变化。物业服务之所以能够成为商品，是由人们随着生活水平提高而产生的消费需求决定的，是社会经济发展到一定阶段的产物。所以，物业服务市场反映了社会需求和社会供给之间的关系，是商品交换市场的重要组成部分。

5. 物业服务市场是进行物业服务交易的载体

人们要进行商品交易，就必然要依赖市场这个有效途径，物业服务作为一种无形商品也不例外。同时，物业服务进入市场，才能被人们所认识。人们通过对不同物业服务的比较，找到最合适、最满意的服务进行消费。这样，物业服务的价值才能够实现，物业服务才能够真正被称为商品。所以，物业服务的买卖必须在物业服务市场上进行。

二、物业服务市场的特征

物业服务市场交易的产品是物业服务产品，不同于一般的商品，在供给、需求等方面均具有鲜明的特征。

(一)物业服务的供给特征

1. 产品的无形性

物业服务是一种无形的劳务，是存在于人体当中的劳动能力，在任何情况下，外力都不能把这种劳动能力和人体分开。不同于一般商品，物业服务产品的价值和使用价值不会因产品的使用而降低。

2. 产品的流动性

物业服务的直接作用对象是不动产，但物业服务企业完成一个区域内的物业服务后，就会转移到其他地点进行服务，服务的对象也变成了其他的物业设施。因此在提供物业服务时，流动的是人。物业服务作为一种劳动能力，也会随着它的所有者而流动，而物业作为一种固定的设施，是不会发生流动的。所以，物业服务具有流动的特征。

3. 产品的人本性

物业服务既是对物业所有人或使用人的服务，也是对物业本身的服务，两方面是统一的。物业服务企业提供物业服务，业主或非业主使用人购买并消费这一服务，从交易主体来看，是物业服务企业为业主或使用人进行服务，满足他们的要求，服务的对象是人。从物业服务的一些内容来看，是物业服务企业对物业进行维护修理，延长其使用期限，服务对象是物。但这些服务的目的是为了给业主和使用人提供一个安全舒适的生活和工作环境，最终的服务对象还是人。

4. 产品的综合性

物业服务企业提供的服务是多种多样的，包括房屋及其附属设备的维护维修、安全防范、环境绿化、环卫保洁、家政服务以及适应业主和使用人的要求所进行的各种服务。这些服务项目是一个整体，构成了物业服务企业的全部服务内容。因此，物业服务市场是一个综合性的市场。

5. 产品的延伸性

物业服务的内容很多，不但相互关联，还具有一定的延伸性，换句话说，消费者在接受物业服务时，可能由一个服务项目引发出另一个服务项目。例如，消费者停车时要求汽车看管服务，同时可能要求看管单位提供汽车清洗和养护等服务。因此，物业服务的各种项目并不是独立的，而是相互间在一定程度上具有延伸性。

（二）物业服务的需求特征

1. 需求的广泛性

对物业服务产品的需求是人们的基本生活需求，因而具有广泛性的特征，只要有物业存在的地方，就存在人们对物业服务产品的需求。

2. 需求的多元性

物业服务的内容十分丰富，涉及人们日常生活的方方面面。物业服务需求的多元性与消费者的生活习惯、文化水平、支付能力、年龄结构等因素直接相关，不同区域、不同年龄段、不同职业的消费人群对物业服务产品的需求表现出明显的差异性，从而决定了需求的多样性。

3. 需求的层次性

由于消费者在职业、年龄、收入等方面存在着差异，决定消费者对物业服务产品的偏好不同，使物业服务的需求表现出较强的层次性特征。需求的层次性使同一物业服务产品的内容表现出不同的深度，例如，对保安服务的需求，在普通居住区中主要涉及门卫管理、停车场管理和定时的保安巡逻等，但在高档小区中还要有电子监控、安全预警等利用现代化手段提供的高档次的服务内容。

4. 需求的动态性

所谓市场，从一般意义上讲，就是指商品交易关系的总和，主要包括买方和卖方之间的关系，同时也包括由买卖关系引发的卖方与卖方之间的关系以及买方与买方之间的关系。根据交易对象分类，市场可以分为无形的服务产品市场和有形的实物产品市场。服务产品市场既包括满足生活服务需要的市场，也包括满足生产服务需要的市场，它提供的是一种特殊的产品——服务。物业服务市场属于服务产品市场，它是物业服务产品交易关系的总和，交易的主体主要是物业业主和物业服务企业，交易的产品是物业服务。

从大量的实践来看，物业服务实际上被分为公共服务和个别服务两类。公共服务包括保洁、安全防范、绿化以及房屋、建筑物、附属设施设备与公用场地等的运行、维护或修缮等。个别服务又包括了专项服务和特约服务。专项服务，如小区会所服务、游泳、球类、餐饮服务等，是有一定市场需求规模并通过营业场所交易的经营性服务。特约服务是经由小区内个别业主约请而提供的经营性服务，如为有个别需求的业主提供代购票物、代聘家教、保姆、家庭护理、室内保洁、私用物品维修、房屋租赁、代管等服务。显然，公共服务和个别服务至少有下列几点区别：一是在服务对象上，个别服务仅仅面向个别业主；公共服务则面向业主整体，并通过业主大会或业主委员会确定。二是在服务内容上，个别服务仅仅涉及个别业主的需求；公共服务的内容涉及整个小区所有业主或者大部分业主正常居住所不可或缺的生活需求，如小区的秩序维护、环境卫生、绿化保养、设备设施运行维护等等。三是在费用的计算和收取方式上，个别服务高度个性化、市场化，单个的业主作为交易的一方有完全的交易选择权、较充分的公平交易权，自主性、主动性较强，与业主在集贸市场、商场等地方消费没有区别；而公共服务则要通过业主大会选聘物业服务企业，并由业主委员会代表业主与物业服务提供者订立合同来确定，业主对合同主要条款仅享有法定的投票权，根据法定和议定的议事规则由业主大会及其授权的业主委员会享有交易的选择权、公平交易权，单个业主的自主性、主动性较弱。四是从服务主体的可替代性上看，公共服务无法或难以由小区物业服务提供者以外的其他经营者承担；个别服务则是其他经营者也可以承担。这样，小区物业服务提供者也具有某种程度的垄断性、限制性。五是在纠纷发生上，虽然同样是作为物业服务提供者为业主提供服务，个别服务的纠纷很少，即使发生也很容易解决；但公共服务极易发生纠纷，其发生频率之高、社会影响之广、解决难度之大，远非个别服务可及。

由此可见，物业服务是由物业服务提供者提供的，以对业主的房屋及配套设施设备和相关场地进行看护、维修、保养以及维护相关区域内的环境卫生和居住秩序等公共服务为主要内容的服务。由于商品性住宅类物业与其他物业的共通性，商品住宅类物业的业主更多、矛盾更集中、社会的关注度也高，所以人们习惯从商品住宅类物业公共服务市场为参照来进行相关问题的研讨。

（三）物业服务市场及其构成

任何市场都是由三个有机部分组成，即市场主体、市场客体和市场运行环境。物业服务产品市场是指以物业服务为交换对象的市场，其市场主体是指直接参与或直接影响市场交换的各类行为主体，包括供给主体、需求主体和协调主体。其中，供给主体主要是指提供物业服务的物业服务企业和各类专业服务企业(指仅提供清洁、保安、维修、绿化养护、机电设备运行维护等专业服务的企业)；需求主体主要是指房地产开发企业和业主或非业主使用者；协调主体是指政府行业主管部门和行业协会。物业服务产品市场的客体是指市场交换对象，即物业服务。物业市场的运行环境是指构成市场环境的一整套制度框架和确立市场运行法则的一系列政策规定。

物业服务市场的主体是物业服务市场要素中最重要的部分，主体的状况决定了物业服务市场的发育程度、服务水平等基本面貌。物业服务市场的健康状况也直接决定了这些主体的关系模式。物业服务市场的主体由业主和物业服务提供者构成。政府机构及有关组织只是在物业行政管理上和特定的情况下成为市场主体，如购买政府公共物业服务的需求主体等。业主是享有房屋所有权、接受物业服务并支付物业服务费的市场需求主体。物业服务提供者也是物业服务产品的经营者，是依物业服务合同提供物业服务并收取物业服务费的供给主体。《物业管理条例》规定，物业服务提供者的组织形态为公司，物业服务提供者及其工作人员应具备相应的资质。

物业服务产品的交易活动是在物业所有权和管理权分离后，伴随着专业物业管理的出现而产生的，由产权主体同时也是专业物业服务需求市场主体——业主与专业物业服务供给市场主体——物业服务企业之间围绕服务权的市场交易。服务权交易完成后，业主拥有物业所有权，物业服务提供者拥有物业服务权，接着是在约定服务期限内的物业服务产品持续交易过程。从交易标的看，物业服务市场的交易由物业服提供者提供物业服务并收获酬金，业主支付酬金并享受物业服务构成。交易的标的，即物业服务产品市场的客体是物业服务。

三、影响物业服务市场健康发展的因素

（一）影响物业服务市场健康发展的重点和难点

影响物业服务市场健康发展的因素主要有资源配置方式、信息的公开与传递、激励与监督机制的设计、制度的创新、"经济人"行为等。物业服务市场的健康发展是多种因素综合作用的结果，协调各因素使其发挥最大效用是一项复杂而艰巨的工作。

1. 物业管理制度是关键因素

目前，我国虽然有《物权法》、《物业管理条例》等一系列物业管理法规政策出台，但毕竟物业管理和物业服务在中国的历史不长，制度上的完善、运行机制的建立、人们习惯上的改变等都是需要时间的。制度保障仍然是物业服务市场健康发展的重要保证，特别是与物业服务市场运行相关的政策法规的建立与完善需要时间，地方性配套政策法规的建立更是如此。

物业服务矛盾激增且不易解决，除了规模大、面对的业主人数多使得关系变得复杂之外，制度缺失是导致矛盾不断升级和难以解决的重要原因。

物业管理的制度缺失可以从显性缺失和隐性缺失两方面来看。显性缺失表现为结构性缺失，最明显的是监督，《物业管理条例》规定的监督范围比较笼统，监督的程序、机制并不明确。隐性缺失表现为目前《物业管理条例》或其他相应的管理办法中虽有明确规定，但在实践中存在可操作性差或是与事实不符，需要重新研究、确定加以修改的缺失状态。所以，要加强制度建设，解决物业服务市场中存在的问题。

2. 难点是各个市场主体之间的利益平衡问题

物业服务市场是面向百姓服务的市场，其中涉及很多主体（或派生主体），如政府、物业服务企业、业主、业主委员会等。在涉及众多主体的市场上如何兼顾各利益主体的利益，是现在政府制定制度时的难点。市场经济中政府不是市场中的主角，只是市场监督者，因此，制定科学的行之有效的制度是目前政府调节物业服务市场的重要任务。

权利和义务是对等的，业主的权利应保护，物业服务企业的权利也要受到保护，享受约定的服务是业主的权利，相应的就要承担付费的义务。对于物业服务企业来说保证服务是义务，获得报酬就是它的权利。但权利不是无限的，业主不能让物业服务企业承担约定之外的责任，如失窃；物业服务企业也不能随意多收费。把握好这种尺度，用制度量化这种责任和义务，就会减少纠纷的出现。要防止少数人利用业主委员会的权力谋取私利而损害广大业主利益。防止物业服务企业管理过程中虚报成本、多收费而损害业主利益，也要防止业主欠缴物业服务费而损害物业服务企业的利益。住宅小区的物业服务十分复杂，涉及城市管理体制与机制的彻底改革，涉及社会政治与经济关系的调整与转换。因此，全面实现社会化、专业化、市场化的物业管理新体制是较长时期内的奋斗目标。

3. 重点在于如何加强和完善制度建设

当前需要明确和强化业主在物业服务中的法律主体地位，解决业主委员会诉讼主体资格问题，主要包括：加快制度建设，修改、补充现有的规章制度，纠正制度上的结构性、操作性的缺失问题；完善物业管理招投标制度，规范市场交易行为；出台相关的服务标准细则，使业主和物业服务企业在判断标准上统一，减少纠纷的产生；完善物业服务价格形成机制，体现交易双方的平等地位；建立信息公开制度，并附之以信息公开监督机制；建立矛盾纠纷的调节仲裁机制，力争把物业服务的矛盾纠纷消灭在萌芽之中。

（二）物业服务产品市场主体地位倒置

物业服务产品市场的两个主体是物业服务企业和业主，但目前在物业市场中这两个利益主体的地位显现倒置，其原因有以下几方面。

1. 物业服务提供者的市场垄断地位

物业服务供给主体的自然垄断。近年来，国内外关于公共物品提供方式的理论探讨和实践越来越多，概括起来，无外乎两大类：如果该公共物品可以通过设施、技术的方式，以较低成本实现可竞争性、可排他性，那么就采取引入多主体竞争的市场方式；如果该公共物品不可以或者难以通过设施、技术的方式，以较低的成本实现可竞争性、可排他性，那么通过垄断的方式提供公共物品便在所难免，或者作为诸多方案的首选。在小区内要实现改变物业服务的不可分割性、非竞争性和非排他性是不太可能的，或者成本太高，这使得由一个经营者垄断式地提供小区公共服务在所难免，或者作为首选。正是在这个意义上，小区物业服务具有自然垄断属性，小区的物业服务经营者具有自然垄断地位。正是小区物业服务提供者滥用其自然垄断地位，才导致物业服务市场许多纠纷的产生。

自古典经济学代表人物穆勒（J. Mill）1848 年提出自然垄断概念以来，法勒（T.Farrer）1902 年前后的研究及其所归纳的自然垄断特征目前仍然是经典观点之一。

物业服务至少具备法勒所提出的五个特征：

第一，物业服务提供者所提供的物业服务，是物业小区内业主所需要的生活必需品或服务。小区业主对秩序、水、电、气、绿化等服务的需求，是生活中不可或缺的。

第二，物业服务及其依附的物业小区，存在着区域特性，并天然地带来地域租金，在小区内事实上形成了一个以小区水、电、气、建筑等网络化的设施为空间，以物业服务为产品的相关市场。

第三，物业服务的生产和提供之间几乎没有储存环节。

第四，小区公共服务在一定的规模范围内其边际收益基本均等，但边际成本接近于零。这一特征，不仅体现在物业服务的整体，也体现在小区秩序、绿化、水、电、气等方面的若干单项服务上。有的单项服务如公共安全、水、电、气，如分别由若干独立的物业服务经营者来提供几乎是不可能的。由一个物业服务提供者提供一个小区内的服务不仅比由多个业主独自处理物业事务更具效率，而且也比多个服务提供者为一个小区提供服务更能节约交易成本。

第五，和其他典型的自然垄断一样，物业服务与用户存在直接的供求联系，这种联系需要协调，而这种协调常常在不可排除垄断的前提下实现。

有关自然垄断的现代研究并没有从根本上改变法律的观点，只是增加了分析问题的角度和层面。在这些新的角度和层面，物业服务仍然不同程度地具备相关研究所提出的自然垄断属性。例如，基于"公共物品"属性和服务网络化等特点，物业服务存在着范围经济效益，在自然垄断状态下其生产函数呈规模报酬递减。在一个物业小区内，由一个物业服务提供者提供全部产品或服务要比由两个或两个以上的企业提供同样的产品和服务的成本总和要低。

正是基于独家经营者提供"公共物品"所具的规模效益、范围效益等效率优势，基于业主、物业服务提供者对经济效益的追求，由一个物业服务提供者提供小区公共服务成为大多数小区双方博弈的首选。《物业管理条例》中明确"一个物业管理区域由一个物业服务企业实施物业管理"正是迎合这一观点。这样，物业服务提供者在一个小区物业服务中独占地位，便从经济依据变成经济、法律的双重依据。经济的依据和法律的依据，是小区物业服务提供者获得自然垄断地位的原因。

物业服务提供者的独占地位，并不因物业服务提供者的变更而改变。业主有权通过业主大会更换物业服务提供者，却难以革除小区内物业服务企业的独占地位。即使出现两个或两个以上物业服务提供者并存于一个小区为业主服务这样的特殊情形，也没有排除其自然垄断属性，因为这几个物业服务提供者仅仅是在空间上并存于一个小区内，它们的服务项目并不重复。当然，物业服务提供者的独占地位较之自来水、管道天然气、电网经营者的独占地位有所不同。最重要的不同是，虽然一个小区绝大多数情形下由一个物业服务提供者独占经营，这是常态，但是，在一个具体的小区由哪一个具体的物业服务提供者独占经营，则是通过竞争获得的，是不确定的，并且根据合同享有期限内的独占经营权。这样，物业服务提供者往往需要通过在有多个具备物业服务经营资质的提供者竞标的情况下，才能获得合同期限内的独占经营权。而自来水、管道天然气、电网经营者在一个城市的独占地位，较少是采取竞标方式获得的。即使采取竞标方式获得独占经营权，由于其基础设施建设周期长、投资大、具有空间上的独占性，往往一旦获得，较长时期内不会退出。较之物业服务提供者，其竞争压力更小，独占地位更稳定。

物业服务提供者除了需要通过招、投标等竞争方式获得独占经营权外，中标者还需要在形式上通过与业主订立物业服务合同最终实现独占经营权。其合同订立的方式，因其所处的不同阶段而有所不同。在前期物业服务中，购房者与开发商订立购房合同时，其中包含物业合同的条款、管理规约，再由开发商与物业服务经营者订立物业服务合同。在业主大会成立以后的物业服务中，物业服务合同由业主委员会与物业服务提供者订立。这两种形式都与一般合同有区别，一般合同，实质上的交易双方是合同的双方；物业服务合同，作为实质上交易一方的业主，却不是形式上合同的一方。这一特点，主要源于物业服务的"公共物品"属性。同时，这一特点也为物业服务提供者滥用市场地位并滋生大量的物业服务纠纷埋下伏笔。

2. 物业服务提供者对自然垄断地位的滥用

小区内的业主们选择独家物业服务提供者提供小区公共服务，在获得自然垄断带来的规模经济效益、范围经济效益的时候，也不可避免地承受着自然垄断带来的弊端，各种各样的物业服务纠纷，大多情况下是由物业服务提供者滥用自然垄断带来的市场支配行为而引起的。

（1）物业服务提供者的剥削性滥用行为。剥削性滥用是指具有市场支配地位的经营者利用其市场支配地位实施的，以获得超额利润为直接目的的市场行为，是居于垄断地位的经营者滥用其市场支配地位行为的类型之一。剥削性滥用最主要的特征在于行为的直接目的和主要效果是获得超额利润，在物业服务中的表现主要是超高收取物业费和捆绑销售。

超高收取物业费。这是剥削性滥用行为中的垄断高价行为在物业服务收费中的体现。其行为表现很直观，就是将业主每平方米建筑面积每月的物业服务费标准定得过高。从反垄断法理论看来，如果该价格导致长期、稳定地超过下列利润率：（本地）社会平均利润率、（本地）同行业平均利润率、根据成本测算的合理利润率，即为过高定价。超高收取物业费，在剥削性滥用中属于垄断高价的范畴。小区物业服务提供者超高收取物业服务费之所以成为可能，一方面源于其独占地位，另一方面源于业主对小区物业服务需求的价格弹性很弱。

物业服务捆绑收费，是指在小区物业服务中，服务提供者还常在收取基准物业服务费的同时，一并收取名目繁多的其他费用，如高压水泵费、高层电梯维修费、消防设施费、绿化更新改造费等。这些费用，有的有其合理性，如消防设施费；有的只对部分业主有合理性，如高压水泵费；有的本来就应当包括在基准物业服务费中，如绿化更新改造费。在滥用行为中，则是鱼目混珠、瞒天过海，一并向所有业主收取。有的物业服务提供者还将代收的市政水、电、气、热费用也与物业服务费"捆绑"。如此"捆绑"后，他们动辄以断水、断电威胁拒交物业服务费的业主。

其他强制交易行为。强制交易是指具有市场支配地位的经营者，以胁迫办法强制他人与自己交易的行为。超高定价、捆绑收费等都有强制交易的因素。物业服务提供者滥用行为中的强制交易还有其他表现。在前期物业服务中，开发商及其指定的物业服务企业拟订格式合同条款，将一系列不公平条款强加于业主。当物业服务提供者通过其掌握的"瓶颈"设施强制交易时，业主特别是少数业主在交易上的弱势地位就更加显著了。例如，有的物业服务提供者为了牟取更多的利益，将小区公共健身场地改造为经营性停车场，缩小免费停车场的面积，以维护小区交通秩序为由禁止业主在小区内临时停车，迫使业主将车停放在经营性停车场。通过"瓶颈"设施强制交易，还表现在通过与一些公用企业利润分成，限制其他同类公用企业的服务进入小区，限制以致剥夺业主的交易选择权。例如，提供宽带网络的服务商很多，服务类型和方式也很多，但大多数小区都不太可能自由地选择适合自己的服务商及其服务。

（2）物业服务提供者的内部交叉补贴行为。无论是否存在内部交叉补贴，物业服务提供者"揩油"的现象都不可避免，并且极为常见。一般而言，物业水、电、气、热等公用设施的日常运行、维护、保养的利润较其他项目高，物业服务提供者往往通过内部的交叉补贴维持其他利润率较低的项目，从而使总利润率维持在较高的水平。

（3）"劫持"业主大会和业主委员会。居于自然垄断地位、超大规模的经营者常有"劫持国家"的现象。在小区内居于自然垄断地位的物业服务提供者，虽然其规模小，但也有类似的行为：通过"劫持"业主大会或业主委员会获得较高的定价。当物业服务中信息严重不对称，尤其是小区物业存在自然垄断时，物业服务提供者便与作为交易相对方的业主利益越来越难以调和。当业主们与物业服务提供者的纠纷越来越多，协调的成本难以承受时，物业服务提供者会主动地要求业主成立一个组织来代表业主与物业服务供应者协调。然而，即使成立了业主大会及其业主委员会，仍然不能改变物业服务提供者的自然垄断地位，仍然难以剥夺其信息优势、专业优势。物业服务提供者会利用这些优势胁迫业主大会或业主委员会接受其价格条款，从而获得超额利益。胁迫的方式，可以是积极的方式，例如，要求与业主大会或业主委员会测算成本和收费定价方案，在测算过程中塞进自己的私货；也可能是消极的方式，即在所提的收费方案没有得到业主大会或业主委员会同意的情况下，在实收物业费中先提取自己原来预期的利润，剩余部分作为提供服务的成本，其结果必然是以降低服务质量为代价，然后将物业服务不能令业主满意的责任归咎于业主大会或业主委员会。

3. 滥用自然垄断行为带来的弊端

物业服务提供者滥用自然垄断地位的行为，目的在于牟取超额垄断利益，其危害性是显而易见的，主要表现为以下几点：

(1)侵害了业主的利益。追求利益最大化是所有经营者无可厚非的行为，问题在于其行为的正当性、合法性。物业服务提供者是通过不正当地利用小区公共服务这一"公共物品"所带来的自然垄断地位，并且通过各种形式的超高定价、捆绑销售、强制交易限制业主的公平交易权、自由选择权，损害了业主利益。

(2)引发和加剧了业主与物业服务企业的冲突，降低业主的生活质量，破坏了小区的和谐。稳定和秩序本身就是一种效率；大量冲突要消耗双方和多方大量的人力、物力、时间和精力，干扰其他更有效益的工作，从而带来大量的损失和浪费。

(3)损害了物业服务产业的发展，从而也损害了经营者自身的利益。物业服务企业滥用自然垄断地位的行为，在微观上导致博弈的破裂。收费过高、服务过差，直接导致业主通过拒交物业服务费抗辩；物业服务提供者因大量拒交、欠费而难以实现其预期利润，促使其进一步裁减人员、降低人员工资，导致服务质量进一步下降。恶性循环的结果是物业服务企业被逐出小区。

因此，滥用自然垄断地位的最终结果，是物业服务企业追求自身利益最大化理想的破灭。在宏观上，这种行为也降低了业主对物业服务市场的信心，抑制了对物业服务的需求，阻碍了物业服务市场的发展。

物业服务企业滥用自然垄断地位所引发和加剧的诸多纠纷，已经成为当前物业服务市场的一大痼疾，其所造成的严重危害，进一步强化了制定改进物业服务市场法律法规的必要性。而改进和加强物业服务市场的法律法规，如果忽视物业服务的"公共物品"特征和物业服务提供者的自然垄断地位，忽视滥用自然垄断地位行为在纠纷中的源头影响，都不利于提高法律法规的效果。

(三)业主在物业服务产品需求市场中的角色

业主是物业服务需求市场主体，但这种需求应是客观存在的和有一定市场规模的，应足以支持物业服务企业维持一个物业服务项目的正常运营。当前，业主的物业服务需求是否客观存在，是否是自愿的需求，实际上，在现行物业服务交易制度下，单个业主在物业交易和物业纠纷中所扮演的基本角色可能是"非自愿乘车者"。原因如下：

1. 业主没有前期物业服务的选择权

在前期物业服务制度下，开发商安排的物业服务企业先于业主和业主委员会而存在，单个业主被迫接受由它所提供的前期物业服务，从而成为"非自愿乘车者"。《物业管理条例》规定，前期物业服务企业由开发商选聘，物业服务的项目、数量、价格和标准，由开发商与物业服务企业签订的契约规定。业主在购买房产时的买卖合同包含前期物业服务合同约定的内容，这就意味着，即使业主个人不需要，也不得不接受前期物业服务企业提供的服务并交纳相应的费用，业主个人没有选择余地。

2. 业主委员会选择物业服务企业有一定的难度

依据《物业管理条例》，在广大业主入住小区后，可以成立业主大会和选出业主委员会，代表全体业主的利益，重新选聘物业服务企业。但在实际操作上，由于业主委员会难以成立、业主委员会有可能不具有重新选聘物业服务企业的能力、业主委员会有可能不代表广大业主的利益等原因，重新选聘的设想会落空，使或多或少的单个业主成为"非自愿乘车者"。综观业主委员会运转的现状，由于业主委员会委员职务的公益性、无偿服务、物业服务企业的拉拢行为、个人私利等多种因素作用，必然会有业主委员会成员背叛业主利益的情况出现。

3. 业主权益保护制度的缺失与物业服务企业自然垄断地位的滥用

《物业管理条例》没有具体规定当业主个人利益遭到侵害时，如何进行自我保护。一般认为如果物业服务企业未能履行合同的约定对业主的利益造成损害，只有业主委员会可以到法院起诉物业服务企业，但是依据现行法律规定，单个业主不具有这样的资格。由于大多数住宅小区并没有建立起业主委员会或者虽然建立了但名存实亡，所以《物业管理条例》中第三十六条物业服务企业未能履行物业服务合同的约定，导致业主人身、财产安全受到损害的，应当依法承担相应的法律责任的规定就形同虚设。

由于以上三个原因，"非自愿乘车者"成为大多数业主在物业服务产品交易中的真实角色，利益在一定程度上受到损害。

第二节　物业服务市场的运行机制

一、市场机制概述

（一）市场机制的涵义

市场机制是价值规律外在的作用机制，是指市场的基本要素，即由价格和供求以及竞争相互作用而产生的功能，在现实经济运行实践中主要表现为价格机制、供求机制和竞争机制。市场机制最大的功能就是使这些具体的机制因素在市场运行过程中，对经济活动起到制约和调节作用。

在市场经济运行的过程中，社会的需要不能直接决定社会生产的比例，而是通过市场机制的作用，自动调节企业的生产经营活动，从而实现市场供给和需求的基本平衡。最终调节社会生产的基本比例，使社会生产能满足社会各方面的需求。市场机制是一种自发的强制性力量，但市场机制调节市场主体的经济活动不是一种自觉的过程，因为通过调节微观市场主体的经济运行达到实现宏观经济比例的平衡，是要通过牺牲一些微观经济行为主体的经济利益或生存才能实现的。因此，市场机制就是通过市场内部各要素的互相联系和相互作用，来建立社会供给与社会需求的动态平衡和自我协调的组织能力。所以说，在市场经济条件下，资源的配置、经济活动和社会生产的调整，一般都是通过市场机制的作用来实现的。

（二）物业服务市场机制的内容

1. 价格机制

物业服务市场的价格机制是指物业服务的价格和供求之间相互影响、相互制约的关系。当物业服务的价格上涨时，人们对物业服务的需求会相对减少，物业服务企业的供给增加；当物业服务的价格下降时，人们对物业管理服务的需求会相对增加，物业服务企业的供给就会减少。市场价格是在供给和需求交互作用下形成的均衡价格。所以，价格机制是物业服务市场机制中最有效的调节机制。

2. 供求机制

在物业服务市场供求机制的作用下，物业服务的价格围绕其价值上下波动。当供大于求时，物业服务的价格下降；当供小于求时，物业服务的价格上涨。因此，如果没有供求机制的调节作用，价格机制的作用也不能发挥。

3. 竞争机制

物业服务市场的竞争机制，是指物业服务企业遵循市场发展规律，通过正当的合理竞争，优胜劣汰，从而达到资源的优化配置和合理的充分利用，形成一个公开、公平和公正的市场环境。

（三）物业服务市场机制的特点

1. 客观性

物业服务市场机制的形成、作用的发挥和资源的优化配置，是物业服务市场诸要素之间客观联系的自发运动所产生的必然结果，并不是人们主观意识可以随意左右的。

2. 内在性

物业服务市场机制是依赖其内在的供求关系来调节其价格高低的，通过市场内在的竞争规则，来维护市场的正常秩序。所以，物业服务市场机制功能能够发挥其作用，主要依赖其自身内部诸要素的相互作用，并不是外力所致。

3. 连锁性

当物业服务市场中一种机制发生作用时，必然会引起其他机制产生内在的连锁反应，这种内在的连锁反应导致各要素间的相互作用，从而使物业服务市场形成新一轮的动态平衡。

4. 制约性

物业服务市场之所以能够正常有序地发展，是各种机制相互影响、相互制约的结果。这种制约性是物业服务市场正常有序发展的基本保障。

5. 动态性

物业服务市场的发展是不平衡的，其随着供求关系和服务价格而变化，使物业服务市场处于动态的变化之中，并不断完善发展。

二、物业服务市场的价格

1. 物业管理服务的价值构成

物业管理服务作为一种无形的商品，其价值形成过程，同样是物质消耗和劳动消耗的过程，但是，由于物业服务的优劣、等级很难明确地加以评定，只能通过消费者的主观感受加以描述。因此，物业服务的价值扣除了物质消耗和劳动消耗构成外，还由消费者主观感受、有效需求效用以及相对稀缺性等因素的相互作用而形成。

(1)物业服务的有效需求。所谓有效需求，就是指由购买力所形成的需求，就是说，消费者不但对物业服务有需求，而且还要具备一定的支付能力。只有既有消费需求，又有购买力的消费者，才能形成有效需求，也才能使物业管理服务的价值得以实现。

(2)物业服务的效用。物业服务的效用是指业主或消费者对物业服务的满意程度。消费者对物业服务的满意程度越高，物业服务的效用就越高。所以，只有物业服务的效用高，才会引起消费者的消费欲望，物业服务的价值才能得以真正实现。

(3)物业服务的相对稀缺性。物业服务也是一种资源。由于消费者追求个性化服务的需求不断提高，与现实物业服务企业所提的物业服务内容、形式和品质的要求相比，一定时期特定的物业服务表现出滞后性和相对稀缺性。相对稀缺性是形成物业服务价值的原因之一。

2. 物业服务的定价原则

(1)遵循价值规律。物业服务定价应该遵循价值规律的内在要求，考虑到物业服务市场的发展现状和社会经济条件，针对不同时期、不同地区的不同经济状况和不同的服务水平来制定物业服务收费标准。

(2)公正合理。物业服务的定价，除了要考虑物业服务企业的正常利润外，还应考虑消费者的消费水平和支付能力，不能定得过高，但也不能太低，只有这样，才能保证所定出的价格是公正合理的。这也是物业服务企业能够正常持续运营所必须遵循的基本原则。

(3)友好协商。物业服务的定价，最好是在广泛征求消费者意见的基础上，由物业服务企业和业主委员会通过友好协商来确定。在双方都对商定的价格感到满意的情况下，再报送有关主管部门审批，并在获得批准后及时向消费者公布。

(4)相对稳定。物业管理服务的定价，涉及物业服务企业和消费者的切身利益，直接影响到物业服务能否正常顺利进行。因此，一旦计费项目和标准确定以后，就应该在一定时期内保持稳定。

3. 物业服务的一般价格构成

物业服务的费用是形成物业服务的价格基础，主要由以下方面构成：

(1)劳务费。劳务费是指物业服务企业所聘用的管理、服务人员按月发放的工资和按规定提取的福利费，包括工资、津贴、福利基金、保险金以及其他补贴等。

(2)公共设施维修及保养费。公共设施维修及保养费包括外墙、楼梯、电梯、步行广场、消费系统、安保系统、通信系统、公共照明、给排水系统及其他机电设备装置和设施的维修保养费。

(3)绿化及绿化管理费。绿化管理费是公共区域植花种草及其养护费用与为开展此类工作所购买的工具器材等费用。

(4)保洁费。保洁费包括清洁用具、垃圾处理、水池清洁、消毒灭虫等费用，有时还有单项对外承包的费用。

(5)安全维护费。安全维护费包括保安人员的工资、津贴、福利等支出，安保系统设备的日常维护费、耗用电费及保卫用器具的费用。

(6)行政管理费。行政管理费是指物业服务企业管理部门的管理人员和业务人员的工资、办公用品、邮电、书报、会议、水电、取暖、交通差旅等费用和各类人员的岗位培训、业务技能培训的费用，还有与业务培训相联系的观摩学习等费用。

(7)物业服务企业的固定资产折旧费。

(8)法定税费。

(9)保险及其他费用。

4. 物业服务的定价方法

业主与物业服务企业可以采取包干制或者酬金制等形式约定物业服务费用。包干制是指由业主向物业服务企业支付固定的物业服务费用；酬金制是指在预收的物业服务资金中按约定数额提取酬金支付给物业服务企业，其余全部用于物业服务合同约定的支出，结余或不足均由业主享有或者承担的物业服务计费方式。

三、物业服务市场的供求机制

(一)物业服务市场的供求规律

在物业管理服务市场中，价格机制和供求机制是相互制约、相互影响的，并且存在着以下规律：

1. 供求变动引起价格变化

如果物业服务的供给增加或需求减少，引起市场上供大于求时，其价格就会下降；如果物业管理服务的供给减少或需求增大，致使市场上供不应求时，其价格就会上涨。

2. 价格变化影响供求变动

如果物业服务的价格上涨时，其供给就会增加，而需求就会减少，引起供大于求；如果物业服务的价格下降时，供给就会减少，而需求就会增加，致使物业服务供不应求。在物业服务的供求和价格之间互动过程中，物业管理服务的价格围绕其价值上下波动，在短期内会达到一定的均衡。但从长期来看，这种均衡又是在不断变动的。在供大于求的情况下，消费者在市场上占有一定优势，物业服务市场表现为买方市场；在供不应求的情况下，物业服务企业在市场上占有一定优势，物业服务市场表现为卖方市场。物业服务市场的这两种表现形式交替出现，实际上也是买方和卖方不断交换市场主动权的过程。

（二）物业管理服务市场的供求特点

1. 物业服务市场需求特点

（1）多样性。物业服务需求的多样性主要表现为需求种类和需求目的的多样性，其中，需求种类多样性是显而易见的。消费者对物业服务的需求可以分解为多项，或者说，物业服务本身是可以分别提供的，消费者不但需要公共性的物业服务，而且还需要专项的物业服务。就专项物业服务而言，消费者还可以只对某一种或几种服务有需求。

一般来说，人们对普通商品的质量要求和需要目的主要是指对商品的耐用性和商品功能的满足。而对物业服务来说，消费需求的目的就比较多样了，其中，普通物业服务市场的需求目的包括居住环境的优美、安全和宁静，日常生活的方便、快捷和有情调，以及住宅的安全性等等。对于经营性物业服务市场来说，其需求不但有工作环境的清洁、豪华、舒适，工作条件不断改善，而且还要有利于工作效率的提高以及企业的发展。

（2）长期性。物业服务不是一项一天两天就能完成的工作，其好坏在短时间内也不容易看出。物业服务市场需求具有长期性的一个原因是，人们不可能离开物业服务，特别是公共性、技术性较强的服务项目。随着社会生产力的发展，房屋建设的综合化和复杂化，以及人们生活水平的不断提高，人们更需要别人提供自己难以完成或没有精力完成的服务工作，在这个条件下，物业服务市场的需求就必然是长期性的和不间断的。

（3）集体性。社会对物业服务的需求在某个物业服务市场上，主要体现为业主委员会的需求，单个业主和使用人的需求都是通过业主委员会来实现的。业主委员会是由全体业主选举产生和组成的，是全体业主的代表，业主委员会的意愿是大多数业主的意愿，业主的意愿又是通过业主委员会选聘的物业服务企业来实现的。所以说，物业服务的需求体是一个集体，物业服务市场需求具有集体性。

（4）依赖性。物业服务的提供是通过合同的形式固定下来的，在合同期限内，需方在一个较长的时间内依赖供方所提供的服务。一般情况下，需方在这一时期内能不能享受到自己理想的物业服务，关键在于供方。从另一个角度来讲，业主或使用人离开了物业服务，物业设备就会失去维护和修理，给业主和非业主使用人带来不便和安全隐患。所以，业主和非业主使用人对物业管理服务具有一定的依赖性。

（5）情感性。物业服务市场需求虽然不是建立在情感基础之上，但是因为物业服务是和业主及非业主使用人的生活和工作密切相关，物业服务企业也是和业主及非业主使用人工作在一个相对封闭的环境内。所以，业主和非业主使用人对物业管理服务的消费也就带有一定的感情色彩。也就是说，在物业服务水平基本相同的条件下，业主和非业主使用人与物业服务企业的感情越贴近，对该企业的物业服务的偏好就越强。

2. 物业服务市场供给的特点

（1）多样性。由于消费者对物业服务的需求是多种多样的，客观上要求物业服务企业提供相应的服务，这就决定了物业服务市场供给也必然具有多样性的特点。

（2）独立性。物业服务企业的市场行为是相互独立的，虽然进入物业服务市场的企业众多，而且业主要求提供的物业服务也是多种多样，但是由于不同的物业服务企业具有不同的服务区域对象，物业服务企业在提供物业管理服务时具有一定的独立性。

(3)长期性。物业服务的需求是长期性的，而且业主和非业主使用人对物业服务具有依赖性，因此物业服务的提供也必然是长期性的。只有这样，业主及非业主使用人的消费需求才能在较长的时间内得到满足。

(4)灵活性。业主及非业主使用人对物业服务的需求虽然是长期的并且具有依赖性，但这不等于说他们在物业服务市场中是被动的。恰恰相反，业主和非业主使用人对物业服务的需求在细节方面具有很强的灵活性。例如，有人喜欢保安人员的服务，而有人认为有安全系统的保障就足够。因此，物业服务企业在提供物业服务的时候必须要注意到这些细节上的问题，使自身的经营具有灵活性，从而满足业主和消费者不同的需求。

(三)市场供求的影响因素

1. 影响物业管理服务供给量的因素

(1)服务价格。物业服务的价格是供给量的一个主要影响因素。物业服务价格上升，经营者有利可图，供给量会增加；价格下降，对经营者不利，供给量就会减少。

(2)投入成本。为了从事物业服务，物业服务企业必须投入相应的劳动力以及设备。当这些投入中的一种或几种价格上升时，将会导致经营成本上升，对物业服务经营者不利，从而使物业服务的供给量减少；反之，当投入成本降低时，经营者能够获得更大的利润，供给量会增加。

(3)人员素质。物业服务企业把各种投入转化成物业服务的主要决定因素是从业人员的素质。如果从业人员能够熟练掌握物业服务技能，完成物业服务的必要劳动时间减少，从而减少企业的成本，供给量就会增加；相反，如果从业人员的业务素质较差，完成物业服务的必要劳动时间很长，使经营的成本提高，供给量就会减少。

(4)替代服务。对物业服务来说，能够替代的相关服务较多，能够给消费者带来相同效用。如果相关服务价格低廉，消费者会以较低的价格买入效用相同的服务，而不会购买物业管理服务，从而使物业服务的供给量减少；如果相关服务价格昂贵，消费者就会更愿意购买物业服务，使其供给量增加。

(5)政策因素。政策会影响投入到各个产业部门的劳动量的变动。国家对其支持发展的产业投资多、贷款利率低，或对某一产品实行税收优惠，就会扩大生产，增加供给；相反，如国家严格限制某一产品的发展，就会抑制生产，减少供给。

2. 影响物业管理服务需求的因素

(1)服务价格。如果物业服务的价格很高，消费者就会减少购买这种服务，需求量就会减少；当价格下降时，消费者会多购买一些物业服务，需求量会增加。

(2)消费者收入。货币价值一定，消费者的购买能力随着收入增加而提高。如果消费者收入增加，即使物业服务价格不变或略有上升，消费者还是会购买这种服务，需求量会增加；如果消费者收入减少，就会相应减少物业服务的消费，需求量会减少。

(3)相关服务价格。如果相关服务价格低廉，消费者就会购买相关服务，减少购买物业服务，需求量就会减少；如果相关服务的价格相对较高，消费者就会购买物业服务，需求量就会增加。

(4)消费偏好。消费偏好是指人们喜欢或习惯于消费某种商品的心理行为。例如，有人喜欢雇人打扫房间，而有人习惯于自己打扫。这一点对物业服务的需求量有较大的影响，但是人们的生活习惯和消费偏好是可以引导和改变的。所以，物业服务也可以通过引导和改变消费偏好来扩大经营范围。

（5）房地产规模。房地产发展规模扩大，向社会提供的物业绝对量增加，客观上增加了物业服务的需求量；反之亦然。

四、物业服务市场的竞争

（一）物业服务市场竞争的必然性

市场经济是竞争经济，物业服务市场也不例外。在物业服务市场中，市场主体之间，尤其是在物业服务经营者之间，存在着持久的激烈竞争，通过市场竞争机制的作用，达到优胜劣汰的目的。

物业服务市场因为有了竞争机制，使得物业服务从业者必须重视业主和非业主使用人的信息反馈并迅速作出反应，必须不断尝试新的服务组合，扩大物业服务的领域，从而提高服务质量，更好地为业主和非业主使用人服务。

（二）物业服务市场竞争的形式

首先，从竞争是否围绕价格变动这一角度来考虑，物业服务市场上的竞争可以分为价格竞争和非价格竞争两种。

（1）价格竞争。价格竞争的实质是物业服务企提高劳动生产率的竞争。劳动生产率提高，成本降低，物业服务企业可以通过降低服务价格来吸引更多的消费者，扩大物业服务的消费量，从而参与物业服务市场的竞争。

（2）非价格竞争。非价格竞争就是指价格不变动，而是通过其他途径和采用其他方法来争取更多的消费者，从而扩大对物业服务的消费量的竞争，如提高服务质量、加大宣传力度、拓宽或改变销售渠道、开发新产品等，用这些方法来争取更多的消费者。

其次，从参与竞争的主体来看，主要有物业服务经营者之间的竞争、物业经营者与消费者之间的竞争。

（1）物业服务市场上最主要的竞争就是经营者之间的竞争。物业服务经营者同样是追求利润最大化的。为了吸引更多的消费者，他们必须不断降低成本，提高服务质量，拓宽服务领域，从而提高物业服务的效用。通过这些具体的竞争方式，物业服务的经营者才能在激烈的市场竞争中站稳脚跟。

（2）经营者与消费者之间的竞争。与其他行业相同，物业服务经营者与买方，即业主或消费者之间也存在着争夺物业服务市场主动权的竞争，双方的讨价还价能力将直接决定市场主动权的归属，消费者想以较低的价格购买高质量的服务，经营者则想把低成本的服务以较高的价格卖出，这一矛盾构成了物业服务市场上的重要竞争形式。

（三）物业服务的风险

在市场经济中，情况瞬息万变，物业服务经营者必须承担由此带来的经济风险，从产生经济风险的原因来看，主要有以下三种：

1. 经营风险

经营风险是指由物业服务企业自身管理不善或决策失误造成经济损失的经济风险。

2. 自然风险

自然风险是指由自然因素，如火灾、水灾、地震等，给物业服务企业带来经济损失的风险。

3. 社会风险

社会风险是指由个人或集团的行为，如事故、盗窃、战争等，给物业服务企业带来经济损失的风险。

第三节　物业服务市场的监督和管理

一、物业服务市场管理的意义和内容

1. 物业管理服务市场管理的意义

现阶段，我国正处于经济转轨的特殊时期，市场经济体制不够完善，还存在很多漏洞。而物业服务市场作为一个新兴的领域，其发展程度也远未达到成熟。在这种情况下，如果放松对物业服务市场的管理，很可能会导致市场职能失效，从而引起市场秩序的混乱，甚至可能给一些不法分子带来可乘之机，给国家和人民造成巨大的经济损失。为了避免这类情况发生，现阶段，对物业服务市场的管理必须常抓不懈，只有这样，才能推动物业管理服务市场健康有序地发展。

2. 物业服务市场管理的内容

对物业服务市场的管理，主要是对市场主体、市场客体和交易活动进行管理。

(1)对物业服务市场交易主体的管理，主要是对物业服务企业的资质进行审核和评定，确保物业服务企业从事经营活动的合法性，以及对业主委员会进行指导。

(2)对物业服务市场交易客体的管理，主要是指对物业服务质量进行审核和评定，确保各项物业服务的质量都达到消费者所要求的水平。

(3)对物业服务市场交易活动的管理，主要是为了确保物业服务企业合法经营、公平竞争、与业主进行公平交易，严厉打击不正当的竞争行为和交易活动。

二、物业服务市场管理的原则

1. 法制原则

市场经济是法制经济，法律制度是市场经济健康运行的保证。物业服务市场是市场经济的重要组成部分，建立并完善有关物业服务的法律法规，才能保证物业服务市场的健康有序。因此，加快物业服务市场的法制化进程，为物业服务市场的管理提供相关的法律依据，组建统一、权威的执行机构，坚实"有法可依、有法必依、违法必究"的原则，对于物业服务市场的持续发展十分必要。

2. 统一原则

物业服务市场的管理是政府有关部门对物业服务市场的统一管理，其依据是国家统一的法律法规。各个地方如果要制定适合本地的规章制度，也必须以国家统一的法律法规为依据。此外，统一原则的另一层含义是，执行物业服务市场管理的机构必须是符合国家标准的统一机构，而不是说谁都可以管。否则，不但会造成资源浪费和精力浪费，还会引起管理的无效率。

3. 公平原则

公平原则主要是指在对物业服务市场进行管理的过程中，要保证一视同仁地对待物业服务企业，不能厚此薄彼，以及保证市场交易主体，即物业服务企业和业主或非业主使用人，在交易过程中是公平的。

4. 强制原则

有关部门对物业服务市场的管理具有一定的强制性，管理对象对物业服务的有关法律法规必须无条件执行，任何违反法律制度的行为，都将受到惩罚。

三、物业服务市场管理的途径

在我国，物业服务市场的发展尚处于起步阶段，对物业服务市场的管理和监督，可以从以下五个方面入手：

1. 政府管理

政府通过制定物业服务的法规政策给物业服务市场正常运行创造一个有法可依的市场环境，并通过对物业服务企业资质的审核以及制定物业服务标准，不但可以使物业服务企业在提供服务时有章可循，而且可以控制物业服务质量，增加业主和非业主使用人的满意度。政府除了是规则的制定者，在某种意义上，也是市场运作的"参与者"，但并不是直接参与，而是通过指导物业服务企业和业主委员会的工作，解决物业服务市场上存在的问题。

2. 行业协会管理

行业协会是物业服务企业依法自愿组成的行业性社团组织。在遵守国家法律法规的前提下，在政府有关部门的指导下，行业协会可以制定物业服务的行业标准和管理准则，加强物业管理服务行业的自律性，促进物业服务整个行业的发展。因此，行业协会应该是政府对物业服务市场进行管理的得力助手，是政府有关部门和物业服务企业进行沟通的有效渠道。

3. 自我管理

物业服务企业为了其自身的发展，除了必须要遵守政府制定的法律法规和行业制定的准则之外，还要不断地完善企业内部的制度，让企业充满活力。如果物业服务企业只是被动地接受行业协会所提供的信息，就不能确保其市场地位。所以，作为物业服务企业，必须广泛开展行业调研并收集客户信息，完善自己的企业制度，加强员工培训以提高他们的素质和服务质量。因此，物业服务企业自我管理，无论对企业自身还是对业主和非业主使用人，都是十分必要的。

4. 业主委员会监督

业主委员会是物业服务对象的代表，为了促进物业服务行业的发展，满足业主和非业主使用人的需求，业主委员会有必要对物业服务市场提出建议并进行监督。在这里，业主委员会除了对物业服务企业的操作程序和服务质量进行监督外，还应该把业主和非业主使用人的建议和需求及时反馈给物业服务企业，使物业服务企业能够根据市场需求和环境的变化及时作出调整，从而制定正确的决策，在满足自身发展需要的同时，可以提供更加优质的服务。

5. 社会舆论监督

社会舆论在我们的工作和生活中从来都是不能忽视的，其力量之强大足以影响物业服务市场的兴衰。因此，媒体单位应该大力宣传物业服务的相关法规政策和行业准则，对促进物业服务市场健康运行的因素给予肯定，对市场运行过程中存在的消极因素和问题，也应该客观地加以反映，为物业服务市场的发展创造有利的舆论环境。

四、物业服务市场的行政管理

物业服务市场的行政管理是国家行政机关依据有关的法律、法规，对物业服务市场实施行政管理，其目的是国家通过法律手段、经济手段、行政手段及信息发布与劝导等手段，规范物业管理服务活动，建立物业服务市场的正常秩序。

（一）房地产行政管理部门对物业服务市场的监督管理

政府各级房地产管理部门负责物业服务企业的资质审查和行业管理，通过行政管理法规、规章的制定，规范物业服务活动和物业服务产品的市场交易行为，而不是直接参与物业服务产品的具体经营和管理。主要工作包括：对业主委员会实行资格认定；对物业服务企业进行行业管理、业务指导和监督检查；对物业服务市场进行行政管理；对物业管理服务专业人员进行执业资格认定和业务工作指导；对专业培训工作进行行政管理。房地产行政部门对物业服务市场所实行的行政管理行为是宏观调控、市场引导、执法管理，并不干涉业主委员会、物业服务企业的决策和经营管理活动。具体包括：

1. 审批物业服务企业的经营资质

国家对从事物业服务产品提供的企业实行资质管理制度。房地产行政主管部门为了加强对物业服务企业的管理，规范物业服务企业的行为，对物业服务企业的资质实行分级审批和动态管理制度。

2. 对物业服务招投标活动实施监督管理

房地产行政主管部门应当建立评标的专家库。省、自治区、直辖市人民政府房地产行政主管部门可以将专家数据少的城市的专业名册予以合并或者实行专家名册计算机联网；对进入专家名册的专家进行有关法律和业务培训，对其评标能力、廉洁公正等进行综合考评，及时取消不称职或违法违规的评标专家资格。

3. 对日常物业服务产品提供过程进行监督管理

国务院建设行政主管部门负责全国物业服务市场的监督管理工作，县级以上地方人民政府房地产行政主管部门负责本行政区域内物业服务市场的监督管理工作，对买售物业服务产品的交易和提供过程中违反法律法规规定的各种行为进行行政处罚或行政处分。

物业所在地的区、县人民政府房地产行政主管部门或街道办事处、乡镇人民政府有指导同一个物业管理区域内的业主成立业主大会，并选举业主委员会的职责。业主委员会应当自选举产生之日起 30 日内，向物业所在地的区、县人民政府房地产行政主管部门和街道办事处、乡镇人民政府备案。业主大会、业主委员会作出的决定违反法律、法规的，物业所在地的区、县人民政府房地产行政主管部门或者街道办事处、乡镇人民政府，应当责令限期改正或撤销其决定，并通告全体业主。

4. 组织物业服务企业参加考评和评比

各省、自治区、直辖市人民政府房地产行政主管部门负责组织辖区内的物业服务企业参加考评和评比，并通过实地考查、听取汇报、查阅资料、综合评比等方法，对申报达标的物业管理区域进行考评。通过考评和评比，促进物业服务水平的提高。

（二）行业协会对物业服务市场的自律管理

物业服务行业协会是由从事物业服务的实际工作者、理论研究的专家和物业服务交易的直接参与者组成的主要以法人单位为会员的行业自律组织。物业服务行业协会对物业服务市场的管理可以通过以下几个方面介入。

1. 强化职业道德规范，保护业主利益

为保护广大业主的利益，物业服务行业协会应制定严格的职业道德规范，并强调协会会员必须严格遵守。物业服务是一项服务性很强的工作，应要求物业服务的从业人员必须有较高的职业道德修养，其中包括树立良好的企业形象、员工形象、服务形象，也包括建立一整套企业行业规范，实施文明服务。

2. 依据国家法律法规，按照社团法人的职责，为企业服务，为会员单位服务

为会员单位提供咨询服务；维护市场秩序，维护企业合法权益，协调会员关系；为会员单位的管理和发展提供咨询服务，开展人才培训和技术推广，通过行业组织传递信息，开展国内、国际交流与合作；指导企业建立走向市场的管理体制，促进企业提高市场竞争能力，帮助企业在市场竞争中获益；代表和维护会员单位的合法权益，向政府反映会员单位的合理要求。

监督已登记注册会员的经营、管理、服务情况。物业服务行业协会的监督内容比较广泛，凡是与物业服务有关的业务活动情况均列在其监督之列，包括财务状况、服务质量、服务态度等的各项内容的监督。

3. 物业管理服务知识的普及、经验的介绍、相关法律的宣传

在政府行政主管部门的领导下，宣传物业管理法律、法规、政策、条例，教育会员依法提供物业服务；严格行业道德规范、自律准则和服务标准，教育会员自觉约束自己的行为；组织开展多种形式的物业服务人才培训工作，推动会员之间加强交流；鼓励物业服务企业创建物业规范服务的典型，做好文明服务典型的推荐。

4. 充当政府贯彻落实政策法规，规范企业行为和市场行为的助手

协助政府进行物业服务行业调查统计、收集和分析物业服务行业信息，向政府反映行业发展的情况及趋势，为政府制定行业改革方案、发展规划、产业政策、政策法规等提供预案和建议。接受政府委托，组织专家学者参与政府决策的前期调研，为政府决策提供建议和意见。同时，也向政府反映物业服务行业的情况、存在问题及发展趋势。

协助政府行政主管部门制定和实施物业服务行业发展规划，贯彻落实国家的有关法规政策，推进行业精神文明建设，推动物业服务行业健康发展，提高物业服务行业整体素质和社会、经济、环境效益。

接受政府的委托，开展对物业服务企业的资质管理，实施物业管理优秀示范小区、大厦的达标考评、服务人员持证上岗培训等工作；协助政府进行物业服务质量和收费的监督管理工作；协助政府组织、指导物业服务科研成果的转化和新技术、新产品推广应用工作，促进行业技术进步。

由于服务产品的无形性、生产与消费的同步性，在服务业中，行业协会的自律管理显得尤其重要，特别对一些质量问题、纠纷处理、违反职业道德等方面的认定和处理，行业协会都能发挥着重要作用。服务业中的旅游行业、律师行业、会计师行业等，都成立了影响力颇大的行业协会。

（三）其他行政管理部门行为

1. 工商行政主管部门对物业服务企业的监督与指导

物业服务企业在开业之前，必须向工商行政主管部门申请注册登记，经过工商行政主管部门审核批准后，依法获得企业法人营业执照，然后方可正式开业。

工商行政主管部门每年度对物业服务企业依法进行年检、年审，对违法经营者有权依法进行批评、教育、处罚，直到吊销营业执照，对合法经营者给予保护和支持。

2. 税务行政主管部门对物业服务企业的监督指导

物业服务企业要依法将应交税金按时交到税务行政主管部门。税务主管部门有权依法对物业管理服务企业进行定期与不定期的税务检查指导，有权处罚违反税务规定的行为。

3. 物价行政主管部门对物业服务企业的监督指导

物业服务企业要按照物价部门的定价形式确定物业服务收费，实行政府指导价的，物业服务企业要按照当地物价部门制定的基准价及其浮动范围在物业服务合同中约定具体收费标准。物业服务企业应当按照政府价格主管部门的规定实行明码标价，在物业管理区域内的显著位置，将服务内容、服务标准、收费项目、收费标准等有关情况进行公示。物业服务企业要接受物价部门对其违反价格法律法规的处罚。

4. 安全管理部门对物业服务企业的监督和指导

治安管理和消防管理是物业管理服务的主要工作之一，物业服务企业应认真贯彻"预防为主，人防、物防、技防三者互相结合"的原则，自觉接受当地公安机关或派出所及消防部门的监督和指导。此外，环卫部门和园林部门对物业服务企业也有相关的业务监督指导职责。

第四节　物业服务招标投标

招标、投标(invitation to tender and tender)是现代经济活动中常用的竞争性交易方式。招标是招标单位在兴建工程、合作经营某项业务或进行大宗商品交易时，将自己的要求和条件公开告示，让符合要求和条件者参与竞争，从中选择最佳对象为中标者，双方签订合约。投标是对招标的回应，是竞争做承包者的行为。它是指投标者按照招标公告的要求提出的投标申请的行为。物业服务的招标投标，是物业的所有权人在物业服务市场用竞争性方式选择产品的供应商。

一、物业服务招标的基本概念

物业服务招标投标实质上是围绕物业服务权的一种交易方式。

（一）物业服务招标投标

1. 物业服务招标

所谓物业服务的招标是指物业所有权人（业主委员会或开发建设单位）在为物业选择物业服务者时，通过制订招标文件，向社会公布招标信息，由物业服务企业竞投，从中选择最佳者。

2. 物业服务投标

所谓物业投标是指符合招标要求的物业服务企业，根据招标要求，提出投标申请，参与投标活动的过程。

物业服务实行招标投标，是业主选择服务者的过程。业主和物业服务企业通过市场双向选择，挑选服务者并签订服务合同，明确双方的权利、责任和义务，从技术、经济和法律上规范委受双方的行为，协调和保障双方的利益。

（二）物业管理招投标的类型及形式

1. 物业服务招标类型

物业服务招标按管理内容可分为：

（1）单纯物业服务招标。对住宅小区或商厦、写字楼物业服务进行招标。也就是仅围绕着物业服务进行的招标，而不涉及其他内容。

（2）物业服务与经营综合招标。一些商住楼、商业场所进行物业服务招标，不仅仅是物业服务，还要承担相关经营场所的租赁或经营等责任，这便是物业服务与经营综合招标。

（3）专项服务工作招标。业主或物业服务企业，从管理的角度，或因成本控制，或因自身的能力限制，把物业服务中的某一项服务项目（如设备维修保养、自动化管理、园林绿化、保洁、保安等）拿出来进行单独招标或分包的行为。

2. 物业服务招标方式

1）公开招标——无限竞争性招标

所谓公开招标就是由招标单位通过报刊、广播、电视、新闻发布会发布招标公告、载明拟招标物业项目的内容、性质、现状、服务要求和质量要求、招标条件及开标日期、获取招标文件的办法、招标人的名称和地址等，由物业服务企业进行竞争的方式。在国外称为无限竞争性招标。这种招标可以为一切有能力的物业服务企业提供公平竞争的机会，业主也有较大的选择余地，有利于降低成本，提高物业服务水平。但是招标单位审查投标者资格及其标书的工作量比较大，招标费用支出较大。

2）邀请招标——有限竞争性招标

所谓邀请招标就是由招标单位根据了解和掌握的情况、信息，有选择地向若干物业服务企业发出招标信息，并邀请其参加投标的方式。邀请招标属于有限竞争性招标，其特点是竞标单位少，资格预审和评标工作量小，如果对竞标对象选择得当，则起到花费少、效率高的作用，同时提高了投标单位的中标率，对招标投标双方都十分有利。但这种招标方式限制了竞争范围，把许多可能的竞争者排除在外，不符合自由竞争、机会均等的原则。

根据我国法律的规定，招标人采取邀请招标方式的，应当向三个以上具备承担招标项目能力，资信良好的特定法人发出投标邀请书，所需载明的事项与公开招标的招标公告要求相同。

二、物业服务招标投标应遵循的原则及意义

（一）物业服务招标投标应遵循的原则

物业服务招标必须贯彻"公平、公开、公正和诚实信用"的原则。因为物业服务招标的目的是在一场竞争性投标中，找到自己理想的物业服务企业。建设单位或业主拟通过物业服务企业投标，要想从比较、竞争中获益，就必须公平、公正、合理地组织投标和对待每个投标者。

1. 公平的原则

公平是指招标方和投标方的权利、义务关系是平等的，即双方是平等的民事法律关系的主体，要承担相应的义务，享受应有的权利。

2. 公开的原则

公开是指招标活动要公开，要在媒体上发布招标广告或公告，公开标书获取的方法，使合格的投标人能够知道招标活动，有机会参加投标。

3. 公正的原则

公正是指在公开的基础上，对符合资格的投标人一视同仁，不得以地区、行业、系统等借口限制或禁止符合条件的物业服务企业参加投标。

4. 诚实信用原则

这是民事活动的基本准则。无论是投标方和招标方，都必须遵循诚实信用原则，特别是投标方，必须要具有相应的资质、业绩等，有符合招标文件要求的能力，不得以欺骗或虚假的手段投标。

（二）物业服务招标投标的意义

物业服务招标投标的开展与普及，对推动物业服务行业良性竞争，培育和发展物业服务市场有着极其重要的意义。

1. 推动物业服务市场化

物业服务在商品社会中，本质上也是一种服务商品，物业服务活动也是一种商品经济活动。物业服务权的取得也应遵循市场规律，符合商品经济的基本原则，要将服务权的行政命令终身制改变为市场选择的聘用制。通过物业服务的招标投标，可以反映出物业服务企业的服务水平、服务质量，以及这些管理服务的价值和价格在市场上被接受的程度，保证公平竞争和等价交换的市场原则在物业服务行业中的实现。

2. 推动物业服务行业整体水平的提高

目前我国物业服务整体水平不高，许多城市物业服务企业的数量多，受委托服务的规模小，服务成本高，这对于物业服务整体水平的提高极为不利。因此，只有通过对物业服务的招标投标，鼓励竞争，优胜劣汰，把市场机会留给服务水平高、有实力的物业服务企业，才能促进物业服务向专业化、集约化、规模化方向发展，降低服务成本，从而使业主和非业主使用人受益。

3. 明确了双方责任，减少了经济纠纷

由于物业服务招标单位在招标文件中，对所要提供服务的房屋、设施、设备、场地、环境等内容做了详细的具体的规定，并对服务质量、服务水平、服务收费也提出了相应要求，物业服务企业根据招标文件中的条件、要求以及自身企业的实力、水平来制定标书。应该说企业最终的投标书是企业经过反复研究、深思熟虑的产物。招标投标后签订的合同，明确了双方的权利和义务，以及履约保证和违约赔偿的办法，因而有利于物业服务工作的开展，避免了一些矛盾的产生。即使在服务过程中出现问题，也可以依据合同规定和标书中的承诺办理，从而减少了经济纠纷。

4. 促进物业服务企业提高竞争能力

招标投标就是竞争，物业服务企业要想在竞争中立于不败之地，就必须扬长避短，提高自身素质，强化服务意识。随着物业服务市场化的发展，物业服务企业必须不断地"创新"、重视内部管理、重视成本控制、重视企业自身素质提高、积极提升企业的综合竞争能力，才有可能立于不败之地。一些企业已意识到了竞争对企业的压力，已开始注重本企业形象设计，树立自己的品牌意识。同时业主的品牌意识也加强了，他们在选择物业服务企业时，把一些服务质量高、信誉好的物业服务企业放在首选地位。因此，物业服务企业要树好品牌，才能在市场中占有一席之地，否则将被淘汰。

根据财政部门的规定，凡经费由各级政府财政部门拨款的政府办事机构和事业单位的物业服务项目，必须采取公开招标投标的方式选聘物业服务企业。

三、物业服务招标投标的条件

（一）招标项目应具备的条件

(1)符合城市规划要求，完成或基本完成项目的主体和配套设施建设。

(2)具备招标主体资格和招标条件。

(3)投资单位或业主能够提供服务的条件和设施。

(4)招标所需的其他条件已经具备。

(二)投标单位应具备的条件

凡是参加投标的企业必须要符合一定的条件，才可以参与招投标。

(1)具有独立的法人资格。

(2)具有一定的技术、管理人员，并取得相应的经营资质。

(3)具备招标规模所要求的条件。

(4)企业近期经营情况良好，所服务的物业规范、健康。

四、物业服务招标程序

(一)准备阶段

物业服务招标投标的前期准备非常重要。准备越仔细、越充分，考虑得越周到，随后的招标、开标工作就会越顺利。

(1)成立招标组织。招标人有能力组织和实施招标活动的，可以自行组织办理招标事宜，也可以委托招标代理机构办理招标事宜。

(2)招标项目备案。依法必须进行物业服务招标的物业项目，招标人应当在发布招标公告或发出投标邀请书5日前，提交有关材料到物业项目所在地的县级以上地方人民政府房地产行政主管部门备案。

(3)确定拟招投标物业服务项目目标、内容、标的及相关事项。

(4)确定招标的指导思想、原则及方式、方法。

(5)编制招标文件，包括：①招标书；②招标公告或投标邀请书；③投标企业申报及审查表；④投标须知；⑤招标章程或招标规则、程序；⑥招标项目说明书；⑦委托服务合同文本。

招标文件可由业主委员会或开发建设单位成立的领导小组编写，也可委托咨询机构或专家编写。招标文件必须明确项目的总体情况(包括占地面积、建筑面积、房屋类型功能与数量、公用设备、设施、场地的组成等)，委托物业服务的内容和要求(包括基本服务，特殊要求的服务，专项服务等)，其他说明(包括物业服务委托期限，物业移交日期，物业服务收费标准，招标要求，投标、开标时间，物业服务考核标准及奖惩措施等)。

招标准备工作主要是成立招标领导小组和拟制招标文书。招标领导小组的成员需注意广泛性、代表性、权威性；招标文书应注意系统全面、可操作、无歧义、客观真实、形式规范。

(二)招标阶段

1. 发出招标公告或招标邀请书

通过国家或者地方指定的报刊、信息网络或者其他媒介向社会发布招标公告。公告或投标邀请书的内容包括：拟招标的物业名称，投标单位的条件，报名投标的截止日期，报送投标书的截止日期，联系地址、电话等。

2. 资格预审，确定投标申请人

招标人可以根据招标物业项目的需要和招标文件的要求，对投标申请人进行资格预审。资格预审文件一般应当包括资格预审申请书格式、申请人须知，以及需要投标申请人提供的企业资质文件、技术装备、财务状况和拟派出的项目经理和主要管理人员的简历、业绩等证明材料。从中选择不少于三家资格预审合格的投标申请人投标，并发出预审合格通知书，告知获取招标文件的时间、地点和方法，并同时向资格不合格的投标申请人告知资格预审结果。

3. 招标人向投标人提供招标文件，接受咨询

为了使投标人更加清楚招标意图，通常由招标人在投标人购买招标文件后统一安排一次投标人会(或称标前会议)，召开会议的目的是解答投标人提出的各类问题。一般标前会议安排在现场，或者先到现场勘察，再集中到某地解答投标人疑问。

召开标前会议的日期，通常在投标须知中注明，若日期有改变，招标人必须通知所有已购买招标文件的投标人。

(三)投标阶段

1. 凡获得投标资格的物业服务企业可撰写投标书参加投标

物业服务企业取得招标文件后，对其中的有关图纸、设计说明及服务内容和要求要深入理解，弄清楚开标时间、定标时间、投标保证书、履约保证书等规定。并要对现场进行深入的实地考察，对于一些疑问，应以书面形式或在标前会议时提出并要求解答，完成上述工作之后，投标人进入编制投标文件阶段。

通常情况下，投标人首先要依据招标物业的情况和招标文件中服务的内容、要求、范围、标准，分析完成物业服务工作任务时的工作量(包括日常公共服务、专项特约服务等工作)，设计其组织机构和操作模式、人员及物资配备，启动及运转资金安排，等等。再通过对竞争对手在物业服务水平、成本优劣等方面与本企业进行综合比较、扬长避短，最后确定竞标方针和单价，按照招标文件的要求编制标书，备齐投标须知中要提供的各类文件、副本(复印件)。

2. 投标书的报送

参加投标的物业服务企业应在规定报送投标书截止日期前，将投标书密封后送达招标人所设的招标机构签收。

凡采取招标投标公证的，应由公证员在最后规定时间内，做统计公证，确认参加投标人的有效性。

(四)开标阶段

物业服务项目招标的开标分为开标阶段、评议标书阶段两个过程。

1. 开标

(1)按照招标书中规定的截标时间，在公证机关、投标管理部门工作人员以及投标人代表共同参与、监督下，公开拆封，宣读投标人名称、投标价格和投标文件的其他主要内容，并把标书分发评委评阅。

提交投标文件的投标人少于三个的，招标人应当依法重新招标。

(2)经过评委认真仔细、独立完成标书审查和评阅之后，采用无记名方法，给标书评分。评标委员会通常应由招标人代表及物业管理技术、管理方面的专家组成，成员为五人以上的单数，其中招标人代表以外的物业管理技术、管理方面的专家不得少于成员总数的三分之二。

2. 现场答辩

如果招标文件规定投标方需作现场答辩的，应组织现场答辩、评标委员也可以深入了解投标书中的一些重点问题。如招标文件中虽没有规定有现场答辩环节，但评标委员如对投标文件中的某些问题或提供的材料有疑问题时，经评标委员合议，也可通知投标者到现场答辩解释。

如招标文件没有明确规定需要现场答辩的，则不安排答辩。

3. 标书评议

经评标委员会成员认真仔细、独立完成标书审查后，进入评标程序(以政府采购项目招标为例)：①审查投标人资格和投标书是否合格。对没有进行投标人资格预审的评标，评标委员要审查投标人是否符合招标文件中规定的资格要求，如物业服务企业资质、分公司投标的是否具有法人资格的总公司授权等。对投标书报价超过招标文件中规定的最高限价或低于该限价60%者；未符合招标文件中带星号的条款和指标，或不符合招标文件的其他要求，有重大偏离者；评标委员会审查，投标文件中有虚假材料者；弄虚作假，对招标评标相关人员施加影响，有碍招标公平、公正者；按投标书中列出的员工最低工资低于当地最低工资投标者；按有关法律、法规、规章规定属于无效投标者。以上凡有一项指标审查不通过，则投标人就失去该项目的投标资格。②评标委员采用无记名的方法，独自对投标书的商务部分和服务部分的各项指标进行评分。③投标者中报价最低者的价格分为满分，其他投标人的人价格分按其报价与最低报价的比例关系推算出来。设标底价的则按各投标人报价与标底价的比例关系推算。

4. 评标项目及评分标准

评标项目和评分标准，一般在招标文件中已经确定，商务部分、服务部分各包括多少项指标，每项指标所占分数以及每项指标的评分标准的细则等，对于其中一些指标，如注册资金、营业收入、资产负债率等，往往都采用"比较而优"的标准，而对于履行同类型物业服务项目合同数，其他物业服务合同数、获得国家有关部门或行业协会颁发的奖项等，则往往按数量、等级来评分。总之，对各项指标的评分标准，要尽量做到量化标准，这样，评标委员也容易操作，尽量做到客观、公正，而投标人根据自己的情况，对评标得分也可以算出一个底数。

（五）中标

根据每个评标委员的评分结果，对每份投标书每一项指标评分去掉一个最高分，一个最低分，然后把其他的评分合计，并计算出平均分，作为该项指标的评分。各项指标得分按商务部分、服务部分分别汇总，连同价格部分得分，三个部分按权重比例进行叠加计算，便得出某一投标人的总得分。

评标委员会根据各投标人的总得分进行排序，确定得分最高者为第一中标人，次高者为第二中标人(候补)，再次者为第三中标人，评标委员在中标文件上签字予以确认。

招标机构应把中标文件在原招标媒体上进行公示，有些省、市还规定，对于资格审查未通过的投标人，招标机构必须告知其未通过的原因。

(六)履约订立合同

招标人对中标人发出通知。中标人与招标人应当自中标通知书发出之日起30日内，按照招标文件和中标人的投标文件订立书面合同。招标人和中标人不得另行订立背离合同实质性内容的其他协议。

中标人不与招标人订立合同的，投标保证金不予退还并取消中标资格，给招标人造成的损失超过投标保证金数额的，应当对超过部分予以赔偿；没有提交投标保证金的，应当对招标人的损失承担赔偿责任。

招标人无正当理由不与中标人签订合同，给中标人造成损失，招标人应当给予赔偿。

复习思考题

1. 试解释物业服务市场的含义。
2. 试解释物业服务的需求特征。
3. 试述物业服务市场的构成。
4. 试述物业服务市场机制包含哪些内容。
5. 物业服务市场的供求有哪些特点？
6. 试述我国物业服务市场管理的途径。
7. 试述物业服务招标投标的原则和意义。

第九章　物业管理资金

在物业管理活动中，为了满足业主的各方面需求，就要投入大量的活劳动和物化劳动，就需要各种类型的资金，物业管理各种类型资金使用的效率，直接关系到物业服务水平的高低和业主的满意程度，因此，物业管理活动中，资金的筹措和使用是一件很重要的工作。

第一节　物业管理资金的类型和筹措

一、物业管理中的资金类型

一般来说，物业管理过程中，会涉及以下几种资金：

1. 注册资本金

注册资本金是企业出资人实缴的出资额总和。例如，《物业服务企业资质管理办法》规定，设立资质为三级物业服务企业的注册资本为人民币 50 万元以上。注册资本金除用于启动公司运行、支付必要的开办费以外，还可用于首期物业管理的启动资金。

2. 物业接管验收费

物业的接管验收费是物业服务企业在接收、接管物业时，由开发商向物业服务企业交纳的专项验收费用，它主要用于物业服务企业参与验收新的物业和接管旧的物业时，组织水电、管道等专业技术人员和管理人员所支付的费用，包括人工费、办公费、交通费、零星杂费、资料费等。

3. 物业服务费

业主和非业主使用人入住或使用物业时，接受物业服务企业提供的服务，而向物业服务企业缴纳物业服务费。

4. 专项维修资金

专项维修资金是为保障物业的维修和正常使用而设立的基金。主要是住宅物业、住宅小区内的非住宅物业或者与单幢住宅楼结构相连的非住宅物业的业主及公有住房售房单位交存的住宅专项维修资金。专项维修资金属全体业主所有，专项用于物业保修期满后物业共有部位、共有设施设备的维修和更新改造。

5. 物业质量保证金

《中华人民共和国建筑法》第六十二条规定："建筑工程实行质量保修制度。"开发商向物业服务企业移交物业时，向物业服务企业交纳的保证物业质量的资金，用于交房后的保修期内被接管物业的保修。

6. 多种经营收入

随着时间的推移，房屋及其附属设备设施会日渐损坏，日常保养、维修的各项费用也与年俱增，完全靠开发商的扶持和从业主、非业主使用人中收取的物业服务费、专项维修资金是无法满足需要的。物业服务企业以各类物业为依托开展多种经营服务，可以增加物业管理的资金来源，也是物业服务企业实现企业利润目标的要求。

7. 信贷资金

物业服务企业启动后，在服务费用未收缴上来以前，物业服务资金十分紧张，物业服务企业往往可以通过金融机构信贷筹措流动资金，以弥补物业服务费用的早期缺口。

8. 证券市场融资

有些实力较强的物业服务企业，改制为股份有限公司，为开展多种经营在证券市场上市融资。

二、物业管理资金的来源

1. 注册资本金

从物业服务企业的所有制来看，不同所有制的物业服务企业注册资本的筹集是各不相同的。一般来说，国有企业由国家出资构成，合营企业由合营各方出资构成；中外合资和股份制公司由中外各方按比例出资和股东出资筹集构成；外资物业服务企业则由外方单独出资构成。

2. 物业接管验收费

物业接管验收费一般向开发商收取。物业服务企业要参与竣工验收，是全面考核房地产项目开发成果、检查设计和工程质量的重要环节。物业服务企业参与项目的竣工验收，对保证物业顺利完成建设交接、确保业主的利益、增强管理责任是必不可少的。

3. 物业服务费

物业服务费也称为物业管理费、物业费、物业管理综合服务费等，是指物业服务企业按照物业服务合同的约定，对房屋及配套的设施设备和相关场地进行维修、养护、管理，维护相关区域内的环境卫生和秩序，而向业主收取的费用。物业服务费的筹措渠道主要有以下几个方面：

(1)定期向业主收取。根据合同的约定，物业服务企业可以而且应该就其提供的服务收取物业服务费，该费用应由业主缴纳，是物业管理经费长期稳定的主要来源。通过双方协商，制定合理的收费标准，确保稳定的资金来源是每一个从事物业管理的物业服务企业必须面对的一个非常重要的问题。

(2)物业服务企业开展多种经营的收入和利润。在不增加业主及非业主使用人经济负担的情况下，物业服务企业可根据物业状况和自身情况，开展多种经营创造经济效益，以补充物业管理经费。物业服务企业开展多种经营有以下三种情况：

第一，利用物业共有部位、共有设施设备进行经营活动。在征得相关业主、业主大会同意后，物业服务企业可以利用物业共有部位、共有设施设备进行经营活动。这种经营活动所得收益属于业主，应主要补充专项维修资金。经业主大会同意，也可用于弥补物业服务费的不足。

第二，利用自身条件，开展各种经营活动。物业服务企业可以利用自身条件，开展多种经营活动，如组建工程队，完善住宅小区配套建设，建小区围墙、停车场，开办商店、餐饮、健身房、美容美发厅等。这些经济实体既为物业内使用人服务，也可向社会承揽业务，用多种经营取得的部分利润，弥补管理经费的不足。此时的收入和利润，从性质上讲属于物业服务企业的收入和经营利润。其收入和利润事先无法准确地测算和预计，因此，此类收入和利润并不属于物业管理经费的主要来源。

第三，政府多方面的扶持。考虑到目前我国的实际情况，广大居民的收入水平，除出台了物业服务费的指导价外，政府也会在一些方面对物业服务企业给予一定的扶持。特别是对经济适用房、安居房等，物业服务收费标准低于服务成本，各地方政府都有政策优惠。目前，政府对物业管理的扶持主要体现在制定相关政策和给予一定的资金支持，主要包括：制定住宅小区物业服务收费办法和政府指导价，加强对收费的管理；规定物业服务企业可以享受国家对第三产业的优惠政策，在开展多种经营中可适当减免部分税金等。《物业管理条例》第五十二条规定："供水、供电、供气、供热、通信、有线电视等单位，应当依法承担物业管理区域内相关管线和设施设备维修、养护的责任。"

4. 专项维修资金

专项维修资金的筹措渠道主要有以下几个方面：向业主收取、向售房者收取、向国家有关部门申请。

5. 工程质量保证金

工程质量保证金的交纳有多种方法，它可以留在开发商处，由物业服务企业在接受业主报修、组织施工后实报实销；也可以由开发商一次性交纳给物业服务企业，保修期满后结算，多退少补；或采取包干办法一步到位，盈亏由物业服务企业负担。具体运用哪种方法，物业服务企业视自己情况与开发商协商决定。

6. 信贷资金

信贷资金主要通过银行获得。

7. 证券市场融资

通过在证券交易所上市，公开发行股票，筹集多种经营服务资金。

三、物业管理资金的使用原则

1. 专款专用原则

物业管理资金种类多，每一项资金都对应着相应的用途，即都是专款。按照财务管理制度的有关规定，专项资金必须专款专用，严禁挤占、挪用、套用，以保证物业管理资金运用的严谨、有序，从根本上维护业主和非业主使用人的利益。

2. 厉行节约原则

物业管理资金的筹集是经过核算的，筹集的过程也是很艰难的，因此，物业管理资金必须节约使用，绝不能铺张浪费。为此，必须按计划使用资金，不超支、不超计划增加使用项目，必须建立科学、有效的行政、财政和审计监督机制，以及资金使用的责权利结合机制。

3. 效益原则

业主把物业资金委托给物业服务企业管理和使用，物业服务企业只有科学高效管理和使用这些资金，使其获得预期的效益，才能不辜负业主的期望和委托。同时，也只有高效管理好物业管理资金，物业管理活动才能正常开展，才能实现物业管理的良性循环。为此，应该研究物业管理资金的运行规律，严密制定各项物业管理服务计划，加强资金的核算管理，争取以最少的资金投入，达到相应的物业服务水平。

4. 民主管理原则

物业管理资金的使用和管理状况既关系到多方的利益，又关系后续资金的收缴，特别需要业主和政府各相关行政主管部门的支持和理解，所以，实行民主管理，公开物业管理资金的筹集和使用情况，主动接受各方的监督，积极认真执行业主大会和各级政府相关主管部门对重大资金使用的决议，对于规定物业管理资金的管理和使用、争取各方的支持和合作、实现物业管理资金的良性循环都具有重要意义。

第二节　物业服务费

一、物业服务费的概念和特征

1. 概念

物业服务费是为物业管理区域居住或工作的业主及非业主使用人提供物业服务，由此而产生的成本及利润总和，按公摊面积比例分摊到业主的物业服务费用中。

2. 特征

(1)物业服务费用的收费主体是物业服务企业，而非房地产开发商。房地产开发商和物业服务企业是两个独立法人，不是同一法人单位。房地产开发商无权行使属于物业服务企业的权利，开发商没有义务替物业服务企业收取、免除物业管理服务费。所以，开发商"买房送物业服务费"的促销手段是错误的。

(2)物业服务费用的交费主体是业主和房屋使用人。物业服务费由物业服务企业按照物业服务合同的约定向业主收取。业主与非业主使用人约定由使用人缴纳物业服务费，但业主负最终缴纳责任。物业服务费可以预收，预收期限根据各地法规规定有所不同。物业服务企业已向业主或者非业主使用人收取物业服务费的，其他任何单位和个人不得重复收取性质相同的费用。

(3)物业服务费与购房款无关，具有独立性。除非开发商与购房者另有约定，房地产开发商一般不能以购房人不预交物业服务费及其他使用费为理由拒绝交付物业。交付物业与交付物业服务费的义务来源依据不同，即性质不一样。前者是开发商履行物业买卖合同的交付标的义务，购房人只要按合同规定支付了楼款，开发商就必须交房。后者是购房人取得物业并开始行使物业权能时才产生的义务，它来源于法律法规与物业使用、管理、维修公约。两者在时间上有先后，交付物业在先。若开发商拒交，则应承担逾期交付的违约责任，逾期超过合同约定的时间，购房人有权解除合同。

此外，购房人一般不得以物业存在质量缺陷为由拒绝支付物业服务费。购房人只要实际接收了物业，在占用、使用该物业的过程中已经享受了服务，就必须向物业服务企业支付费用。在此情况下，购房人应另行与开发商就物业质量问题协商维修及赔偿问题。

二、物业服务费的收费原则

1. 符合业主的普遍经济能力

物业管理公共服务，顾名思义，是对物业管理区域内业主居住环境和公共事务的服务。业主都希望物业服务质量越高越好，但高质量的服务必然需要高的物业服务成本。由于物业管理区域业主经济收入各不相同，业主对物业服务费的支付能力也不相同。经济基础好的业主希望有高质量的物业服务，而经济基础差的业主只能接受普通的服务。物业服务行业本身就是一种社会性极强的行业，它的公共服务性决定了向所有业主提供同一质量等级的服务，不可能针对不同需求的业主提供不同的服务，否则就不能称为公共服务。因此，物业公共服务质量等级应与大多数普通收入业主的支付能力相适应。

2. 取之于民，用之于民

物业服务费除前期物业管理阶段外，在业主自主管理过程中，物业服务企业应在规定的期限内向业主公布收支账目，接受业主的监督，实行高度透明化操作。物业服务费的收费标准是经业主委员会(前期物业管理除外)核算，业主大会通过，按照物业服务合同的约定支出。物业服务费的支付方法是业主按面积比例缴纳。物业服务费的支出主要应用于物业服务成本、法定税费和物业服务企业的利润。

3. 收支平衡，质价相称

物业服务费的收取标准以政府指导价的基准价为基础，并考虑允许上浮幅度。物业服务费不能过高，影响低收入层次业主的支付能力；也不能过低，造成物业服务标准的降低。因此，在预算的物业服务费范围内，物业服务费收支不能相差太大，要保持收支平衡。经过核算的物业服务费收取标准对应一定的服务质量，物业服务者不能只收费不服务或少服务。相反，应提高物业服务的效率，在同等的物业服务费投入下应创出最高的服务水平。这不仅是业主的期望，同时也是物业服务者保持市场占有率和自身发展所必须具备的能力。

三、物业服务费的构成

实行物业服务费用包干制，物业服务费用构成包括物业服务成本、法定税费和物业服务企业利润，实行物业服务酬金制的，预收的物业服务资金还包括物业服务支出和物业服务企业酬金。

1. 物业服务成本构成

根据国家发改委 2003 年 11 月颁布的《物业服务收费管理办法》(发改价格[2003]1864号)规定，物业服务成本或物业服务支出构成一般包括以下部分：

(1)管理服务人员的工资、社会保险和按规定提取的福利费等。

(2)物业共享部位、共享设施设备的日常运行、维护费用。

(3)物业管理区域清洁卫生费用。

(4)物业管理区域绿化养护费用。

(5)物业管理区域秩序维护费用。

(6)办公费用。

(7)物业服务企业固定资产折旧。

(8)物业共有部位、共有设施设备及公众责任保险费用。

(9)经业主同意的其他费用。

物业共有部位、共有设施设备有大修、中修和更新、改造费用，应当通过专项维修资金予以列支，不得计入物业服务支出或物业服务成本。

2. 物业服务成本各项支出的范畴

根据国家发改委 2007 年 9 月颁布的《物业服务定价成本监审办法(试行)》(发改价格[2007]2285 号)规定:

(1)人员费用是指管理服务人员的工资，按规定提取的工会经费、职工教育经费，以及根据政府有关规定应当由物业服务企业缴纳的住房公积金和养老、医疗、失业、工伤、生育保险等社会保险费用。

(2)物业共有部位、共有设施日常运行和维护费用是指为保障物业管理区域内共有部位、共有设施设备的正常使用和运行、维护保养所需费用。

(3)绿化养护费用是指管理、养护绿化所需的绿化工具购置费、绿化用水费、补苗费、农药化肥费。不包括应由建设单位支付的种苗种植费和前期维护费。

(4)清洁卫生费是指保持物业管理区域内环境卫生所需的购置工具费、消杀防疫费、化粪池清理费、管道疏通费、清洁用料费、环卫所需费用等。

(5)秩序维持费是指维护物业管理区域秩序所需的器材装备费、安全防范人员的人身保险费及由物业服务企业支付的服装费等，其中器材装备不包括共享设备中已包括的监控设备。

(6)物业共有部位、共有设施设备及公众责任保险费用是指物业服务企业购买物业共有部位、共有设施设备及公众责任保险所支付的保险费用。以物业服务企业与保险公司签订的保险单和所交纳的保险费为准。

(7)办公费是指物业服务企业为维护管理区域正常的物业管理服务活动所需的办公用品费、交通费、房租、水电费、取暖费、通信费、书报费及其他费用。

(8)固定资产折旧费是指按规定折旧方法计提的物业服务固定资产的折旧金额，物业服务固定资产指在物业服务小区内由物业服务企业拥有的，与物业服务直接相关的，使用年限有一年以上的资产。固定资产折旧采用年限平均法，折旧年限根据固定资产的性质和使用情况合理确定，固定资产残值率按 3%至 5%计算，个别固定资产残值较低或较高的，按照实际情况合理确定残值率。

(9)管理费分摊是指物业服务企业在管理多个物业项目的情况下，为保证相关的物业服务正常运转而由各物业服务小区承担的管理费用。

(10)经业主同意的其他费用是指业主或业主大会同意由物业服务费开支的费用，如行业评比检查费用、社区文化建设费用等。

3. 法定税费

法定税费指按现行税法物业服务企业经营活动中应缴纳的税，包括营业税、城市建设维护税等。

4. 物业服务企业的利润或酬金

实行物业服务费用包干制的物业服务企业，由于盈余或亏损由物业服务企业自己承担，故物业服务企业的利润只能是一个预测数。

实行物业服务费用酬金制的物业服务企业，可以在预收的物业服务资金中按合同约定的比例或者约定的数额提取酬金。

四、物业服务费的监督

1. 定价监督

物业服务收费应当区分不同物业的性质和特点，实行政府指导价和市场调节价，具体定价形式由省、自治区、直辖市人民政府价格主管部门会同房地产行政主管部门确定。在各地贯彻执行中，大多数都把住宅(不含别墅)物业服务收费列入政府指导价管理范畴，其他的物业服务收费实行市场调节价。

政府价格主管部门制定物业服务指导价时，应选取一定数量、有代表性的物业服务企业进行成本监审，核定物业服务企业定价成本，应以经会计师事务所审计的年度财务会计报告、原始凭证与账册或者物业服务企业提供的真实、完整、有效的成本资料为基础。

物业服务收费实行政府指导价的，有定价权的人民政府价格主管部门应当会同房地产行政主管部门根据物业服务等级标准等因素，制定相应的基准价及其浮动幅度，并定期公布，具体收费标准由业主与物业服务企业根据规定的基准价和浮动幅度在物业服务合同中约定。

实行市场调节价的物业服务收费，由业主与物业服务企业在物业服务合同中约定。

2. 明码标价

为进一步规范物业服务收费行为，提高物业服务收费透明度，维护业主和物业服务企业的合法权益，国家发改委 2004 年 7 月颁布的《物业服务收费明码标价规定》中要求：

(1)物业服务企业向业主提供服务(包括按照物业服务合同约定提供物业服务以及根据业主委托提供物业服务合同以外的服务)，均应实行明码标价。

(2)物业服务收费明码标价的内容包括：物业服务企业名称、收费对象、服务内容、服务标准、计费方式、计费起始时间、收费项目、价格管理形式、收费依据、价格举报电话等。

实行政府指导价的物业服务收费应当同时标明基准收费标准、浮动幅度以及实际收费标准。

(3)物业服务企业在其服务区域的显著位置或收费地点，可采取公示栏、公告栏、收费表、收费清单、收费手册、多媒体终端等方式实行明码标价。

3. 收支监督

实行物业服务费用酬金制的，预收物业服务资金属于代管性质，为所交纳的业主所有，物业服务企业应当向业主大会或者全体业主公布物业服务资金年度预决算并且每年不少于一次公布物业服务资金的收支情况。物业服务企业或者业主大会可以按照物业合同约定聘请专业机构对物业服务资金年度预决算和物业服务资金的收支情况进行审计。

业主或者业主大会对公布的物业服务资金年度预决算和物业服务资金收支情况提出质询时，物业服务企业应当及时答复。

第三节　住宅专项维修资金

为保障物业共享部位、共享设施设备的维修和正常使用，《物业管理条例》规定，住宅物业、住宅小区内的非住宅物业或者与单幢住宅楼结构相连的非住宅物业的业主，应当按照国家有关规定交纳专项维修资金。

一、住宅专项维修资金的筹集

1. 首期资金的交存

建设部、财政部 2009 年 12 月颁布 165 号令《住宅专项维修资金管理办法》规定，商品住宅的业主、非住宅的业主按照所拥有物业的建筑面积交存住宅专项维修资金，每平方米面积交存首期住宅专项维修资金的数额为当地住宅建筑安装工程每平方米造价的 5%至 8%，具体标准由省、自治区人民政府建设主管部门或直辖市、市人民政府建设(房地产)主管部门根据本地区情况合理确定，公布每平方米建筑面积交存首期住宅专项维修资金的数额并适时调整。

出售公有住房的，按照下列规定交存住宅专项维修资金：

(1)业主按照所拥有物业的建筑面积交存住宅专项维修资金，每平方米建筑面积交存首期住宅专项维修资金的数额为当地房改房成本价的 20%。

(2)售房单位按照多层住宅不低于售房款的 20%，高层住宅不低于售房款的 30%，从售房款中一次性提取住宅专项维修资金。

2. 专项维修资金续筹

业主分户账面住宅专项维修资金余额不足首期交付存额 30%的，应当及时续交。成立业主大会的，续交方案由业主大会决定。未成立业主大会的，续交的具体管理办法由直辖市、市、县人民政府建设(房地产)主管部门会同同级财政部门制定。

专项维修资金不敷使用时，经业主委员会研究，提出方案，由业主大会决定，可向业主筹集。在《住宅专项维修资金管理办法》实施前，商品住宅、公有住房已经出售但未建立住宅专项维修资金的应当补建，具体办法由省、自治区、直辖市人民政府建设(房地产)主管部门会同财政部门制定。

3. 其他资金的滚存

(1)住宅小区维修资金的存储利息。

(2)利用住宅专项维修资金购买国债的增值收益。

(3)利用住宅共享部位、共享设施进行经营的，业主收益所得，但业主大会另有决定的除外。

(4)住宅共享设施设备报废后回收的残值。

二、住宅专项维修资金的使用

1. 住宅专项维修资金的用途及使用原则

住宅专项维修资金应当专项用于住宅共有部位、共有设施设备保修期满后的维修、更新和改造，不得挪作他用。

住宅专项维修资金的使用，应当遵循方便快捷、公开透明、受益人和负担人相一致的原则。

2. 住宅专项维修资金的使用支出

1) 成立业主大会前的办理程序

未成立业主大会的住宅、楼宇，需要使用住宅专项维修资金的，按以下程序办理：

(1) 物业服务企业根据维修、更新和改造项目提出使用建议；没有物业服务企业的，由相关业主提出使用建议。

(2) 住宅专项维修资金列支范围为专有部分占建筑总面积三分之二以上的业主且占总人数三分之二以上的业主讨论通过使用建议。

(3) 物业服务企业或者相关业主组织实施使用建议。

(4) 物业服务企业或者相关业主持有关材料，向所在地直辖市、县人民政府建设(房地产)主管部门申请列支；其中，动用公有住房住宅专项维修资金的，向负责管理公有住房专项维修资金的部门申请列支。

(5) 直辖市、市、县人民政府建设(房地产)主管部门或者负责公有住房专项维修资金的部门审核同意后，向专户管理银行发出划转住宅专项维修资金的通知。

(6) 专户管理银行将所需住宅专项维修资金划转至维修单位。

2) 成立业主大会后的办理程序

(1) 物业服务企业提出使用方案，使用方案应当包括拟维修、更新和改造的项目费用预算、列支范围、发生危及房屋安全等紧急情况以及其他需临时使用住宅专项维修资金的情况的处置办法等。

(2) 业主大会依法通过使用方案。

(3) 物业服务企业组织实施使用方案。

(4) 物业服务企业持有关材料向业主委员会提出列支住宅专项维修资金；其中，动用公有住房住宅专项维修资金的，向负责管理公有住房专项维修资金的部门申请列支。

(5) 业主委员会依据使用方案审核同意，并报直辖市、市、县人民政府建设(房地产)主管部门备案；动用公有住房住宅专项维修资金的，经负责管理公有住房住宅专项维修资金的部门审核同意，直辖市、市、县人民政府建设(房地产)主管部门或者负责管理公有住房住宅专项维修资金的部门发现不符合有关法律、法规、规章和使用方案的应当责令改正。

(6) 业主委员会、负责管理的公有住房住宅专项维修资金的部门向专户管理银行发出划转住宅专项维修资金的通知。

(7) 专户管理银行将所需住宅专项维修资金划转至维修单位。

3) 紧急情况下住宅专项维修资金的开支

发生危及房屋安全等紧急情况，需要立即对住宅共有部位、共有设施进行维修、更新和改造的，可按照以上两种情况下住宅专项维修资金使用程序，省略前三个步骤，直接从第四个步骤开始。

在紧急情况下，未能按规定实施维修、更新和改造的，直辖市、市、县人民政府建设（房地产）主管部门可以组织代修，维修费用从相关业主住宅专项维修资金分户账中列支，涉及已售公房的，还应当从公有住房住宅专项维修资金中列支。

4) 以下情况不得从住宅专项维修资金中列支

（1）依法应当由建设单位或者施工单位承担的住宅共有部位、共有设施设备维修、更新和改造费用。

（2）依法应当由相关单位承担的供水、供电、供热、通话、有线电视等管线和设施设备的维修、养护费用。

（3）应当由当事人承担的因为人为损坏的住宅共有部位、共有设施所需的修复费用。

（4）根据物业服务合同约定，应由物业服务企业承担的住宅共有部位、共有设施的维修和养护费用。

5) 住宅专项维修资金的增值收益

在保证住宅专项维修资金正常使用的前提下，可以按照国家有关规定，利用住宅专项维修资金，应当在银行间债券市场或者商业银行柜台市场购买一级市场新发行的国债，并持有到期。

利用业主交存的住宅专项维修资金购买国债的，应当经业主大会同意，未成立业主大会的，应当经专有部分占建筑物总面积三分之二以上的业主且占总人数三分之二以上业主同意。

利用从公有住房售房款中提取的住宅专项维修资金购买国债的，应当根据售房单位的财政隶属关系，经报同级财政部门同意。

禁止利用住宅专项维修资金从事国债回购，委托理财业务或者将购买的国债用于质押、抵押等担保行为。

三、住宅专项维修资金的管理监督

住宅专项维修资金管理实行专户存储、专款专用，所有权人决策、政府监督的原则。

1. 住宅专项维修资金的代管

1) 业主大会成立前

商品住宅业主、非住宅业主交存的住宅专项维修资金，由物业所在地直辖市、市、县人民政府（房地产）主管部门代管。直辖市、市、县人民政府建设（房地产）主管部门应当委托所在地一家商业银行，作为本行政区域内住宅专项维修资金的专户管理银行，并在专户管理银行开立住宅专项维修资金专户。

开立住宅专项维修资金专户，应当以物业管理区域为单位设账，按房屋门户号设分户账；未划定物业管理区域的，以幢为单位设账，按房屋户门号设分户账。

业主大会成立前，已售公有住户住宅专项维修资金，由物业所在地直辖市、市、县人民政府财政部门或者建设(房地产)主管部门负责管理。

负责管理公有住房住宅专项维修资金的部门应当委托所在地一家商业银行，作为本行政区域内公有住房住宅专项维修资金的专户管理银行，并在专户管理银行开立公有住房住宅专项维修金专户。该专户应当按售房单位设账，按幢设分账。其中，业主交存的住宅专项维修资金，按房屋户门号设分户账。

商品住宅的业主应当在办理房屋入住手续前，将首期住宅专项维修资金存入住宅专项维修资金账户。已售公有住房的业主应当在办理房屋入住手续前，将首期住宅专项维修资金存入公有住房住宅专项维修资金专户或者交由售房单位存入公有住房住宅专项维修资金专户。公有住房售房单位应当在收到售房款之日起 3 日内，将提取的住宅专项维修资金存入公有住房住宅维修资金专户。

未按规定交存首期住宅专项维修资金的，开发建设单位或者公有住房售房单位不得将房屋交付购买人。

专户管理银行、代收住宅专项维修资金的售房单位应当出具由财政部或者省、自治区、直辖市人民政府财政部门统一监制的住宅专项维修资金专用票据。

2) 业主大会成立后

业主大会成立后，应当按以下规定划转业主交存的住宅专项维修资金：

(1) 业主大会应当委托所在地一家商业银行作为本物业管理区域内住宅专项维修资金的专户管理银行，并在专户管理银行开立住宅专项维修资金专户，应当以物业管理区域为单位设账，按房屋户门号设分户账。

(2) 业主委员会应当通知所在地直辖市、市、县人民政府建设(房地产)主管部门；涉及已售公有住房，应当通知负责管理公有住房住宅专项维修资金的部门。

(3) 直辖市、市、县人民政府建设(房地产)主管部门或者负责管理公有住房住宅专项维修资金的部门应当在收到通知之日起 30 日内，通知专户管理银行将该物业管理区域内业主交存的住宅专项维修资金账面余额划转至业主大会开立的住宅专项维修资金账户，并将有关账目等移交业主委员会。

(4) 住宅专项维修资金划转后的账目管理单位，由业主大会决定，业主大会应当建立住宅专项维修资金管理制度。

业主大会开立的住宅专项维修资金账户，应当接受所在地直辖市、市、县人民政府建设(房地产)主管部门监督。

2. 住宅专项维修资金的过户与返还

房屋所有权转让时，业主应当向受让人说明住宅专项维修资金交存和结余情况并出具证明，该房屋分户账中的结余住宅专项维修资金随房屋所有权同时过户。受让人应当持住宅专项维修资金过户协议，房屋权属证书、身份证等到专户管理银行办理分户账更名手续。

3. 住房专项维修资金的监督

住房专项维修资金的代收代管单位应当定期向业主公布收支结存情况，接受业主咨询，并依法接受审计部门的审计监督。

住宅专项维修资金的财务管理和会计核算应当执行国务院财政部门有关规定，住宅专项维修资金专用票据的购领、使用、保存、核算管理，应当按省、自治区、直辖市人民政府财政部门的有关规定执行，并接受财政部门监督。

财政部门应加强对住宅专项维修资金收支财务管理和会计核算制度执行情况的监督。

复习思考题

1. 物业管理资金包括哪些？该如何筹措？

2. 物业服务费有何特征？

3. 如何对物业服务收费进行监督？

4. 试述住宅专项维修资金的用途和使用原则。

参 考 文 献

(美)罗伯特·C·凯尔, 等. 2001. 物业管理——案例与分析. 北京: 中信出版社.

《常见纠纷法律手册》编写组. 2010. 物业纠纷实用法律手册. 北京: 中国法制出版社.

陈民. 2007. 业主在物业服务市场上的角色分析. 商业时代, (26):99-100.

陈士哲. 2007. 物业管理体制存在的问题及其对策. 厦门科技, (5): 55-57.

董藩, 周宇. 2005. 物业管理概论. 北京: 清华大学出版社.

法律出版社法规中心. 2009. 物业管理条例实用问答. 北京: 法律出版社.

顾昂然, 等. 2000. 中华人民共和国民法通则讲座. 北京: 中国法制出版社.

韩朝. 2006. 物业管理综合能力. 北京: 中国建筑工业出版社.

韩朝, 陈凯. 2009. 物业管理企业创新管理. 北京: 清华大学出版社.

胡龙伟. 2006. 物业管理概论. 北京: 中国电力出版社.

胡永佳. 2008. 产业融合的经济学分析. 北京: 中国经济出版社.

黄安心. 2003. 物业管理实务 II. 广州: 广东高等教育出版社.

黄安心. 2009. 物业管理原理. 重庆: 重庆大学出版社.

黄安心. 2010. 物业管理职业能力训练. 北京: 清华大学出版社, 北京交通大学出版社.

黄安心. 2013. 物业服务实务. 北京: 化学工业出版社.

黄安永. 2003. 现代房地产物业管理. 南京: 东南大学出版社.

贾茹. 2007. 物权法下的物业管理权. 现代物业, (9): 82-83.

景象, 胥盈. 2006. 物业管理案例分析. 北京: 机械工业出版社.

李斌. 2012. 物业管理—理论与实务. 上海: 复旦大学出版社.

李爽. 2007. 物业管理师. 北京: 机械工业出版社.

李文翎. 2013. 商业物业管理. 北京: 科学出版社.

梁柱. 2003. 中国物业管理理论探索与实践. 北京: 中国经济出版社.

刘亚臣, 等. 2009. 房地产物业管理. 4 版. 大连: 大连理工大学出版社.

石高林. 2007. 当前物业管理企业搞好服务质量的策略. 现代物业, 6(2): 46-47.

宋建阳. 2002. 物业管理概论. 广州: 华南理工大学出版社.

宋建阳. 2003. 物业管理实务 I. 广州: 广东高等教育出版社.

宋建阳. 2011. 物业管理. 广州: 华南理工大学出版社.

宋建阳, 等. 2002. 商业物业管理. 广州: 华南理工大学出版社.

苏宝伟, 李薇薇. 2008. 物业经理案头手册. 北京: 人民邮电出版社.

童忻, 朱兆荧. 2006. 物业管理. 北京: 中国水利水电出版社.

王建廷, 盛承懋. 2007. 物业管理. 北京: 中国建筑工业出版社.

王俊峰. 2007. 物业管理基础. 北京: 电子工业出版社.

王青兰. 2000. 物业管理导论. 北京: 中国建筑工业出版社.

王竹, 刘召成. 2009. 中华人民共和国物权法配套规定. 北京: 法律出版社.

吴俊培. 2009. 公共经济学. 武汉: 武汉大学出版社.

谢献春. 2001. 居住物业管理. 广州: 华南理工大学出版社.

谢献春, 吴大放. 2015. 不动产管理. 北京: 科学出版社.

徐鸿涛. 2004. 物业管理新论. 北京: 机械工业出版社.

徐琳, 孙惠萍. 2006. 物业管理理论及实务. 成都: 四川大学出版社.

杨晶, 白蓉. 2013. 物业管理概论. 北京: 中国建筑工业出版社.

于军峰. 2009. 浅析物业管理纠纷的原因. 硅谷, (16): 151.

钟雯彬. 2008. 公共产品法律调整研究. 北京: 法律出版社.

周小路. 2007. 物业管理实务. 北京: 电子工业出版社.

周宇. 2005. 现代物业管理. 大连: 东北财经大学出版社.

周宇, 董藩. 2010. 物业管理概论. 北京: 清华大学出版社.